LO SUFICIENTEMENTE HOMBRE

LO SUFICIENTEMENTE HOMBRE

CÓMO *DESDEFINÍ* MI MASCULINIDAD

JUSTIN BALDONI

HarperCollins *Español*

Los libros de HarperCollins Español pueden ser adquiridos para propósitos educativos, empresariales o promocionales. Para más información, envíe un correo electrónico a SPsales@harpercollins.com.

Título original: *Man Enough*

Publicado en inglés por HarperOne en 2021

PRIMERA EDICIÓN

Copyright de la traducción de HarperCollins Publishers

Traducción: Eric Levit Mora

Este libro ha sido debidamente catalogado en la Biblioteca del Congreso de los Estados Unidos.

ISBN 978-0-06-311578-1

21 22 23 24 25   LSC   10 9 8 7 6 5 4 3 2 1

Para mi padre.
Para mi hijo.
Para todos aquellos lo suficientemente valientes
como para emprender el viaje
entre su cabeza y su corazón.
Ustedes son suficiente.

CONTENIDO

PREFACIO

Cuando empecé a abrirme públicamente respecto a mi exploración de la masculinidad, a menudo utilizaba la expresión «redefinir la masculinidad». Quería entablar un diálogo y crear un nuevo debate sobre cómo podemos expandir la definición de masculinidad para incluir a más de nosotros y de nuestras partes. Tras aquello, había un profundo anhelo de saber que yo estaba incluido, que no estaba solo, que tenía permiso para ser quien era —resuelto, sensible, resiliente, ambicioso, impulsivo, cabezón, emotivo, falible— sin perder mi sentido de pertenencia.

Todos los mensajes alrededor de lo que significa ser un hombre en este mundo habían creado una casilla —una definición de masculinidad— en la que, para encajar, debía librar una guerra contra mí mismo. No sólo debía anestesiar mis sentimientos, sino que también debía desconectarme de ellos. No sólo debía ignorar mis inseguridades y mi vergüenza, sino que debía despreciarlas. No sólo debía ponerme una máscara, sino que también debía ponerme toda una armadura para protegerme de los ataques. Pero al final, tras aprender a moverme por el campo de batalla y esquivar los envites, me di cuenta de que una armadura no sirve para protegerte de los ataques que vienen de tu interior, que redefinir la masculinidad sólo sirve para expandir el espacio entre la armadura y yo, no para quitármela.

Quiero quitarme la armadura.

No quiero redefinir la masculinidad.

Quiero *desdefinirla*.

Deshacer su significado.

Ojalá pudiera decir que el viaje ha sido divertido. Pero no. De todas formas, nunca había escrito un libro y, según tengo entendido, a nadie le parece divertido. Más bien, de alguna manera extraña y positiva, es todo lo contrario. Es como cuando le das tres bocados de más a una rica tarta de chocolate y te encuentras mal, pero también emocionalmente colmado porque era una tarta de chocolate. En ciertos sentidos, el proceso ha sido terapéutico y, en otros, sólo ha sido raro, complicado e incómodo. He descubierto traumas que no sabía que tenía que me han provocado emociones intensas. He batallado con mis motivos para escribir este libro y, sinceramente, con la duda de si debía escribirlo en absoluto.

Con el pasar de los días, los meses y los años, me descubría regresando a él constantemente para reescribir y actualizar mis puntos de vista y opiniones a medida que cambiaban en tiempo real. Creo que por eso ha sido una experiencia tan complicada y difícil para mí. ¿Cómo puedo escribir un libro sobre mi experiencia e ideas sobre la masculinidad cuando siento que mi experiencia e ideas cambian y evolucionan cada día?

En la industria del entretenimiento, a menudo bromeamos con que una película nunca está terminada, que sólo se estrena. ¿Y un libro? ¿Cómo carajo lo hacen los demás escritores? Las palabras son para siempre. No puedo retirarlas si mis opiniones o puntos de vista cambian. Si mi pensamiento evoluciona, si aprendo o leo algo que cambia mi perspectiva o pone en entredicho mi comprensión, no puedo regresar a actualizar mi libro. Llegado el momento, éste se convertirá en algo vivo, que respira, casi humano, casi como un hijo. Así que he aprendido a hacer las paces con la idea de que, aunque pueda terminar este libro en concreto, mi aprendizaje y mi crecimiento nunca lo harán. Y será así hasta mi último aliento.

Éstas no son mis memorias, sino una exploración muy personal que trata de plasmar mi perspectiva, utilizando historias personales y a menudo incómodas (al menos para mí), sobre lo que ha significado para mí ser un hombre y sobre lo que podría significar potencialmente si cambiamos un poco nuestra idea de la masculinidad. Como es algo tan personal, me ha obligado a enfrentarme a la parte codependiente de mí que quiere gustarle a todo el mundo, que quiere sentirse aceptada y que quiere que la gente crea que lo que tengo que decir es «profundo», «interesante» y el resto de las palabras de afirmación que me entrarán por una oreja y saldrán por la otra porque, por más que me aplaudan, me costará creerlas de verdad. Sin embargo, no tendré ningún problema en hacerles caso a las otras, a las negativas, a las crueles, a las que refuercen que tenía razón, que quizá no debería haber escrito este libro. Las que me obliguen a preguntarme: ¿qué tengo que ofrecer?

Gracias a la terapia he aprendido que pongo en duda mi valía porque mi inseguridad está sostenida por una idea que he formado y en la que he creído, con la que me han lavado el cerebro, que han proyectado sobre mí y que ha sido reforzada socialmente cada día de mi vida desde que tengo memoria. Esta idea es que, de alguna forma, en el fondo, quien soy, como hombre, como amigo, como hijo, como padre, como hermano, como marido, como emprendedor, como atleta, como X, sencillamente… no es suficiente.

¿Suficiente qué? ¿Cuánto es suficiente? ¿Cómo sabemos si es suficiente? ¿Quién decide qué es suficiente? ¿Con qué estándares me estoy comparando?

A veces, desearía que pudiéramos —aunque fuese sólo durante

un día— ser auténticos los unos con los otros. Sólo por un día. Decir lo que pensamos y pensar lo que decimos. Ojalá pudiéramos exponer nuestros sueños y miedos mejor guardados, los más secretos y protegidos. Un día de vulnerabilidad, de apertura, de verdadera libertad, en el que pudiéramos mostrarnos tal como somos —bellos, complicados, jodidos y perfectamente imperfectos— y ver cómo nuestras debilidades más grandes se convierten en nuestras mayores fortalezas. Un día en el que no sólo la gente, sino todos los líderes y las naciones del mundo hicieran lo mismo. Donde, por una vez, nos diéramos cuenta de que, no sólo no tenemos ni idea de qué hacemos aquí, sino de que, ante todo, si pretendemos descubrirlo algún día, debemos apoyarnos los unos en los otros. Lo más probable es que este sueño nunca se cumpla, pero no significa que tú y yo no podamos predicar con el ejemplo, que no podamos practicarlo y, como con cualquier otro comportamiento, empezar la socialización transmitiéndoselo a las futuras generaciones, incluso si no lo hacemos a la perfección.

«Perfecto». Creo que nunca me ha gustado esa palabra. Pero «imperfecto» sí que me gusta. Hay algo en ella que siempre me ha atraído, algo con lo que he conectado. Irónicamente, también se ha convertido en algo que a menudo marco como objetivo de gran parte de mi trabajo. Sea en la forma en la que ruedo mis películas o en el desorden con el que intento gestionar mis redes sociales, la imperfección tiene algo que hace poco se ha convertido en mi meta. A lo mejor es porque, durante mucho tiempo, sentí que no era suficiente y convertir la imperfección en mi meta fue una forma en la que podía aceptar, y lidiar con, mis propias imperfecciones. O quizá fue porque me di cuenta de que la verdadera perfección es inalcanzable y que, como creyente en Dios, en un poder superior, en el universo, creo que la perfección, curiosamente, existe en las imperfecciones.

Entonces, una noche, hablando con Emily, mi esposa, me percaté de que lo que no había visto estaba, irónicamente, en mí mismo desde el principio y de que sólo me hacía falta mirar la maldita palabra. *I'M PERFECT**. Ser imperfecto es precisamente lo que me hacía perfecto. Me lo decía incluso la propia palabra. Así que, si nuestras imperfecciones nos provocan a tantos un sentimiento de falta, de no ser lo suficientemente buenos, o lo suficiente, en nuestro trabajo, nuestras amistades, nuestras relaciones románticas, entonces quizá es el momento de repensar lo que significa ser suficiente.

Necesitamos hacerlo. Debemos hacerlo, porque **ya es suficiente**.

¿Por qué ahora? ¿Por qué este libro? Bueno, porque necesito este libro. Mucho. Necesitaba este libro cuando era un niño de diez años al que le enseñaron el porno por primera vez, mucho antes de que su cuerpo o su mente estuviesen preparados para verlo, probablemente estableciendo nuevos caminos neuronales que relacionaban las imágenes de mujeres desnudas con la felicidad y un falso sentimiento de valía. Imágenes que, más adelante, utilizaría para intentar llenar los vacíos de mi vida. Vacíos que, cuando no estaba excitado y consumiendo porno, serían reemplazados por la vergüenza. Necesitaba este libro cuando tenía dieciocho años y era un estudiante de primer año en la universidad que sentía la necesidad de demostrar su masculinidad estando con tantas chicas como fuera posible, sin preocuparse en el proceso por sus sentimientos o su apego. Y cuando tenía veintidós años y no sabía cómo decir que no estaba emocionalmente preparado para mantener relaciones sexuales por primera vez. Y cuando tenía veinticinco, tenía el corazón roto y estaba tan económicamente arruinado que, incluso si hubiese podido permitirme comer aquel mes, no lo hubiese hecho tras descubrir que me habían engañado. Lo necesitaba con veintinueve años, cuando por fin había encontrado el amor de mi vida y planeado la pedida de

---

*   NdelT: Juego de palabras intraducible. En inglés, «imperfect» significa «imperfecto», pero, leído como «I'm perfect», significa «soy perfecto».

mano más elaborada de todos los tiempos, pero despúes me había acobardado por lo que la sociedad me decía que ocurriría cuando me casara. Lo necesitaba cuando tenía treinta y uno, cuando estaba a punto de tener una hija y no tenía ni idea de cómo criarla porque me di cuenta de que, durante gran parte de mi vida, a pesar de creer en la igualdad, no había tratado a las mujeres con el respeto que sabía que merecen, tanto social como románticamente. Y necesito este libro como el hombre de treinta y seis años que está escribiendo estas palabras en estos momentos, que ahora también tiene un hijo y que anhela desesperadamente criarlo no sólo para ser un buen hombre, sino una buena persona. Y necesito este libro como el hijo de dos cariñosos padres que, a pesar de su profundo amor y afecto, todavía se descubre sintiendo las frustraciones y los enfados de su infancia cuando está con ellos, incluso sabiendo que se arrepentirá de perder ese precioso tiempo el día en que falten. Necesito este libro por cada año que he vivido. Es más: necesito este libro para sanar de aquellos años formativos en los que el resto de los chicos me enseñaron... no, forzaron en mí las normas de la masculinidad y me dieron el primer guión que dictaba qué estaba bien, qué estaba mal y las normas de cómo debo actuar como hombre. Estas normas se acumularon con el tiempo, creando una armadura que llevaría durante décadas. Una armadura que ni sabía que llevaba y para la que, precisamente por eso, no tenía herramientas que pudieran ayudarme a quitármela. Una armadura que sigo llevando ahora y que todavía me cuesta quitarme, incluso mientras escribo esto.

Entonces, aunque, por un lado, cuestiono mi valía y lo que tengo que ofrecer a este matizado, controvertido, confuso y aterrador debate, debo seguir intentándolo, diga lo que diga mi voz interior. Debo intentarlo por mi propia historia y por la de mis hijos, que rezo sean mejores que yo en todos los aspectos: personas más compasivas, empáticas y emocionalmente inteligentes, personas que conozcan su valor y que verbalicen abiertamente sus miedos e inseguridades, sabiendo que, al hacerlo, se liberarán de la penumbra del sótano de sus corazones, donde la vergüenza crece como el moho.

Debo intentarlo por mi compañera, la madre de nuestros hijos, mi esposa, Emily, cuya paciencia radical, amor y aceptación me han hecho sentir más seguro al embarcarme en este viaje de autodescubrimiento, que se siente tan aislador como terrorífico. Ser testigo de su capacidad para zambullirse de cabeza en sus propios traumas, heridas y dolor con tal de entenderse mejor a sí misma me ha parecido absolutamente admirable y una invitación a hacer lo mismo. Debo intentar conocerme mejor, ir más allá y quererme, para así incrementar mi capacidad para conocerla y quererla más.

Mi familia merece lo mejor de mí y, sin embargo, debido a la guerra que se libra en mis adentros mientras lucho con mi propia masculinidad, a veces no lo tienen. Por eso me esfuerzo tanto ahora.

Debo intentarlo por nuestra comunidad, nuestra cultura, nuestro mundo. Los hombres nos enfrentamos a serios problemas de los que, francamente, no se habla lo suficiente, desde las adicciones a los opiáceos, el porno o el alcohol, hasta la depresión y el suicidio. Y los hombres también estamos provocando, en mayor proporción que las mujeres, serios problemas, como la violencia, el abuso sexual, la violación o, cuando se trata en particular de hombres blancos, tiroteos y asesinatos en serie.

Este libro surge de la parte de mí que lo intenta. Y, si mi viaje de descubrimiento y las revelaciones que lo acompañarán y que fluirán de mi corazón a estas páginas pueden serte útiles, mi nuevo amigo y lector, entonces, quizá también pueden propagarse desde nosotros dos y ser terapéuticos y abrirles los ojos a nuestras familias, comunidades y —¿quién sabe?— quizá incluso al mundo entero. Buda dijo que miles de velas pueden encenderse con una sola. Si este libro puede encender una vela, entonces apenas alcanzo a imaginar los miles de vidas a las que podemos llegar colectivamente y, en ciertos casos, incluso salvar, cuando empecemos a darnos cuenta de que, en el fondo, tú y yo y todos nosotros somos suficiente tal como somos.

INTRODUCCIÓN

No sé si este libro tiene algo de revolucionario. ¿Único, quizá? Pero seamos honestos: todo esto es una exploración compleja y vulnerable de la masculinidad, escrita por alguien situado en una intersección de poder y privilegio; alguien que, históricamente, igual no escogería voluntariamente ser tan vulnerable, pues no le reportaría ningún beneficio aparente. ¿Por qué entonces tratar de derribar los muros de un sistema que me ha favorecido toda la vida? En parte, creo que es porque sé que es lo correcto. En parte, porque me siento profundamente responsable de ello. En parte, porque ahora, como padre, creo que nuestros hijos son nuestra principal fuente de esperanza y merecen un futuro mejor. Y, en parte, porque siento que estoy atrapado en el *matrix* y tengo muchas, muchas ganas de salir de ahí

Este libro trata de mi propia lucha con ser «suficiente», sobre todo en lo que respecta a la definición de masculinidad, de ser un hombre, que reposa en ser lo suficientemente X. Esta X puede significar cualquier cosa. Para muchos hombres —para mí— ha significado ser lo suficiente de todos los rasgos tradicionales del macho alfa: fuerte, sexy, valiente, poderoso, inteligente, exitoso, y también lo suficientemente buen padre y marido. No digo que todas estas cosas sean negativas, o que no debamos aspirar a ellas. Este libro no trata de eso. Ser lo «suficientemente buen» padre o lo «suficientemente buen» marido puede ser una jodida maravilla. Pero lo «bueno» es subjetivo y debemos dejar de intentar demostrar cuán «buenos» somos y limitarnos a serlo, vivirlo, disfrutarlo y celebrarlo sin atropellar a otros en el proceso.

Así que dejemos un par de cosas claras: soy hetero. También cisgénero. Y blanco. Aunque en este libro también comparto las experiencias de otros hombres, me baso sobre todo en mi propia experiencia y, por lo tanto, lo escribo desde la perspectiva en la que fui criado. Así que, cuando diga «hombres» (o cualquier otra forma de este género) incluyo a quienquiera que se identifique como hombre y, cuando diga «nosotros», también me incluyo en este grupo. Este libro no es un curso completo de estudios de género ni una defensa del género binario. Tampoco, y quizá esto es lo más importante, es EN ABSOLUTO un ataque contra los hombres o la masculinidad. Creo que los hombres somos buenos: inherente e intrínsecamente buenos. Creo que TÚ eres bueno. Y hay muchos aspectos de la definición tradicional de masculinidad con los que conecto y por los que estoy agradecido. No me avergüenza en absoluto decir que amo ser un hombre. Tampoco pido perdón por serlo. Pero eso no significa que no vaya a disculparme por las formas en las que mi interpretación de la masculinidad ha hecho daño a la gente a mi alrededor. Los rasgos positivos asociados con ser un hombre —como ser capaz y responsable, honesto y confiable, leal, un padre y un marido presente, o sencillamente ser fuerte, inteligente y valiente— son buenos y aspiro a vivir en base a ellos. Pero también son rasgos a los que creo que cualquier persona debería aspirar, no sólo los hombres. Son universales. La clave no es el rasgo. Es la voz en tu cabeza, y en la mía, que nos dice que no somos lo suficientemente X. Y ya es suficiente. Basta con ser suficiente.

Llámame inocente, pero creo que, en general, las personas son buenas. Y es desde esta profunda creencia fundacional que empieza y termina este viaje, este libro. No estoy tratando de convencerte de

ninguna creencia o agenda partidista. Como Independiente regis-
trado, no me adscribo a ninguna ideología política y, aunque por
supuesto voto y participo en las elecciones, no hablo públicamente
de a quién voto. En mi vida, hago todo lo posible por ser empático y
compasivo con aquellos con los que no estoy de acuerdo o con quienes no están de acuerdo conmigo. Así que, si uso alguna palabra que
te incomoda o que te hace pensar que intento convencerte de algún
fin político, te pido que sigas leyendo, pues te aseguro que no es así.
Gran parte de mi deseo de ser discreto y de no participar en políticas
partidistas proviene de mi fe.

Brevemente, la religión que practico, y a la que a veces me refe-
riré en este libro en relación con las decisiones que he tomado, es la
Fe bahá'í. Si te incomoda la religión, o incluso leer un libro escrito
por alguien con creencias distintas a las tuyas, entonces imagina que
cualquier cita o analogía que haga viene del «universo», de un activista que te guste o de tu propia religión.

No comparto mi fe en un intento de convertirte o de cambiar
tus creencias, sino porque, al hablar de historias tan personales,
escribo desde lo que conozco y lo que me guía, y mi fe es central en
todo lo que hago y lo que soy. Básicamente, los bahá'ís creemos en
la unidad de todas las religiones y en la erradicación de todos los
prejuicios. Creemos en la unidad de la humanidad y en que cada
alma en la Tierra ha sido creada noble y tiene su propia relación con
Dios. Dicho esto, este no es un libro de religión y, de hecho, mucha
gente de mi propia fe puede sentir que su contenido es polémico e
incómodo. ¡Y me parece bien! Una de las creencias fundamentales
de la Fe bahá'í es la investigación independiente de la verdad. Todos
debemos encontrar nuestra propia verdad en lugar de seguir como
ignorantes cualquier fe o enseñanza sin investigarlas por nosotros
mismos. Si la fe tiene un propósito, creo que es la unificación de la
especie humana y que nuestra misión como personas (si elegimos
aceptarla) es sencillamente ser de ayuda y crear unidad allá donde

podamos. Quizá uno de mis aspectos favoritos de mi religión sea la práctica del amor incondicional, el no juzgar y la lucha por la igualdad de género y la justicia racial. Como bahá'í, se me pide que, a diario, sea un «defensor de las víctimas de la opresión» en cualquiera de sus formas y que nunca fuerce mis creencias sobre otra persona, pues el amor y la misericordia de Dios van mucho más allá de mi limitado cerebro reptiliano. Así que, incluso si yo mismo no suscribo una creencia, una ideología o un estilo de vida, es mi deber como persona amar y correr a defender a quienquiera que esté siendo oprimido o tratado injustamente.

Todo esto para decir que, en lo que respecta al sistema político de Estados Unidos y a mi aseveración de que este libro no trata de seguir la moda de activismo superficial; sólo pretendo escribir sobre mis creencias en base a mi propia experiencia como hombre. Creo que, ahora más que nunca, debemos dejar de antagonizar a nuestros amigos, familiares y vecinos por diferencias en nuestras ideologías y estilos de vida y, en su lugar, encontrar un espacio común de humanidad para la empatía, el respeto y el amor. Es desde ahí que creo, en relación con este libro y la masculinidad, que debemos separar la masculinidad del problema de las motivaciones políticas para hacer un minucioso trabajo introspectivo y sanar con tal de hacer espacio para las conversaciones que debemos tener.

Las víctimas de la masculinidad, cuando ésta se vuelve insana, como es el caso para muchos de nosotros, no son sólo nuestras amigas, esposas, novias y compañeras, sino también nosotros mismos. Soy yo, eres tú, son los hombres con los que interactuamos a diario que están sufriendo y quizá nunca lo admitan. Son los cientos de miles de hombres buenos, trabajadores, amables y cariñosos que se quitan la vida cada año porque su dolor se ha vuelto demasiado intenso para soportarlo y creen que ésa es la única salida. Son los otros millones que sufren de depresión y que no pueden ni quieren o son capaces de ir a terapia. Son nuestros hermanos, compañeros de equipo o de trabajo, padres y, para algunos de nosotros, nuestros hijos. Escribo este libro para ayudar a frenar y prevenir tanto dolor y sufrimiento innecesarios.

¿Por qué yo?

Mira, he tenido suerte. Crecí con privilegios, de clase media y en un hogar con dos padres que se amaban y que amaban a sus hijos, a su comunidad y al mundo en general. Claro que no eran perfectos, venían con su propio bagaje de heridas profundas, historia y traumas sin haber sido enseñados a sanar de todo eso por sí mismos. Pero había amor. Siempre amor. Es una bendición el haber sido, y seguir siendo, tan amado. Y, sin embargo, cuando recuerdo mi infancia, junto a la abundancia de amor está la creencia de que falta algo, de que me falta algo, de que no daba la talla.

Pero no es necesariamente por algo que dijeran o hicieran mis padres. Nunca sentí que fallara a sus ojos. Y tampoco es por nuestra fe; de hecho, los bahá'ís creemos que todos somos nobles. Resulta que la talla que no daba era la invisible e inalcanzablemente alta medida de la masculinidad: la medida de ser un hombre. No era suficiente que hubiese nacido y me identificara como hombre, o que anduviera y hablara como un hombre; el mundo me decía que no daba la talla y que, por eso, no era un hombre. Era como si el listón estuviera demasiado alto y no pudiera alcanzarlo, o, más bien, como si la casilla fuese demasiado pequeña como para que cupiera entero dentro.

Desde que tengo memoria, he sido un chico emotivo y sensible dentro de un tornado enérgico, creativo y lleno de testosterona que no puede estarse quieto y que necesita estar constantemente haciendo algo a nivel físico. El deporte fue tanto mi meditación como mi medicación. Cuando llegué a la adolescencia, triunfé en los deportes competitivos, pero, al mismo tiempo, sentí que no encajaba con mis compañeros. Me hacían *bullying* y se metían conmigo, a su vez, me celebraban por hacer *bullying* y meterme con otros. En un momento dado, mis compañeros podían estar riéndose de mí o llamándome «Balboner**» (buena, ¿eh?) y, al siguiente, placándome para celebrar que había marcado el gol de la victoria o por haber ayudado a romper el récord del colegio haciendo de ancla en la carrera de relevos de 4 x 100m. Un día, los estudiantes mayores me perseguían y me ataban a la portería del campo de fútbol y, al siguiente, yo se lo hacía a los más jóvenes. Era un chico confundido y en conflicto, sobre todo porque, como muchos adolescentes, bajo todo aquello, sentía una urgencia creciente —una presión— por ser aceptado, por ser uno de los muchachos. Así que aprendí a aguantarme, a hacer como si nada, a parecer relajado y, a efectos prácticos, a esconder mis emociones e ignorar mis sentimientos en un intento por caber en una casilla creada mucho antes de que mis amigos y yo naciéramos. Empecé a ponerme la armadura que terminaría por olvidar que llevaba y que creía que necesitaba para existir como hombre en el mundo.

Durante la siguiente década, la complicada y confusa relación que tenía con mi masculinidad se manifestó en relaciones rotas, malas decisiones, un dolor inmenso, conflictos interiores y muchísimo tiempo perdido, pero, más allá de todo esto, se manifestó en forma de vergüenza. Fue desde la vergüenza creciente que emprendí el largo y tumultuoso viaje para descubrir cómo llegar de mi cabeza a mi corazón, el viaje desde dentro de la misma casilla hacia mí mismo. El viaje para ser lo suficientemente hombre. Lo suficientemente humano. Carajo, para simplemente ser suficiente. Pero quizá el problema no era que no fuera «suficiente», sino que «lo suficiente» es un mito, un espejismo que siempre nos elude, que siempre está justo fuera de nuestro alcance, siempre retrocediendo hacia el horizonte. La sensación de «ojalá fuera…» es un concepto que produce el «suficiente» y que ha tendido una trampa a muchos de nosotros. Ojalá fuera más

---

*   NdelT: juego de palabras entre «Baldoni» y «boner» («erección» en inglés).

fuerte, más rápido, más listo, más rico. Ojalá mis bíceps fueran unos centímetros más anchos, mi pene unos centímetros más largo; ojalá mi cerebro obtuviera cuarenta puntos más en un test de inteligencia. Ojalá tuviera más dinero, más amigos, más cosas. Ojalá hiciera esto o tuviera aquello, o fuera esto, porque, entonces, sería suficiente. Yo sería suficiente. Y, sin embargo, nunca lo es. Y nunca lo será.

Una invitación

Si has venido a aprender sobre la historia de la masculinidad y cómo hemos llegado a este punto, sobre cómo arreglar tu vida o cómo ser de una forma determinada para impresionar a alguien, entonces has escogido el libro equivocado. Esto no es un tratado académico ni un libro de autoayuda para motivarte. No tengo que decirte que empieces tu día con una victoria haciendo la cama cuando te levantas por la mañana, aunque me encantan esos libros y siempre pensé que lo primero que escribiría trataría precisamente de eso. Sin embargo, en lugar de un libro de motivación, estoy escribiendo uno que invita. Estoy compartiendo mi historia con la esperanza de que te invite a adentrarte en la tuya. Estoy haciéndome preguntas con la esperanza de que, juntos, el «nosotros» colectivo pueda hacerse las mismas preguntas, como: «¿Por qué dije eso?», «¿Por qué reaccioné de esa manera cuando me dijo eso?», «¿Por qué carajo estoy tan enfadado?», «¿Descubrirán algún día que soy un fraude?», «¿Por qué soy infeliz si mi vida es genial?», «¿Por qué seguí insistiendo cuando me dijo que no?», y los otros cientos de preguntas que me he hecho a lo largo de mis treinta y seis años en este mundo. Todavía ahora, hacerme preguntas es la herramienta que más uso para profundizar, para aprender, para descubrir y para navegar los obstáculos en el camino entre mi cabeza y mi corazón.

Si me hubieses dicho hace unos años que escribiría este tipo de libro, uno centrado en la masculinidad, me hubiese reído. No de ti, sino de esa idea de mí. Al fin y al cabo, hace poco que emprendí este viaje público y privado para explorar la masculinidad. La verdad es que nada de esto estaba planeado y todavía me sorprende que vivamos en un mundo en el que el mero hecho de cambiar nuestra biografía de Instagram pueda hacernos topar con nuestro propósito. Aquí va la versión resumida de cómo llegué hasta donde estoy. Tras el nacimiento de mi hija Maiya, me encontré con muchos pensamientos, ideas y preguntas y ningún lugar donde compartirlos. Así que, como mucha gente, recurrí a las redes sociales y las utilicé como una especie de diario íntimo público. En lugar de limitarme a colgar fotografías bonitas y compartir el montaje de lo mejor de mi vida, escribía textos largos y declamaba poéticamente sobre la vida y el amor. Hablaba sobre mi esposa y cuánto la admiraba y me ponía serio sobre el matrimonio y los desafíos que éste conlleva, además de sobre todos mis sueños e ilusiones respecto a mi hija.

Varios medios (enfocados a mujeres) no tardaron en ver mis publicaciones y en etiquetarme como feminista y luchador por la igualdad de género. De hecho, ocurrió tan deprisa que todavía no me había dado cuenta de que yo era eso, ni de lo que intentaba hacer. Sinceramente, al principio sólo era yo compartiendo mi corazón, pero quedó claro que, aunque los hombres ocupemos una parte generosa de espacio en el mundo, el compartir lo que hay en nuestros corazones y nuestros sentimientos es un área que podría beneficiarse de ser visitada por más de nosotros. Poco después, decidí meterme de lleno y creé el programa *Man Enough* (*Lo suficientemente hombre*), donde junté a un grupo de amigos y grabé conversaciones con ellos que nunca había visto tener a otros hombres, el tipo de conversaciones que desearía haber podido presenciar de joven.

Cuando empecé a hacerme estas preguntas más públicamente, recibí la gran llamada: la invitación para impartir una charla TED. Pero no cualquier charla TED, sino un discurso sobre la masculinidad en

TED Women. La invitación no era sólo una lección de humildad, sino una experiencia abrumadora. Y una que quería rechazar. Mi esposa estaba embarazada, esperábamos a mi hijo apenas una semana antes del día en que querían que hablara y estaba actuando a tiempo completo en *Jane the Virgin*. ¿Mi primer instinto? Decir que no. ¿Qué tengo que ofrecer? Debería dar un paso atrás para dejarle el espacio a una mujer, ¿no? Después de todo, es una conferencia sobre el poder de las mujeres y yo no soy una de ellas. Quería rechazar la invitación porque estaba al principio del viaje, no a la mitad o al final, y no estaba listo para compartir lo que pensaba porque ni siquiera sabía qué pensaba. Por aquel entonces, mucha gente me estaba poniendo en un pedestal, como si tuviera el ingrediente secreto para ayudar a mejorar a los hombres, lo que, a su vez, podía ayudar a las mujeres. Pero ese pedestal me incomodaba porque, a decir verdad, sólo estaba haciendo lo mínimo. Y, sin embargo, aquello ya me diferenciaba de algunos hombres. Estaba muy confundido. ¿Cómo iba a ayudar a otros hombres si ya me costaba ayudarme a mí mismo? Y, sobre todo, era consciente de que, cuanto más alto es el pedestal, más dura es la caída. Odio los pedestales.

Pero lo más cierto es que quería rechazar la invitación porque no creía que fuera lo suficientemente bueno.

No te imaginas cuán familiar me era eso. Había pasado la mayor parte de mi vida trabando amistad con aquel sentimiento de insuficiencia. Lo conocía bien: cómo se sentía, qué me decía, cómo venía siempre acompañado de la vergüenza. Y había empezado a aprender lo que tenía que enseñarme. Para mí, el miedo, la insuficiencia y la vergüenza son los desafíos definitivos, invitaciones a involucrarme, a acercarme y a practicar estar cómodo en la incomodidad.

¿Cómo haría eso en este caso? Diciéndole que sí a la charla TED, cuando la vergüenza y el miedo querían que dijera que no. Y aquel «sí» significaba que también me estaba diciendo a mí mismo que no pasaba nada por no tener todas las respuestas, que no pasaba nada por no haberlo leído todo y que estaba bien aprender sobre la marcha.

Era suficiente con ser simplemente yo. Hablar desde mi posición en el viaje en aquel momento dado, sin ofrecer soluciones, sólo mi historia.

Y, sin embargo, quise echarme atrás varias veces, y casi lo hago, porque sentía que el riesgo era mayor que la recompensa. Me preocupaba hacerle daño al movimiento de las mujeres diciendo algo incorrecto u ofensivo. Además, sabía que mi trabajo era con los hombres, no con las mujeres. También sabía que pocos hombres iban a ver la charla TED, a menos que las mujeres en su vida se la enseñaran.

No fue hasta que reenfoqué la charla como un desafío a mí mismo —¿era lo suficientemente hombre como para tomar aquel riesgo?— que me comprometí a no echarme atrás. ¿Cuán enfermizo es esto? El usar una expresión utilizada históricamente para controlarnos y mantenernos en aquel constructo social de casilla, una frase que fomenta la competitividad y las relaciones insanas con otros hombres y con nosotros mismos. El utilizar esa frase para convencerme de participar en una charla en la que la desmantelé y le di otro uso para desafiar a otros hombres a ser mejores de lo que yo estaba siendo. Pero está bien, porque me mostró lo que sabía que necesitaba. Me mostró que no era culpable de mi socialización, de mi bagaje, de la programación y de las lecciones que me han llegado de todas partes y que han estado enraizadas en mí desde que puedo recordar, y que podía usar todo aquello también para el bien si estaba dispuesto a decir que sí a las invitaciones. El veneno aplicado de otra forma también puede ser la cura.

Me acabo de dar cuenta de que estoy hablando mucho de un discurso que probablemente no hayas visto nunca. Como es la inspiración de gran parte de este libro, aquí va un resumen de mi charla TED Women de 2018:

- Como hombre, me di cuenta de cuánta de mi masculinidad era performativa y de que, durante años, había actuado como, y fingido que era, un hombre que no soy.

- Creo en la idea «radical» de que los hombres y las mujeres somos iguales.
- Como hombres, no deberíamos temerles a las partes de nosotros que la sociedad considera «femeninas», es decir, «débiles».
- Mucho de lo que he aprendido sobre la masculinidad performativa me lo ha enseñado mi padre, que, a su vez, lo aprendió del suyo. También lo aprendí de mis compañeros, que lo aprendieron de sus padres. Transmitimos estos guiones generacionalmente. Debemos romper con el ciclo.
- Como hombres, debemos utilizar nuestra fuerza, valor y el resto de los rasgos tradicionalmente masculinos para explorar lo que hay en nuestros corazones. Básicamente, el resto de las partes de nosotros mismos que probablemente no pondríamos en nuestros currículums o en nuestros perfiles de redes sociales. Cosas como ser sensible, vulnerable o saber escuchar.
- Cerremos la boca y escuchemos, por fin, a las mujeres en nuestras vidas.
- Ah, y mi padre, con quien estuve resentido en secreto durante años por su predisposición a la sensibilidad, es también el motivo por el que, de niño y ahora de adulto, aprendí a usar mi corazón en lugar de mis puños. Así que, aunque no es perfecto, y ya hablaré de ello más adelante, es bastante especial y no podría estar más agradecido de que sea mi padre.

El poder de una historia

Bueno, pues lo hice. Las opiniones llegaron de inmediato y fueron principalmente muy alentadoras y afirmadoras. Las de las mujeres, claro. ¿Las de los hombres? No tanto. Pero había muchos matices, porque las mujeres compartían la charla públicamente, escribían mensajes públicamente, la enviaban a hombres públicamente. Las mujeres la aplaudían abiertamente. Pero me di cuenta de un fenómeno interesante, uno del que hablé en la misma charla: ¿dónde estaban los hombres? Los hombres no hablaban de ello ni lo compartían públicamente (y, si lo hacían, normalmente era para hablar mal de mí). Todas las respuestas positivas y transformadoras de los hombres ocurrían en privado. Estaban en mis mensajes directos, en mis mensajes privados y en correos electrónicos: adolescentes diciéndome que era la primera vez que sentían que existía un espacio para quienes eran; un señor de sesenta años confesando que, por primera vez, podía articular cómo se sentía ser repudiado por su género. Los hombres me escribieron páginas y páginas de texto compartiendo sus sentimientos y miedos más profundos y privados. Los hombres me dijeron que por fin se sentían vistos y que, gracias a eso, se sentían libres. Pero sólo eran algunos. Para cuando el mensaje llegó a otros, ya había sido malinterpretado, sacado de contexto y politizado.

Recuerdo perfectamente la noche en que TED colgó el vídeo de dos minutos de la parte más apasionada del discurso y se volvió viral (y por «viral» me refiero a que tuvo más de cincuenta millones de reproducciones en la plataforma en pocos días). Tras recibir muchísimos mensajes y llamadas de mis amigos y familiares, que me provocaron una ansiedad instantánea porque sabía que a las grandes cantidades de amor a veces les siguen iguales o mayores cantidades de odio, entré temblando en mi Facebook sabiendo lo que estaba a punto de encontrarme, y vi que hombres desconocidos me estaban etiquetando en las publicaciones que habían compartido el vídeo. Desafortunadamente, muchos de quienes me etiquetaban lo hacían para criticarme públicamente. Me recordó a cuando era niño y ansiaba ser aceptado por el resto de los chicos. Entonces, supe que tenía dos opciones: cerrar la aplicación y tratar de ignorar el odio o intentar entender lo que no les había gustado de mi charla. Escogí lo segundo. Después de todo, no podía hablar de sentirme cómodo en la incomodidad sin estar dispuesto a escuchar las opiniones de la audiencia a la que intentaba llegar.

Tras pasar los comentarios de todas las mujeres que cantaban mis alabanzas, llegó la primera publicación de un hombre. Era un hombre blanco del medio oeste y había compartido mi publicación como aviso para el resto de los hombres, básicamente utilizándome como ejemplo de lo que va mal en «La Izquierda» y de cómo estaba atacando a los hombres. Decidí escribirle en privado para intentar entender qué era lo que le había molestado de la charla. Por lo que decía, me pareció muy probable que no hubiese escuchado toda mi intervención y que estuviera opinando después de ver el trozo que había colgado TED. Sorprendido por mi mensaje, me contestó educadamente y admitió que no lo había visto entero, pero que sentía que entendía «lo que decía» por la parte que sí había visto. Le pedí amablemente que viera los dieciocho minutos del vídeo y que considerara tener una conversación más larga conmigo, pues muchos de sus comentarios aludían a que era un feminista «odia-hombres» y que estaba disculpándome por ser uno de ellos. Le expliqué el porqué de mi discurso, y que trataba de utilizar nuestros atributos más fuertes como herramientas para profundizar en nosotros mismos, además de sobre cuánto había influido mi padre en mí. Tras verlo entero, me escribió un extenso mensaje pidiéndome perdón por su publicación y colgó inmediatamente una disculpa pública en la que le pedía a los amigos que se habían unido a él en sus ataques que vieran toda la intervención antes de condenarla. Esta interacción, y otras parecidas, infundieron en mí muchísima esperanza. Descubrí que los hombres, si se los confronta y desafía amorosamente y en privado, no sólo están más que dispuestos a escuchar, sino que, incluso mejor, están abiertos a hacer el trabajo necesario en sí mismos para convertirse en la versión más honesta y virtuosa de sí mismos. Mi deducción: la mayoría de nosotros, independientemente de nuestras acciones y creencias, de nuestra ideología política, queremos lo mismo. Queremos ser la mejor versión posible de nosotros mismos. Sencillamente ser mejores hombres. Eso es lo que me hizo seguir adelante. Y la razón por la que estoy escribiendo este libro.

Nuestras historias pueden ser individuales, pero existe un hilo universal que nos une a todos. Cada hombre que he conocido ha vivido incontables experiencias en las que ha sentido que no encajaba. Mi historia es la acumulación de décadas de vivencias en las que he intentado caber en una casilla, en las que he tratado de llevar la armadura que me hacía lo suficientemente hombre, hasta que terminé tan lastrado por quien el mundo me decía que debía ser que ya ni sabía quién era.

El poder de mi historia no está en los detalles, aunque este libro vaya a profundizar mucho en ellos. El poder está en la invitación. En la oportunidad de escuchar algo de mi historia que resuene con la tuya y te invite a confrontarte con ella, cuestionarla y reenfocarla. El poder radica en la invitación a creer que **no estás solo en tu sufrimiento, ni en tus emociones, ni en tus miedos**. No estás solo en la casilla, en este conjunto limitador de identidades socialmente construidas que nos ha empujado y presionado para pensar, actuar y ser de una forma determinada para ser lo suficientemente hombres.

El riesgo

Debo admitir que me asusta un poco terminar este libro, que lo publiquen y lo lancen al espacio público en el que puede ser criticado abiertamente. Hay un riesgo innato en la vulnerabilidad, por la definición misma de la palabra: la cualidad o el estado de quien puede ser herido o recibir lesión, ya sea física o moralmente. Este libro es una exposición de las partes de mí y de los sentimientos de los que me ha costado hablar y que, por lo tanto, me han avergonzado durante mucho tiempo. No estoy aireando mis trapitos al sol o confesando mis pecados, pero, con suerte, sí que estoy exponiendo mi humanidad. Una que todos compartimos.

Y será sólo eso: una exposición. Me estoy zambullendo de corazón y comparto esto contigo de la forma más auténtica y sincera de la que soy capaz, porque no sé hacerlo de otra manera. El riesgo de salir herido o ridiculizado, o de alienarme de mi género (el mismo del que una a parte de mí, a pesar de todo este proceso, sigue buscando la aceptación), es real. Pero, en este caso, la recompensa es mucho mayor que el riesgo porque, si hay algo que me asusta más que ser insultado o humillado *online*, es pasar los próximos más de treinta años aterrado de descubrir quién soy en realidad y sabiendo sólo lo que el mundo me dice que debo ser.

La esperanza

Quiero que pienses en este libro como en un amigo en quien confías, seas un hombre que, como yo, siente que ha pasado demasiado tiempo intentando caber en una casilla demasiado pequeña o una mujer o persona no binaria que quiere aprender sobre cómo la masculinidad ha afectado no sólo su vida, sino también las vidas de los hombres que conoce y quiere. Quiero que este libro sea una invitación a emprender, o a continuar con, tu propia exploración. No hay una manera correcta de hacerlo. Este es el propósito de desdefinir algo, que lo abre a la interpretación y a la exposición, que crea un espacio que permite la creatividad. Y, donde hay creatividad, hay amor.

Quiero que este libro sea un compañero en tu viaje mientras recorres el largo y tumultuoso camino entre tu cabeza y tu corazón, armándote de sinceras verdades humanas que aliviarán en algo la antigua creencia de que tienes que ser lo suficientemente X para ser lo suficientemente hombre.

Y, lo más importante, quiero que este libro restaure tu creencia de que eres bueno, inherente e intrínsecamente bueno, y de que, quien eres, tal y como eres, es suficiente.

CAPÍTULO UNO

LO SUFICIENTEMENTE VALIENTE

Lo que verdaderamente significa ser valiente

«¡Salta, Boner! ¡No seas tan nena!». Nunca olvidaré los gritos de Tim desde el agua helada a mis pies, donde varios de los chicos reían y se burlaban de mí por no atreverme a dar el salto. El río rugía a seis metros de donde mi delgado cuerpo de trece años temblaba bajo el estruendo de su propia corriente de terror interior mientras mis piernas se aferraban a las barandas del puente. Tengo bastante claro que, en aquel momento, mis pelotas se alojaban en algún lugar entre mi ombligo y mi barbilla, así que, si su grito hubiese sido: «¡Échale huevos!», probablemente me hubiese costado encontrarlos.

Lo que Tim y el resto de los chicos no sabían es que, antes de asomarme al borde de un puente perfectamente funcional, me había negado a decirles que me dan miedo las alturas cuando no me amparan ventanas, guardarraíles y el resto de las medidas de seguridad que hemos creado para proteger a la gente y que no tropiece o caiga del mismo lugar del que yo estaba a punto de saltar por voluntad propia.

Entonces, ¿qué hice? Contuve el aliento e hice lo que la mayoría de los chicos jóvenes hacen cuando se pone en duda su masculinidad. Me porté como un maldito hombre y salté. Pero sólo tras estar a punto de hacerlo y no atreverme como diez veces, lo que sólo consiguió que se burlaran más de mí. Sin embargo, al final lo hice. Y, aunque quiero pensar que parecía The Rock escapando de un ataque enemigo, o saltando de un edificio en llamas y aterrizando sin esfuerzo en el agua sólo para emerger siendo incluso más *cool*, está claro que no fue así. Visto desde fuera, lo más probable es que pareciera un lápiz cayendo a gritos al agua en un ángulo raro. Pero oye, lo hice, ¡¿verdad?!

Sin embargo, no fue porque me atravesara ninguna descarga de valor y me inspirara a enfrentarme a mis miedos. No porque sea un hombre de verdad. Nada que ver. Salté porque me daba más miedo parecer «tan nena» que arriesgar mi integridad física. Permíteme que traduzca esto al no tan secreto lenguaje de la masculinidad, la norma que gobierna nuestra misma existencia: para un joven, ser llamado «nena» significa que se lo percibe como débil. Y me daba más miedo ser visto como «menos que», como inferior, que no acertar el salto en la apertura de un metro sin rocas y quedarme paralítico. Síp. Somos así de intensos sencillamente porque, en el lenguaje en que nos comunicamos los niños y los hombres, ser una «nena» implica no ser un hombre o, en el mejor de los casos, ser un hombre muy débil. Esto tiene un origen claramente sexista. Ni siquiera nos paramos a pensar en cómo la normalización del uso de estas palabras como burla o broma inofensiva afecta inconscientemente a la forma en que vemos y tratamos a las chicas y mujeres en nuestras vidas. Incluso si todos conocíamos a muchas chicas de nuestra clase que habían saltado desde ese puente, los chicos sabían que llamarme «nena» o «chica» por darme miedo saltar era la forma más rápida de conseguir que saltara. El lenguaje es poderoso y nos afecta de formas que ni siquiera percibimos.

De niño, e incluso como el hombre que está escribiendo esto, o bien era una cosa, o bien la otra. Así que, para mi cerebro de trece años, ser tratado como una chica sólo podía significar una cosa: que no era un hombre. Entonces, cuando salté, no fue por valiente, sino porque me aterrorizaba ser visto como «menos que» sólo por sentir emociones reales. Me aterraba admitir que estaba aterrado. Bienvenidos al maldito caos de la mente de un joven y a los procesos racionales e irracionales por los que toma sus decisiones.

Por aquel entonces, no sabía que éste sería sólo un instante en una cadena de miles que reforzarían un peligroso y confuso mensaje sobre la valentía y la masculinidad: que no somos nosotros quienes juzgamos internamente nuestros actos de valor, sino que dependemos de factores externos; que se nos juzga en base a las expectativas no escritas de lo que la mayoría de los hombres (y mujeres) entienden como valiente. En otras palabras: si no estamos arriesgando inherentemente nuestra vida, no estamos siendo valientes. Por algún motivo, desde muy jóvenes, muchos de nosotros empezamos a entender el valor como las acciones que podrían causarnos daño físico. En serio, piensa en todos los jóvenes que se juegan la vida para hacerse fotos «épicas» para Instagram o los riesgos a los que se exponen para hacerse virales en TikTok. Vivimos en una cultura que se nutre del consumo de contenido y que baña en elogios a la gente que se juega la vida para ser popular. Es lo mismo que lo que hacía yo de joven, sólo que las redes sociales eran tu reputación y medíamos los *likes* en base a si tenías con quién quedar los fines de semana.

Dado que, cuando salté, mis amigos gritaron «¡¡Eso es, Boner!!» (todavía no tengo ni idea de por qué empezaron a llamarme así, pero había gente que me llamaba «Balboner», «Boner» para abreviar), aprendí que la recompensa de los elogios de mis compañeros (incluso si venían con un apodo insultante) cuando superaba mis miedos pesaba más que el miedo en sí mismo. Ésta es una línea peligrosa, pues, aunque creo firmemente en conquistar el nerviosismo y el miedo para sumergirnos de lleno en lo que nos asusta, también considero que no debe hacerse para recibir validación externa y elogios, sino para validarnos internamente, lo que no requiere de aplausos ni alabanzas. Cuando, de niños, nos enseñan a desconfiar de nuestras emociones y a ignorar nuestro miedo e incomodidad, inmediatamente empezamos a asociar esos sentimientos con debilidad y, en nuestros jóvenes y egocéntricos cerebros, la debilidad termina asociada con nuestra valía. Nuestra autoestima se desploma cuando empezamos a preguntarnos por qué somos «diferentes», ya que parece que nadie sufre los mismos problemas —las mismas emociones— que nosotros, porque los constructos sociales a los que nos adherimos nos prohíben compartirlos. Y sí, mi uso de la palabra «problemas» es intencional porque, para mí y para muchos jóvenes o incluso hombres, los sentimientos de miedo, ansiedad y vergüenza son vistos como problemas que superar, en lugar de como emociones que sentir.

Hablando de vergüenza, tengo una anécdota relacionada con el ingenioso apodo que me pusieron en la escuela. Tenía doce años y, como la mayoría de los niños de esa edad, no tenía ningún control sobre cuándo mi cuerpo decidía tener una erección. La mitad de las veces en que esto ocurría, no me daba ni cuenta hasta que la bandera estaba a toda asta. Pero como no se habla de esto en las escuelas y nadie prepara a los jóvenes para sus años de erecciones incontrolables en los momentos menos oportunos, empezamos a avergonzarnos de nuestros propios cuerpos. No podemos hablarlo con nadie porque pensamos que sólo nos pasa a nosotros y empezamos a preguntarnos si somos anormales. Oh, y si, Dios nos libre, alguien nos pillaba con una erección en clase, o haciendo aquel incómodo ajuste en que nos encorvamos para recolocar nuestro pene apuntando a las doce en las cinturas de nuestros pantalones, se burlaban de nosotros por tener un cuerpo completamente normal y cambiante, lleno de testosterona. Volviendo al tema, tenía doce años e iba de camino al centro comercial con mi encantadora tía, que había venido de visita (extremadamente católica, conservadora y muy, muy, muy pudorosa). Llevaba unos pantalones de ejercicio amarillo chillón que me quedaban tranquilamente tres tallas más grandes y, cuando hacía viento, parecían más un paracaídas abierto que unos pantalones. Al salir de nuestra camioneta Chrysler, mi tía hizo un comentario (muy en serio) sobre lo que tenía en los pantalones, y me dijo que tenía que sacarme lo que fuera que me hubiese metido porque «¡no es gracioso!». No entendí de qué me estaba hablando hasta que miré y me di cuenta de que, de hecho, sí tenía algo en los pantalones, pero sacarlo de ahí no era una opción. Se hizo el silencio. Un terrible e incómodo silencio. Bajé la mirada conmocionado y avergonzado mientras sentía que mi propio cuerpo me había traicionado. Mi tía, sin saber qué hacer o decir, se apresuró a desviar la mirada y, como la católica del medio oeste que es, fingió que nada había ocurrido. La recuerdo diciendo «Oh. ¡Bien, vámonos!», y echar a andar mientras yo, avergonzado y humillado, me acomodaba y anadeaba para alcanzar al resto de la familia. Nunca volví a mencionar el incidente y nunca he contado la anécdota. Hasta ahora.

El caso es que las personas nos parecemos mucho más de lo que creemos, pero como a los chicos se nos socializa para no compartir o hablar de cualquier cosa que pueda usarse como arma contra nosotros, nos vemos obligados a sufrir en silencio. Sea el cambio en nuestros cuerpos, los trastornos de aprendizaje, los problemas en casa con un padre alcohólico o abusivo o algo que pueda parecer trivial, como encontrarse a seis metros sobre un río colgado de un puente porque te da el mismo miedo saltar que admitir que tienes miedo, en cuanto empezamos a alienarnos por ser diferentes, o por no ser suficientemente hombres o valientes, nos volvemos incapaces de entender que la razón por la que nos sentimos tan solos es porque los otros chicos ya han aprendido lo mismo que estamos a punto de aprender nosotros: a suprimir nuestras emociones.

¿Qué lección aprendí aquel aciago día en el puente? Que sentirme un hombre no era algo que pudiese venir de dentro, que no surgía de un núcleo interior de hombría o de una valía innata. No seguiría el camino del héroe *jedi* en el que conquistaría al lado oscuro y, en una demostración épica de valor, me enfrentaría a mis mayores miedos y mataría al malo. Nada que ver. La hombría era algo que tenían que concederme —o negarme— otros hombres. Es así de sencillo y de complicado. Si decían que era un [inserta cualquier insulto heteronormativo aquí], lo era. Si decían que era un tipo, era un tipo. Esto significaba que mi «carné de hombre» dependía de mi capacidad para actuar y que ellos eran tanto mi audiencia como mis críticos. Implicaba fingir que las emociones que sentía no existían y que me sentía de una forma totalmente distinta a como lo hacía. Se le llama actuar. Y se me terminó dando bien del carajo.

¿Qué dice una palabra?

Quiero aclarar que, cuando hablo de masculinidad y presento la valentía como una de sus características principales, no me refiero a cómo celebramos el trabajo de los médicos y enfermeras que se juegan la vida en primera línea, o el de los bomberos que entran de cabeza en edificios en llamas, ni a cómo veneramos a nuestros militares o aplaudimos a cualquiera que, en su trabajo, se lanza contra el peligro sin preocuparse por sí mismo. Este concepto de valor, y su celebración, no tiene nada de malo ni de tóxico. Quienes viven estas profesiones y se ponen en riesgo por nuestra libertad y seguridad son, sin lugar a duda, verdaderos héroes. No digo que tengamos que dejar de aplaudir a estos hombres, mujeres y personas no binarias por sus actos de heroísmo. No digo que tengamos que considerarlos menos valerosos. Sin embargo, me gustaría que ampliáramos las definiciones de los estándares que los hombres pueden cumplir y de los rasgos que podemos mostrar fuera de las proezas de fuerza y los actos de heroísmo. Me encantaría hacer sitio para todas las formas en que el valor se manifiesta en cada uno de nosotros, en las formas en que arriesgamos, no sólo nuestros cuerpos, sino también nuestros corazones.

Soy un gran fan de la doctora Brené Brown, una investigadora y escritora que explica el valor de una forma muy ingeniosa y necesaria:

En una de sus formas primigenias, la palabra «valor» tenía una definición muy distinta a la que le damos hoy en día. En su sentido original, valor significaba «Decir lo que uno piensa desde el corazón». Con el tiempo, esta definición cambió y, ahora, el valor se ha convertido en un sinónimo de heroísmo. El heroísmo es importante y no hay duda de que nos hacen falta héroes, pero creo que hemos perdido el contacto con la idea de que hablar con honestidad y abiertamente sobre quiénes somos, sobre cómo nos sentimos y sobre nuestras experiencias (buenas y malas) es la definición de valor.

Casi llegando a los treinta, antes de conocer el trabajo de la doctora Brown, empecé a examinar de forma instintiva, e incluso a cuestionar, abiertamente y con honestidad lo que significaba ser un hombre valiente. Cuando empecé a observar cómo me desconectaba de mis emociones y las sutiles formas en que esto se implantaba en mi psique, sentí la necesidad de cuestionar por mí mismo si algún día llegaría a ser lo suficientemente valiente como para honrar cómo me sentía. Pero la verdad es que ni siquiera sabía cómo me sentía… Dios, ni siquiera estaba seguro de si sabía sentir, y mucho menos honrar las emociones en mi interior.

Es este no saber, esta parálisis emocional, lo que la escritora e investigadora Bell Hooks considera la verdadera desgracia del sentido del «yo» de los hombres. Y no puedo estar más de acuerdo. En su revolucionario libro *The Will to Change: Men, Masculinity, and Love* (La voluntad de cambiar: hombres, masculinidad y amor), Hooks dice:

> El primer acto de violencia que el patriarcado exige a los hombres no es la violencia hacia las mujeres. Lo que el patriarcado exige a todos ellos es que practiquen la automutilación psíquica, que asesinen su faceta emocional. Si un individuo no logra lisiarse emocionalmente, puede contar con que los hombres patriarcales acometerán rituales de poder que atacarán a su autoestima.

Es una locura, ¿verdad? Pero a mí me parece acertado. Para ser aceptado como hombre, primero tuve que aprender a suprimir las partes de mí que otros hombres considerarían «afeminadas». Y, si no lo hacía por mí mismo, no hay duda de que habría otro hombre —también en busca de aceptación— que lo haría por mí. Por ejemplo, mucho antes de que me enseñaran a ver a las mujeres como mi propiedad, como objetos; antes de aprender que debía portarme mal con la chica que me gustaba para mostrarle mi interés; antes de que me dijeran que era imposible que un chico y una chica fueran «sólo» amigos, que no podían tener una relación platónica porque, si no hay sexo de por medio, ¿para qué?... mucho antes de que éstas y otras muchas normas no escritas, de las que hablaré en los próximos capítulos, se integraran en mi cerebro y se incorporaran en mis acciones y comportamiento, sus bases ya se habían asentado con la represión —el asesinato— de mi faceta emocional, de mis sentimientos. La carretera entre mi cabeza y mi corazón no estaba sólo llena de baches y, de vez en cuando, de pequeños desvíos alrededor de obstáculos. El camino terminaba en seco al borde de un precipicio y, al fondo del abismo, se encontraba mi corazón.

Quiero aclarar que no hay excusa para el daño que esto les causa a las mujeres. El mensaje que este comportamiento les transmite es inadmisible. Desde insultar a los chicos llamándolos «nena», hasta la brecha salarial, la cultura de la violación (cuya existencia es negada por muchos hombres) y la violencia doméstica, vivimos en una cultura que no sólo desprecia a los hombres por ser cosas consideradas femeninas, sino que también atropella a las mujeres, física y emocionalmente, en el proceso. Esta no es una postura liberal o conservadora. No se trata de eso.

El trabajo necesario para deshacer y reparar esto es monumental. En un principio, pensé que esta tarea —la reparación y la lucha por la igualdad— era por donde debía empezar si quería ser de utilidad. Creí que debía tirarme de cabeza e investigar y educarme sobre los derechos de las mujeres y ponerme en contacto con líderes y organizaciones para ayudar a abogar por un cambio sistémico en favor de las mujeres. Pero cuanto más profundizaba, más me daba cuenta de que esta forma de activismo sería en vano, falsa y, a fin de cuentas, inútil, si no trabajaba en conectar conmigo mismo, en ser consciente de, y defender, mis emociones y en cambiar mi comportamiento. No bastaba con hablar de ello, sino que debía emprender de verdad el viaje entre mi cabeza y mi corazón.

En otras palabras, no creo que las mujeres necesiten a otro hombre que se una al movimiento *woke*, se ponga camisetas con lemas feministas y tuitee y hable sobre problemas sociales, pero que no está dispuesto a empezar por hacer un duro trabajo de introspección y autorreflexión. Creo que el mundo necesita que los hombres estén presentes, pero no con grandes gestos, sino de cientos y miles de pequeñas formas. De formas que no produzcan *likes* en Instagram o creen influencia social, sino que resulten en un mundo mejor, más igualitario y justo. Este trabajo no empieza frente a un público, sino ante el espejo. Con una audiencia de uno.

Los *influencers*: familia y amigos, *bullies* y chicos

¿Dónde aprendemos todo esto? Echarle la culpa genéricamente a «la sociedad» por cómo nos hemos acabado centrando demasiado en los logros físicos al hablar de la «valentía masculina» parece demasiado vago y fácil. Utilizar términos como «socialización» no es suficiente para mí. Ten en cuenta que no somos sólo los hombres quienes hemos sido influenciados por la sociedad, sino también las mujeres. Nos ha pasado a todos.

La socialización es la idea de que todos los lugares en los que vivimos y crecemos —sean escuelas, lugares de trabajo, familias, equipos deportivos, etc.— nos dan forma y nos moldean. Los patios de colegio pueden ser como pequeñas fábricas: toman la materia prima de niños cuyas personalidades y rasgos abarcan una amplia gama y los moldean para que representen cualesquiera que sean las definiciones actuales de las normas de género y de sus expectativas. Esto no es algo que esté necesariamente en el plan de estudios, aunque ahí se nos enseña la falsedad de que los hombres fueron los únicos exploradores, inventores y creadores de la sociedad moderna. Pero, aunque quizá no leamos esto literalmente en nuestros libros de historia, lo aprendemos principalmente en el currículum informal: a quién se llama la atención, cómo nos miran nuestros profesores, cómo nos hablan, nos recompensan y nos castigan. Y después, lo aprendemos de forma todavía más informal cuando los profesores no miran, cuando disponemos de unos pocos minutos a solas como niños: en el patio, en el vestuario, a la hora de comer, haciendo deporte después de la escuela o en las clases de teatro.

Hablando de teatro, me enamoré de la actuación en la escuela intermedia, cuando tuve la oportunidad de interpretar al emotivo y extravagante mejor amigo de Romeo (Mercucio) en *Romeo y Julieta*. De hecho, había hecho la audición para ser Romeo —principalmente porque el papel implicaba besar a una chica y nunca me habían besado— pero, cómo no, le dieron el papel a Luke, el deportista popular y alto de ojos azules y cabellos rubios que no sabría actuar aunque su vida dependiera de ello. Te prometo que no sigo amargado por eso. Al final, terminé interpretando a dos personajes —Mercucio y Paris—, lo que significa que me tocó morir dos veces. Esta es una habilidad en la que me apoyaría al principio de mi carrera, en la reconocidísima película hecha para televisión *El ataque de los tiburones*. Pero estoy divagando.

A diferencia de lo que ocurriría en la secundaria, en la intermedia no me hacían escoger entre participar en la obra de teatro escolar y el deporte. De hecho, me animaban a hacer ambas cosas. Pero todo cambió en mi primer año de secundaria, cuando quise presentarme a la audición para la obra escolar. Al ser un actor veterano en la intermedia, con varios papeles secundarios a mis espaldas en producciones de séptimo y octavo grado, pensé que podría utilizar mis refinadas habilidades en las grandes ligas de la secundaria. Lo que no sabía era que, si quería presentarme para la obra de otoño, tenía que dejar el fútbol, el deporte que llevaba jugando desde los cinco años y que pensaba que se convertiría en mi pasaje a la universidad. La obra de primavera tampoco era una opción, ya que esa estación estaba reservada para el atletismo, disciplina en la que me habían asegurado que me aceptarían en el primer equipo, toda una proeza para un estudiante de noveno grado. La ironía de esta falsa dicotomía es que, de haber escogido el teatro sobre el fútbol, lo más probable es que me hubiese encontrado con otro tipo de masculinidad, ya que los chicos del grupo de teatro eran más abiertos y estaban en contacto con su lado sensible y emocional. En general, se los consideraba *nerds*, chicos del coro o *freaks* del teatro, y terminarían por convertirse en el grupo en el que buscaría refugio más adelante, cuando me cansé de intentar encajar en la figura del *jock* en la que me había encasillado.

Durante mi tercer año, empecé a usar la lujosa cámara de vídeo de mi padre, que había comprado para grabar mis partidos de fútbol, para confesar mi amor eterno a las chicas que me gustaban por medio del sagrado arte del *playback* en videoclips de *boy bands*. Esta habilidad seguramente me hubiese convertido en *influencer* en TikTok si hubiese existido por aquel entonces, y me sería muy útil cuando le pedí matrimonio a mi esposa once años más tarde. Aunque mis muy emotivas y muy poco sexys interpretaciones de «God Must Have Spent a Little More Time on You» de NSYNC y de «I Want It That Way» de los Backstreet Boys eran formas divertidas y humillantes de intentar salir de la *friend zone*, lo que en realidad hicieron fue ayudar a cimentar mi lugar en ella. Pero, ante todo, hacer estos vídeos me permitió conectarme con, y hacerme amigo de, los chicos de teatro, quienes también sentían que la interpretación creativa los ayudaba a expresar sus pensamientos y emociones. Todavía hoy me apena que este sistema de falsas dicotomías haga que los chicos jóvenes y, en mi caso, los hombres con talento tanto para los deportes como para la actuación tengan que escoger entre estos dos caminos. A menudo me pregunto cómo hubiese sido la secundaria para mí si no hubiese tenido que escoger, si hubiese tenido el teatro como salida creativa. Más adelante, todavía en la secundaria, encontré formas de expresar mi creatividad, fuese a través de nuestro divertido y ridículo espectáculo de baile en la asamblea escolar o como DJ en una emisora de radio, pero no era lo mismo.

En mi primer año de secundaria pasé un miedo del carajo: las chicas eran más mayores y preciosas, todos los chicos que salían con ellas practicaban algún deporte y la gente se metía con los que hacían teatro, a quienes tiraban refrescos cuando iban a comer. Así que, por supuesto, escogí los deportes en lugar del teatro. Piénsalo: ¿cuántos grandes atletas sueñan en secreto con ser estrellas de cine, escribir libros o poesía, tocar el piano, actuar en el musical de la escuela o, en mi caso, morir (dos veces) sobre el escenario en *Romeo y Julieta*? Y ¿cuántos músicos, escritores y actores físicamente dotados podrían haber sido buenísimos jugando al fútbol o al fútbol americano? ¿Qué regla no escrita de la masculinidad dice que no puedan hacerse ambas cosas?

La ironía es que, cuatro años después de escoger el deporte sobre el teatro, me rompería el isquiotibial durante mi último año de secundaria y lo perdería todo. Todo mi duro trabajo: cuatro años de entrenamientos interminables; de aguantar como novato a los imbéciles y a los *bullies*, a aquellos veteranos que inconscientemente quieren infligir el mismo daño que ellos sufrieron cuando eran más jóvenes para experimentar una falsa sensación de poder. ¿Para qué todo aquello? La depresión por la que pasé después de la lesión fue provocada por el sentimiento de que había sido todo para nada. ¿Qué hubiese pasado si hubiese tomado otra decisión? ¿Y si hubiese sentido que tenía la libertad de elegir? ¿Y si hubiese mandado a la mierda el estatus social, el ser «uno de los chicos», el intentar ser popular y gustar? ¿Y si me hubiese sentido animado y empoderado para explorar TODAS las cosas que me interesaban, en lugar de permitir que la socialización y el miedo tomaran las decisiones por mí?

Aunque a veces el sistema escolar tomara las decisiones por mí, soy muy consciente de las formas en que mis relaciones personales dieron forma a mi sentido del «yo» como chico y como hombre. En el centro de estas relaciones estaban mis padres y, en el borde de mi círculo íntimo, estaban mis compañeros de clase, tanto hombres como mujeres.

Durante mis primeros años, tuve la suerte de haberme criado en una familia en la que mi sensibilidad como chico fue validada y afirmada. Mi madre era nuestro pilar espiritual. Era, y es, firme en sus opiniones, una excelente artista (profesionalmente, es diseñadora de ropa), muy cariñosa y afectuosa y, además, está un poco loca en el mejor de los sentidos. Mi padre se mostraba emocionalmente receptivo, me apoyaba y me cuidaba. Entre él y mi madre recibí más amor y afecto del que podía desear. Y, aunque a mi padre le habían enseñado a sufrir en silencio, a sentir sus emociones complicadas a solas, intentó, sin darse cuenta, enseñarme de otra forma. (Más tarde entraré en mi compleja, difícil y también bella e increíble relación con mi padre).

Sin embargo, al mismo tiempo, a través de la mirada de mis compañeros, la escuela me enseñaba el ABC de lo que significaba ser valiente como chico y, llegado el momento, como hombre. Cuando las lecciones del recreo contradecían lo que había aprendido en casa, me sentía confuso, contrariado y, al final, aislado de los chicos de los que tan desesperadamente quería hacerme amigo. Así, lo que en un principio me había hecho sentir seguro en el amor de mi padre, terminó haciendo que, tristemente, una parte de mí le guardara rencor durante mi juventud.

El conflicto entre mi casa y la escuela se volvió duramente evidente para mí cuando, alrededor de los diez años, nos mudamos de la progresiva ciudad costera de Santa Mónica a un pequeño y conservador pueblo de Oregón. Ahí estaba yo, en un lugar donde los hombres trabajaban con las manos y mascaban tabaco y donde, en un momento dado, un tercio de los alumnos de mi pequeña escuela primaria estaban emparentados (y sólo voy medio en broma). Algunos de los padres eran leñadores, otros camioneros, otros carpinteros, todos obreros hasta la médula. Sus hijos iban a seguir sus pasos y ya estaban siendo preparados para ser como sus padres.

Mi padre era, y sigue siendo, un emprendedor empedernido. Es un empresario y un genio creativo que usa su corazón tanto como su cerebro. Es algo que admiro profundamente de él y que ahora, como adulto, me encuentro replicando. Pero eso no es lo que quería aprender de él de niño. Quería un padre como el resto de los padres de aquel pueblo: con un horario fijo, que sabía qué iba a hacer en el trabajo al día siguiente, o que supiera cortar un árbol con un hacha o encender un fuego con palos y piedras. La verdad es que no sé por qué quería aquello, porque me encantaba (y me sigue encantando) cómo se ganaba la vida mi padre. Si tuviera que diseccionar mis sentimientos reales bajo todo esto, probablemente tuviese que ver con que el resto de los padres se parecían a, y actuaban más como, los tipos duros de las películas: eran más rudos, llevaban las barbas menos afeitadas y las uñas menos cuidadas, tenían las manos sucias y grandes antebrazos, y su idea de una noche tranquila eran unas cuantas cervezas, una pizza y un poco de paz y tranquilidad (también conocido como el momento «no le hables porque está viendo el partido»).

Aunque eso no tiene nada de malo, no todo hombre encaja con esa descripción, y mi padre no lo hacía en absoluto. Él no me enseñó lo que otros padres enseñaban a sus hijos. No podía hacer fuego sin un mechero y no tenía pistola. No nos íbamos de caza o de pesca los fines de semana. De hecho, más adelante, mi padre me contaría que sólo fue a cazar una vez en la vida, con su tío, que tuvo que dispararle a una ardilla, lo que fue «de lejos, lo peor que me ha pasado en la vida» y que no le desearía ese dolor a nadie. Así que no es ninguna sorpresa que, no sólo no aprendiera a cazar, sino que tampoco supiera pegar un puñetazo ni qué hacer si alguien intentaba golpearme.

La primera vez que recuerdo confiarle algo a mi padre y pedirle ayuda fue cuando, alrededor de los trece años, unos chicos de la intermedia se estaban metiendo conmigo. Se me plantaban delante y me empujaban, intentando que fuese yo quien pegara el primer puñetazo. Me empujaban con alguien poniéndome el pie por detrás para que tropezara y me cayera. Me lanzaban cosas y me decían que iban a asaltarme o a «partirme la cara» al día siguiente. Me descubría yendo por la escuela con la cabeza agachada, haciendo todo lo posible por pasar desapercibido sólo para evitar la humillación pública o las amenazas. Fue horrible. No era la primera vez que ocurría, pero nunca hasta entonces había pasado miedo de verdad. Pensaba en ello constantemente y me entraba ansiedad cuando tenía que ir a la escuela, pues me sentía completamente solo porque no tenía a nadie que diera la cara por mí.

Así que, una noche, le pedí a mi padre que me enseñara a defenderme. Él siempre me contaba que su padre (mi abuelo) había sido campeón de boxeo Guantes de Oro en la universidad y que, de pequeño, le había enseñado a dar un puñetazo, así que pensé que este conocimiento podía transmitirse a la siguiente generación. Pues bien: la lección duró dos minutos y terminó conmigo asestándole un potente gancho de derecha en la mandíbula cuando se me acercó para corregirme la postura. Aunque mi padre aguantó el golpe «como un hombre», supe que le había hecho daño, y aquello me dolió a mí también. Me sentí fatal y la ironía me pareció evidente. Ahí estábamos, dos tipos sensibles tratando de parecer duros, intentando desesperadamente que el otro no notara cuán sensibles éramos en realidad. Lo que mi padre no supo entonces fue lo decepcionado que me sentí. Por una parte, nunca le había pegado a nadie, así que el mero hecho de sentir el contacto de mi puño contra su mandíbula despertó en mí alguna clase de instinto primitivo que me hizo sentir poderoso. Pero, por otro lado, hacerle daño a mi padre sin querer y verlo disimular y poner cara de tipo duro me rompió el corazón. Seguía queriendo aprender a luchar, pero supe que él no era la persona adecuada para enseñarme. Creo que aquella fue una de las primeras veces en que realmente me di cuenta de cuán confuso era ser un chico intentando aprender a ser un hombre. Y soy de los afortunados, tengo un padre vivo y presente que estuvo dispuesto a recibir un puñetazo para ayudar a su hijo.

Así que, aunque estaba confuso, decepcionado y enfadado porque sentí que mi propio padre no era lo suficientemente hombre como para enseñarme a partirle la cara a otro chico, al echar la vista atrás, este es uno de los recuerdos más dulces que atesoro. El mero hecho de escribir estas palabras y diseccionar aquel momento para apreciar que mi padre es un hombre bueno y bondadoso, ayuda a sanar al niño resentido que hay en mí. Pero, por aquel entonces, esto no me ayudó en un patio que no tardaría en convertirse en el aula donde, aunque a costa de mi ansiedad, aprendería lo que iba a hacerme falta para ser aceptado por el resto de los chicos; lo que hacía falta para ser considerado suficientemente bueno, suficientemente duro, suficientemente fuerte, suficientemente valiente, suficientemente hombre. Y todo empieza con una sencilla regla: no muestres tus emociones.

Visto desde fuera, podría parecer que yo, un niño de ciudad, no tenía mucho que ver con los chicos de campo de Oregón. Pero había algo que todos teníamos en común: ninguno quería ser considerado una «nena», y la forma de evitarlo era seguir la regla número uno.

Al haberme criado en dos lugares distintos y, en muchos sentidos, diametralmente opuestos, me he dado cuenta de que, fuésemos hijos de empresarios u obreros, de clase baja, media o alta, esa lección parece haber cuajado en todos nosotros. Y, sinceramente, sea en las playas de Santa Mónica o en los aserraderos de Oregón, para un niño empático como yo el mensaje de no mostrar mis emociones fue una sentencia de muerte. Lloraba con facilidad (en privado) y me entretenía o emocionaba con las cosas más sencillas, como cuando la oruga de clase se convirtió en un capullo y se colgó de la esquina del aula como Batman (todavía me emociona ver a una oruga tejer su capullo). Me encantaba reírme de las cosas más mundanas y gritar bromas de mal gusto, pero también sufría con facilidad. Ninguna de estas cualidades me facilitó ser aceptado por los otros chicos, así que no tardé en convertirme en un marginado con el que se metían por «blando». Incluso de pequeño, mucho antes de poder articular nada de esto, la sensación de ser repudiado por mi propio género se sintió como la muerte. Y, en cierta forma, quizá lo fue. A lo mejor fue la primera de las muchas muertes de mi ego.

Para entonces, como acostumbran a hacer, muchas de las chicas de mi clase me habían integrado, un patrón que se mantendría a lo largo de mi vida. Y, aunque en un principio me regocijé al sentirme aceptado por ellas, esto duró poco. Al final sólo dio pie a un mayor rechazo de los chicos, que intuyo que proviene de la homofobia internalizada de nuestra sociedad. Si quieres ser una «nena» o que te llamen «gay» o «marica», la ironía es que no hace falta que tengas relaciones románticas o sexuales con otros chicos, te basta con tener sentimientos y amigas.

Aquí va una muestra de las reglas no escritas y de las lecciones que recuerdo, reducidas a una serie de simples «noes»:

No tengas amigas. Los chicos te llamarán «gay».

No seas demasiado agradable con las chicas. Si lo eres, significa que eres sensible, lo que también te hace gay.

Si te dan una patada en la espinilla jugando al fútbol en el recreo, no llores. Ni siquiera dejes que vean que te ha dolido. Si lloras, eres una chica. O gay. Tú eliges.

Si eres el último al que escogen para el equipo de baloncesto, ríete de ello en voz alta y búrlate de ti mismo con orgullo o, mejor, proyecta arrogancia, porque eso es lo que hace todo el mundo.

Y, hagas lo que hagas, no llores. Porque, si lloras, eres una chica. O gay. De nuevo, tú eliges.

Si los chicos te piden que les enseñes las uñas, no pongas tu mano con la palma hacia abajo con los dedos rectos y algo apartados, porque todos saben que los chicos de verdad, los hombres de verdad, enseñan las uñas con la palma hacia arriba y los dedos encogidos para que se vean las uñas. Pero, si tú no lo sabes y les enseñas las uñas «mal» —como lo haría una chica— y empiezan a reírse y a burlarse de ti y a llamarte «gay», no los dejes ver que su risa hiere tus sentimientos, porque eso también significa que eres gay.

Si trepas hasta la mitad de la cuerda en la clase de Educación

Física y te das cuenta de que te da miedo subir más, no dejes que vean que estás asustado. Échale la culpa a que te estás irritando ahí abajo. Los chicos respetan a alguien que cuida de su verga. (Por otro lado, ¿qué carajo me pasa con las alturas?). Pero, si no le echas la culpa a algo, prepárate para que te llame «nena». O «gay».

¿La base de cada una de estas lecciones? No muestres tus emociones y nunca hables de cómo te sientes, porque, si no, eres una chica, o eres gay, lo que hará que tu propio género te repudie.

Espero que leer esta lista te haya dolido un poco (o mucho). Espero que puedas empezar a entrever el dolor que les estamos causando a millones de chicos, y el daño que les provocamos a las chicas en el proceso, junto a cualquiera que no se identifique como heterosexual o que esté confundido con su sexualidad. Que el insulto supremo para un género sea la identidad de otros es dañino en muchos sentidos. No es una exageración relacionar esto con la elevada tasa de depresión y suicidio en adolescentes de todos los puntos del espectro de género.

En este campo minado de agresiones, el conflicto se desencadenó entre quién era, cómo me sentía y quién me decía el mundo —no, perdón, los chicos— que debía ser. La consecuencia de esto fue el asesinato de mi faceta emocional, la destrucción del camino entre mi cabeza y mi corazón. Y si esto me ocurrió a mí, un chico heteronormativo, no me quiero imaginar qué pasaba con las chicas y con los chicos gay.

Recuerdo hablar con un chico de doce años, un jugador de fútbol americano. Y le pregunté, le dije, «¿Cómo te sentirías si, delante del resto de los jugadores, el entrenador te dijera que juegas como una niña?». Esperaba que me dijera algo como: «Me pondría triste» o «Me molestaría» o «Me enfadaría» o cualquier cosa por el estilo. Pero no, lo que el chico me dijo

fue… «Me destruiría». Y me dije a mí misma: «Dios, si ser
llamado niña lo destruiría, ¿qué le estamos enseñando sobre las
niñas?».

—TONY PORTER

Un nuevo desafío

Cuando tenía unos veinticinco años, perdí todo lo que había estado utilizando para demostrarme a mí mismo y a los demás que era lo suficientemente hombre. Ya no tenía el súper carro, lo que en mi caso había sido un Bronco del setenta y seis, personalizado y totalmente restaurado, que me había comprado con el sueldo de mi primera serie de televisión y que me había visto obligado a vender al quedarme sin dinero. También me había quedado sin novia porque se había ido a rodar una película durante dos semanas y se había enamorado de su coprotagonista. No hubiese obtenido un papel ni aunque mi vida dependiese de ello, y la casa que me había comprado estaba peligrosamente cerca del embargo. Mi masculinidad estaba pasando por una crisis del cuarto de siglo en toda regla. La única emoción que podía expresar legítimamente era la ira, pero sólo quería, y sólo podía, llorar y pedir ayuda.

Lo interesante de este momento en particular de mi vida es que todas las amistades masculinas que había desarrollado eran muy parecidas a mí y habían crecido en ambientes similares. Intenté hablar con ellos. Los necesitaba. Pero esos amigos no podían estar a mi lado cada día y no disponían del vocabulario emocional ni de la paciencia necesaria para escuchar todo lo que estaba sintiendo sin darme consejos ni decirme lo que tenía que hacer. Así que terminé pasando gran parte del tiempo con las personas más emocionalmente disponibles y tolerantes que conocía: chicas que ya se habían convertido en mujeres y que seguían aceptando al diferente. Gracias a ellas, empecé a entender qué significa ser vulnerable y aprendí a volver a sentir y a arriesgarme a compartir estos sentimientos con los demás. No me dieron estas lecciones con palabras, sino que me las mostraron con su propio comportamiento.

¿Qué aprendí durante aquel tiempo? La verdad es que esperaba —o, como mínimo, deseaba— descubrir que, bajo todo aquello, era intrépido y valiente.

En cambio, lo que descubrí es que tengo miedo. Mucho miedo.

Y, una década después de empezar este viaje, sigue siendo cierto. Tengo miedo de no poder mantener a mi familia, de no tener estabilidad financiera. Tengo miedo de perder a mis hijos, a mi esposa, a mis padres o a mis seres queridos en algún tipo de accidente o de una forma fuera de mi control. Creo con todo mi corazón que la muerte es como volver a nacer y que cuando fallecemos no estamos más que a unos centímetros de una nueva vida, pero aun así, le temo a la muerte. Me asusta la idea de no alcanzar todo mi potencial y ser olvidado. Tengo miedo de que, si me pasara algo, mi esposa conociera a otro que resultara ser más hombre que yo y que pudiera cumplir con todos sus deseos donde yo he fallado. Me da miedo dejar de ser relevante. Joderla en mi siguiente película y que me manden a «la cárcel de los directores». Engordar o envejecer mal (sea lo que sea que signifique eso) y no encontrar ningún papel porque nunca fue mi talento el que me consiguió los trabajos, sino mi aspecto. Me da miedo ser visto como un impostor y que la gente descubra que he estado fingiendo todo este tiempo y que, en realidad, no tengo ni idea de lo que estoy haciendo ni de cómo he llegado hasta aquí. Me asusta estar fracasando como padre, como marido y como amigo, que mis hijos crezcan guardándome rencor porque hago y porque me centro demasiado en mi carrera sin poder dar el cien por cien de mí mismo en nada. Y, sin embargo, irónicamente, lo único que de verdad me importa es triunfar en ser un padre, un marido y un amigo presente. Tengo miedo de tener tanto miedo. Ah, y le sigo teniendo miedo a las alturas.

Pero, de todas las cosas a las que temo, he aprendido algo: puedo tener miedo y ser valiente al mismo tiempo. No son mutuamente excluyentes. De hecho, como me dijo una vez mi terapeuta, sólo puedo ser valiente si gestiono y me enfrento a mis miedos. El valor no existe si no se tiene miedo. El conflicto del valor sólo está cuando me sitúo en la falsa dicotomía de tener que ser una cosa u otra, cuando la verdad es que puedo ser ambas. También puedo tener miedo y no permitir que éste controle mi vida. Tengo la capacidad de desterrar al miedo al asiento trasero, subir el volumen de la música y disfrutar del camino sin que éste pueda influir en mis decisiones. Lo que ahora creo, y por lo que me rijo en la vida respecto al miedo es: ten miedo, sé temeroso, honra estos sentimientos cuando aparezcan, pero no te pierdas en ellos ni dejes que te consuman. Porque una cosa es sentir miedo y otra es dejarte vencer por él. Y puedes llamarlo masculinidad tradicional, pero me gusta ganar.

La prueba definitiva, la mayor recompensa

Hace unos cuatro años, puse esta lección a una prueba definitiva. Había estado pasando por muchas cosas, así que me sentía solo y necesitaba ayuda. Estaba sufriendo por un tema sobre el que me resultaba incómodo hablar con mi esposa y, por aquel entonces, tampoco tenía terapeuta. Así que decidí pedir ayuda. Les propuse a mis mejores amigos hombres que nos juntáramos, con la intención secreta de arriesgarme a ser vulnerable, de soltar toda mi mierda y de decir: «Estoy sufriendo y necesito ayuda». Por supuesto, no empecé por ahí, sino que lo planteé como que me hacía falta un fin de semana de escapada a México con los chicos. Así es, me daba tanto miedo ser vulnerable que, para ser capaz de compartir mis sentimientos con ellos, sentí que necesitaba llevármelos del país.

Hubo varios momentos durante el primer par de días en que sentí que tenía la oportunidad de empezar a compartir, pero cada vez que lo intentaba, me bloqueaba. En lugar de decir: «Oigan, ¿podemos ponernos serios un momento?», optaba por: «Salgamos a correr o a hacer deporte», volviendo a demostrar que machacarme en nombre del crecimiento muscular era mucho más fácil que hacerlo para abrir el corazón. Cuando llegó la última noche, me enfrentaba a mi compromiso con la vulnerabilidad al mismo tiempo que a mis amigos y, por fin, me sentí preparado para abrirme. Pero, irónicamente, uno de ellos rompió primero el hielo y compartió con nosotros cómo se sentía. En aquel momento, y durante las veinticuatro horas siguientes, me sentí, de lejos, más asustado y valiente de lo que me había sentido en años.

Mientras hurgaba en lo que me hacía sentir mal, y admitía todo cuanto era difícil, vergonzoso o aterrador, sentí cómo el peso visceral de la vergüenza empezaba a disiparse y, para mi sorpresa, el resto de mis amigos se sumaron y empezaron a compartir sus problemas. Fue como si mi vulnerabilidad, junto a la de mi aún más valiente amigo, fuera una invitación tácita para que ellos también revelaran sus sentimientos más profundos. De puertas para afuera, mis amigos y yo habíamos estado viviendo según las lecciones que habíamos aprendido en el patio de la vida. Habíamos estado rechazando todo lo que se consideraba femenino y débil. Pero, en secreto, a sabiendas o no, todos habíamos estado esperando que nos dieran permiso para expresarnos, para ser vistos, para ser escuchados. Habíamos estado esperando un lugar seguro para sentir nuestras emociones. Fue esta revelación, este anhelo de permiso, lo que me ayudó a redoblar mi compromiso con mi camino de autodescubrimiento y crecimiento radical y emprender el viaje entre mi cabeza y mi corazón.

Te estarás preguntando qué tema me obligó a montar todo aquello. Pues, fue el porno. Habrá a quien pueda parecerle inocuo, pero en mi caso, su sombra era alargada, ocupaba demasiado espacio en mi mente y no tenía ni idea de cómo o de con quién hablar de ello.

Así que me quité la armadura pieza a pieza. Y, aunque la primera pareció casi imposible de levantar, me di cuenta de que, cuanto más compartía, más ligera se volvía la coraza y más fácil era quitármela. Aquella noche confesé que mi relación con el porno era insana y que quería tener más control sobre si, cómo o cuándo lo consumía. Que me daba miedo hablar con mi esposa de eso porque no quería que sintiera que miraba imágenes y vídeos de mujeres desnudas porque ella no era suficiente para mí. Que me sentía avergonzado, sucio y como una mala persona. Que era un modelo para mucha gente joven de todo el mundo y de mi religión, pero que, a veces, la oración no era lo suficientemente fuerte como para resistir la tentación del porno, especialmente cuando había tenido un mal día, o estaba bajo mucha presión o sufría estrés. Lo utilizaba como mecanismo de afrontamiento para calmar mi mente y me sentía como un hipócrita porque, por un lado, me estaba labrando una reputación de hombre que alzaba la voz por las mujeres y la igualdad de género, que estaba aprendiendo sobre la justicia social y sobre el efecto de la pornografía en la cultura de la violación y, sin embargo, era incapaz de mantener el control sobre mi propio consumo, especialmente en días en los que no me sentía suficiente.

En respuesta, mis amigos compartieron su propio sufrimiento. Uno habló de sus problemas con la infidelidad, fundados sobre el dolor de haber sufrido abusos de niño por parte de un amigo de la familia. Otro tenía dificultades para romper con el ciclo del abuso emocional y de la toxicidad en sus relaciones, fruto del mismo abuso que había sufrido de su padre. Otros hablaron de sus propios problemas con el porno. Aunque tardamos tres días (o más de treinta años) en lograr hacer esto, por fin lo conseguimos y, con ello, abrimos la puerta a nuestras emociones.

Hoy, me parece increíble cuán parecidos éramos en cuanto a lo que no decíamos, lo que nos avergonzaba, y cómo esta vergüenza, o el miedo a sentirla, era un principio básico de nuestra representación de la masculinidad. Los niños se convierten en hombres, sí, pero en ciertos aspectos nunca dejamos de sentirnos como en el patio del colegio y todavía nos asusta que alguien nos llame «débiles», o nos diga que no somos lo suficientemente hombres. Forjamos nuestra armadura para defendernos como caballeros medievales, pero, si alguna vez has llevado una cota de malla, sabrás que, no sólo son tan pesadas e inmovilizadoras que apenas nos permiten andar, sino que también terminan por desconectarnos del mundo exterior y nos impiden conectar con los demás de manera genuina y verdadera.

Una de las formas en que he empezado a reconstruir el camino entre mi cabeza y mi corazón es creando experiencias que me obliguen a ser vulnerable. Si algo en la vida me avergüenza, me tiro de cabeza a ello sin importar cuánto miedo me dé. Si la vergüenza prospera en el silencio y el aislamiento, entonces lo contrario también será verdad: que la vergüenza muere en la palabra y en la comunidad. Así que me pregunté: ¿soy lo suficientemente valiente como para ser vulnerable? ¿Para pedirle ayuda a otro hombre cuando la necesito? ¿Para ser sensible? ¿Para llorar cuando sufro o soy feliz, incluso si me hace parecer débil? ¿Soy lo suficientemente valiente como para ser un hombre que honra sus emociones (incluso cuando mis acciones a veces las contradicen)?

Este es el tipo de valor al que quiero aspirar.

El tipo de valor que incluye a un alcohólico yendo a su primera reunión, o a la número quinientos, de Alcohólicos Anónimos.

El tipo de valor que incluye a un hombre que fue abusado de niño y que se volvió abusivo a su vez, pero que terminó buscando la ayuda que necesitaba.

El tipo de valor que incluye a un joven que le dice a su compañero de cuarto que está deprimido y tiene pensamientos suicidas.

Y al hombre que no creía estar listo para ser padre, que abandonó a su familia, pero que se dio cuenta de su error y volvió para pedir perdón y esforzarse por recuperar su confianza.

Quiero, como comunidad y como cultura, que aplaudamos el valor del veterano que vuelve de la guerra y entra en la consulta del psicólogo para cuidar de su salud mental.

Quiero un valor que incluya al hombre de veintitantos que le planta cara al tipo del bar que le está hablando mal a una mujer.

Y quiero que incluya al marido que tuvo que abandonar su carrera para cuidar de una pareja enferma de cáncer, al hijo que frena su ascenso para cuidar de su padre con Alzheimer y al hombre que, además de trabajar cincuenta horas a la semana, es el cuidador de su hermano, un papel que ha desempeñado gran parte de su vida.

Quiero que incluya al grupo de hombres de treinta y tantos que tuvo que salir del país e irse a una zona remota sólo para poder abrir sus corazones.

Quiero que el valor incluya a cualquier niño y hombre de cualquier edad que es lo suficientemente valiente como para emprender este viaje. Quizá algún día, un niño delgado y apenas adolescente estará a seis metros sobre el río, sujetándose con todas sus fuerzas del borde de un puente, sabiendo cómo se siente y sabiendo que honrar sus sentimientos es un acto de valentía, y podrá tomar la decisión de saltar o no en base a lo que le diga su corazón, no a lo que le ocurrirá si no lo hace.

CAPÍTULO DOS

LO SUFICIENTEMENTE GRANDE

El problema del cuerpo: de la cabeza a los pies y todo lo que hay en medio

Son las once de la noche y me estoy comiendo un bol de cereales con papitas fritas, pesando unos buenos cuatro kilos más de lo habitual. También estamos en plena pandemia global y cargo con el peso de tener que terminar la postproducción de *Clouds* (mi próxima película) mientras cierro una compañía, lanzo otra y, además, intento mantener íntegra la salud física y mental de mi familia y estar presente como marido y papá. Fácil, ¿verdad? Uno pensaría que, si existe un momento para ser algo más generoso conmigo y con mi cuerpo, es éste. Al fin y al cabo, en la escala de prioridades, unos abdominales definidos y una espalda ancha están unos cuantos peldaños por debajo de todo lo que viene aparejado a una crisis sanitaria mundial. Y, sin embargo, no es tan sencillo. Mi confianza en mí mismo y mi energía han estado, desde que tengo memoria, aparejados a cómo me siento con mi cuerpo y a la forma en que percibo que el mundo me ve.

Antes de zambullirme en este capítulo, quiero dejar algo muy claro. Una de las cosas que más me gustan en la vida es la salud y el deporte, pero también es una de las áreas que se ha vuelto más confusa para mí. Estoy convencido de que nuestro estado físico condiciona nuestro estado mental, y creo en el increíble poder del movimiento para vigorizar y curar. Cuando me siento bajo de energías, o triste, el conectar con mi cuerpo y entrenar intensamente, o sudar, ha sido un salvavidas para mí, y seguirá siéndolo. Pero este capítulo no va de eso. Por mucho que crea que mi salud mental, energía y confianza están ligadas a cómo se siente y funciona mi cuerpo y no a cómo se ve, esto no cambia el hecho de que los hombres han empezado a experimentar lo que las mujeres han vivido desde… bueno, siempre. Hoy, a los hombres ya no se los alaba simplemente por tener cuerpos funcionales, sino que se les pide que tengan cuerpos grandes, musculosos, definidos y estéticamente bellos. Si esto no fuera así, habría una representación más diversa de cuerpos en la industria del entretenimiento y los *influencers* del deporte obtendrían seguidores en base a lo que su cuerpo es capaz de hacer en lugar de a cómo se ve. Veríamos una amplia variedad de cuerpos normales en las portadas de las revistas de salud o *fitness* en lugar de modelos que utilizan demasiado a menudo métodos extremadamente insanos para alcanzar un cuerpo glorificado como la personificación de la fuerza y de la buena forma. Por otro lado, como ya he dicho, creo firmemente en los beneficios físicos y mentales del deporte y de una buena alimentación. Pero, desafortunadamente, no es, ni ha sido nunca, tan sencillo o reduccionista para mí. La relación que he tenido con mi cuerpo ha sido complicada y confusa y creo que muchos hombres de Estados Unidos, y muy probablemente de todo el mundo, comparten esto conmigo.

Mi cuerpo ha sido tanto una bendición como una maldición. Si estás cuadrado y fuerte, es probable que otros hombres quieran parecerse a ti y que muchas mujeres (y hombres) quieran estar contigo. Pero esto no siempre es bueno, pues existe una cosita llamada envidia, que no debe confundirse con los celos. Mi madre siempre me decía que los otros chicos se metían conmigo porque estaban celosos de mí (lo que ahora, como adulto, no creo que fuera cierto), pero pienso que a veces nos metemos y abusamos de otros cuando los envidiamos. ¿Y qué hacemos los hombres con otros hombres cuando estamos resentidos o disgustados? Los controlamos y los hacemos sentirse mal consigo mismos. Nos metemos con ellos, hablamos mal de ellos, difundimos rumores y manipulamos para inflar nuestros propios egos y cubrir la distancia entre nosotros. Y, al mismo tiempo, anhelamos en secreto la misma cualidad de la que nos estamos burlando en la otra persona. ¿Crees que los hombres somos simples? Piénsalo de nuevo. Somos más complicados de lo que crees.

En la intermedia y en la secundaria, a menudo era de los mejores atletas, pero definitivamente no era el más *cool*. Llámalo ser un «beta», o como quieras, pero todos los chicos jóvenes pasamos por periodos en los que seguimos a quienquiera que sea el más dominante (que tiende a ser el pendejo que más grita). Tanto los jóvenes como los hombres tienden a seguir a quien parezca más «alfa» en su forma de hacer que el resto se sientan inferiores o más débiles. Esto pasa porque todos nos sentimos inseguros de algo en secreto y, en un intento por hacernos sentir más fuertes, sobrecompensamos por envidia nuestras debilidades dominando a otros chicos que puedan tener las suyas más a la vista. Pero, como sé lo que se siente en ambas caras de esta moneda, no me gusta esta dinámica y forma de pensar en base a alfa/beta, pues me preocupa que termine haciendo más mal que bien, no sólo al resto de los hombres, sino a nosotros mismos. No me parece mal querer ser un hombre fuerte, o criar a un niño para ser emocionalmente fuerte. El mundo es un lugar aterrador y ser capaz de soportar sus pruebas, desafíos y el dolor y la desesperación que la vida interpondrá en nuestro camino es una importante habilidad de supervivencia, pero no sólo para los chicos, sino para niños de cualquier género. Claro que quiero que mi hijo sea capaz de ponerse en pie cuando caiga, de secarse las lágrimas después de llorar y seguir adelante. De levantarse y defenderse contra la injusticia cuando la vea y de dar la cara por alguien que está siendo abusado u oprimido. Pero nunca lo criaría para matar su sensibilidad o ahogar su empatía en el proceso. Creo que un hombre puede hacer ambas cosas. De la misma manera en que creo que las mujeres pueden, e históricamente lo han demostrado de muchas formas, hacer todo eso mejor que los hombres. Pero esto contradice la dinámica alfa/beta, al menos la forma en que se practica y se habla de ella hoy en día.

En Occidente, se ha desarrollado un movimiento entre los hombres centrados en parar lo que llaman la «feminización del hombre». Su creencia básica es que toda civilización fuerte que haya existido jamás ha necesitado de hombres fuertes para sobrevivir y florecer, y que el patriarcado no es un constructo social, sino la forma en que Dios nos hizo. Su creencia es que nuestro sistema forma parte del proceso de organización jerárquica natural de humanos y animales y que los hombres han estado ofreciendo y otorgando generosamente sus derechos a las mujeres y protegiéndolas durante miles de años. Existen incontables variables, subgrupos y creencias entre estos hombres, pero uno de sus principios esenciales es que nos dividimos en dos categorías: alfas y betas.

Lo que me parece curioso de esta clasificación alfa/beta y del debate a su alrededor es que se basa en la ciencia y la etología, el estudio del comportamiento animal, pero pretende aplicar sus descubrimientos a los humanos, particularmente a los hombres, para ayudarlos a triunfar tanto en su carrera como en su vida amorosa. En un artículo fascinante titulado «Do Alpha Males and Females Actually Exist?» («¿Existen de verdad los machos y las hembras alfa?»), el escritor Eric Devaney describe cómo, en etología, el término «alfa» se refiere al individuo de mayor rango en un grupo social. ¿Y cuál es uno de los beneficios clave que acompañan a ser el miembro más duro o poderoso del grupo? El sexo. Según Devaney, los beneficios de ser un alfa incluyen ser el primero en escoger a las hembras del grupo con las que tener sexo, ser el que come primero y ser agasajado por el resto de los miembros de la manada. Richard W. Wrangham, profesor de Harvard, primatólogo y experto en el fenómeno «alfa» le dijo a Devaney: «En los primates, el macho alfa es el que puede, literalmente, destrozar a cualquier otro macho. Así que la posición depende de la violencia física». Continúa diciendo que hablar de los humanos como alfas puede ser impreciso: «En el caso de los primates, tiende a existir una sola jerarquía de dominación: la violencia. Pero en los humanos, un solo grupo puede tener varias jerarquías, como, por ejemplo, aquellas basadas en las habilidades deportivas, académicas, sociales, etc.». Entonces, lo que convierte a alguien en alfa en una jerarquía social podría, en teoría, hacerlo beta en otra, y más teniendo en cuenta que los humanos estamos divididos en millones de círculos sociales y jerarquías distintos. Piensa en uno de los luchadores de MMA más fuertes del mundo, el rey de su círculo y un millonario ampliamente respetado por gente de todo el mundo, y ponlo en la tribu masái de Tanzania, donde los hombres poseen habilidades técnicas de caza y supervivencia, y, de repente, tu alfa es considerado beta en todos los sentidos. Un alfa de la comunidad *gamer* sería con toda probabilidad considerado beta en un grupo de atletas. Y un atleta alfa probablemente sea beta en una comunidad de intelectuales y doctores, donde el intelecto está mejor valorado que los logros físicos. ¿Ves por dónde voy?

Lo que también me parece curioso es que, aunque todos los grupos de animales tienen su propia versión de la jerarquía alfa/beta, los seres humanos y, en particular, los hombres, a menudo basan sus teorías en los primates (simios) y en los lobos. Pero incluso en estos casos, la idea del lobo solitario o del espécimen alfa ha sido desmentida nada menos que por el investigador que popularizó el término:

L. David Mech. Éste quizá sea uno de los mayores expertos en lobos del mundo y ha pasado más de cuarenta años estudiándolos, tanto en cautividad como en libertad. Es autor de once libros y el fundador del International Wolf Center. En su artículo «The Myth of the Alpha Wolf» («El mito del lobo alfa»), Kara Lilly señala que, en el *bestseller* de 1970 de Mech, *The Wolf: The Ecology and Behavior of an Endangered Species* (El lobo: la ecología y el comportamiento de una especie en peligro de extinción), éste menciona a un biólogo de los años cuarenta que había estudiado a lobos en cautividad y que acuñó el término «lobo alfa» para referirse a que «había observado que tanto los machos como las hembras parecían competir para ser el lobo dominante del grupo». Cuando el libro de Mech se convirtió en un fenómeno editorial, la idea del «lobo alfa» se hizo famosa y todavía sigue vigente en la cultura popular. El problema es que Mech descubrió que los lobos no se comportan igual en cautividad y en libertad, y que el «lobo alfa» no existe. Esto incomodó lo suficiente a Mech como para haber pasado gran parte de los últimos cuarenta años publicando artículos para desmentir este mito, llegando incluso a intentar impedir a su editor publicar más ejemplares de su primer libro. Cuán raro es que, como hombres (y personas en general), seamos capaces de leer algo, encontrar la manera de enmarcarlo en nuestra propia narrativa y seguir incluyéndolo en nuestros movimientos sociales más de sesenta años después, a pesar de que artículos científicos, estudios y el mismo autor hayan desmentido la teoría. La osadía de nuestra especie nunca deja de sorprenderme.

Para que quede claro, estos son los hechos como los explica Mech: en la naturaleza, los lobos forman unidades familiares parecidas a las que creamos los humanos. En éstas, el «macho alfa» es simplemente el padre y la «hembra alfa», la madre, y el resto de la manada no los siguen porque sean físicamente más fuertes, ni porque ejerzan un dominio sobre ellos, sino por los mismos motivos por los que mis hijos nos siguen a mi esposa y a mí: porque somos sus padres y nos quieren. Así que, en todo caso, podría decirse que los lobos se organizan en machos y hembras alfa porque su estructura depende de quién se reproduce, no de quién es dominante. Da la impresión de que los lobos han entendido la igualdad de género mejor que los seres humanos. Pero estoy divagando.

A lo largo de mi vida, he sido tanto la víctima como el verdugo del *bullying*. En la escuela, hubo épocas en las que intenté ser el alfa, aunque a menudo terminaba siendo beta, al mismo tiempo que era la víctima de ambos. Y, cuando te conviertes en el objetivo de alguien que te humilla para sentirse poderoso, a menudo terminas imitando ese comportamiento o controlando a otros para sentirte mejor y que dejen de abusar de ti. De niños, hacemos esto, aunque sepamos que está mal, porque las consecuencias de no hacerlo nos parecen mucho peores. Este comportamiento difunde y perpetúa la idea de que lo último que quieres es ser el que defiende al niño con el que se mete la gente, pues es el camino más rápido para acabar abajo.

Uno de mis primeros recuerdos de cómo esto se conecta con mi relación con mi cuerpo es de cuando tenía alrededor de doce años. Mi equipo de fútbol estaba jugando un torneo fuera de la ciudad y, como chicos jóvenes y atléticos, íbamos siempre sin camiseta y correteando prácticamente desnudos. De más pequeño, nunca me había sentido acomplejado con mi cuerpo porque todos los chicos del equipo teníamos más o menos el mismo aspecto. Pero eso cambió cuando llegamos a la pubertad. Al salir del *jacuzzi* del motel en que nos estábamos quedando después de un partido, me encontré frente a un espejo con Matt y Sean, dos de los chicos del equipo que se hubiesen considerado los alfas. Estaban examinando sus abdominales incipientes y bromeando sobre su vello púbico. Yo, sin camiseta y con mi delgado cuerpo preadolescente, observaba su interacción unos pocos metros detrás de ellos cuando, de pronto, se dieron la vuelta, me miraron, me preguntaron socarronamente dónde estaban mis abdominales y empezaron a burlarse de mí por llevar algo de retraso. De pronto, un nudo de insuficiencia se formó en mi estómago. Para ellos, y probablemente para cualquier adulto en los alrededores, parecía un momento inocente, una provocación juguetona, niños portándose como niños, chicos portándose como chicos. A lo largo del tiempo, viviría otras interacciones como ésta en situaciones similares y terminaría por representar ambos roles. Pero todo fuego necesita de una chispa y, más de veinte años después, recuerdo aquel momento como algo crucial en la relación compleja, matizada y muchas veces insana que tengo hoy en día con mi cuerpo.

A veces me pregunto cómo tantos hombres somos capaces de actuar con la normalidad con la que lo hacemos. Pensar en la provocación juguetona, aunque muchas veces sincera, con la que nos relacionamos, aun a costa de nuestra autoconfianza, me lleva a preguntarme si ésta puede ser una de las razones por las que la industria del deporte y de los suplementos alimenticios ganan tantos billones de dólares.

Aunque esto pueda ser relativamente nuevo para mí, las mujeres saben bien cómo la cultura dominante juzga los cuerpos y luego saca provecho de ellos. Las revistas y los libros que dicen a los hombres cómo transformarse siguen convirtiéndose en número uno en ventas y las cirugías plásticas y liposucciones crecen exponencialmente año tras año. Éste puede haber sido sólo uno de los miles de cortecitos que me hacían los comentarios o las risas de otros chicos, pero, aunque para ellos no tuviera ninguna importancia, para mí sí. Un corte es un corte e, incluso si es pequeño, todos sabemos que cortarse con un papel puede doler tanto o más que una herida más seria. Estos cortes causaron más estragos de lo que nunca me permití ver. Con el tiempo, se han acumulado en una secreta relación insana con mi propio cuerpo que se ha manifestado en tener que demostrar que es un cuerpo bueno, fuerte o lo suficientemente grande, no para impresionar a las chicas o mujeres, sino para intentar demostrar mi valor ante el resto de los chicos y hombres.

Para ser sincero, mientras escribo esto sigo sintiendo el mismo nudo de insuficiencia. Pero, precisamente por esto, me estoy enfrentando a este tema lo más pronto posible en el libro. Si quiero que mis acciones vayan acordes a mis palabras, debo estar dispuesto a zambullirme en la vergüenza y la inseguridad, a carearme con lo que me resulta tremendamente incómodo mirar, a arriesgarme al rechazo de las voces de los demás en un intento de hallar la aceptación dentro de mí mismo.

¿Y qué dicen las voces de los demás? Me dicen que, siendo un actor de Hollywood al que le pagan por quitarse la camiseta (véase: al que le pagan por «estar en forma»), que entra en la históricamente limitada definición de lo que nuestra cultura considera físicamente atractivo, no tengo nada que ofrecer al debate sobre la imagen corporal masculina. Y no sólo no tengo nada que ofrecer, sino que no tengo derecho a contribuir al debate debido a mi privilegio.

Mi mente racional entiende lo que dicen. Mi mente racional es muy consciente del privilegio que tengo sólo por tener los genes y los recursos de los que dispongo. Y, sin embargo, bajo cualquier cantidad de definición muscular que crea o no tener, sigue habiendo un niño pequeño que siente que su cuerpo nunca será suficiente, un joven que batalló con una terrible percepción de sí mismo y un hombre que, todavía ahora, sufre por culpa de un problema que él mismo ayuda a perpetuar.

Es complicado. Tiene matices. A veces, también es vergonzoso. Y es real. Vamos a ello.

Las bases de la imagen corporal

Pero ¿qué es la imagen corporal? ¿Qué la diferencia de la apariencia? Cuando grabé el tercer episodio de la primera temporada de *Man Enough*, tuve la oportunidad de hablar con el doctor Roberto Olivardia, un psicólogo clínico de la Harvard Medical School, y obtener respuestas a estas preguntas fundamentales. El doctor Olivardia me lo explicó con sencillez, diciéndome que la apariencia es objetiva —como tener ojos marrones, medir un metro ochenta y tener el pelo negro— y que la imagen corporal está relacionada con cómo te sientes con tu cuerpo. Así que nuestra imagen corporal no tiene ninguna relación con nuestra apariencia y está intrínsecamente ligada a la percepción que tenemos de nuestro cuerpo, nuestra actitud hacia él y cómo pensamos que otras personas lo perciben. Esto explica por qué hay personas cuyo cuerpo la sociedad considera, por cualquier motivo, «bello», «perfecto», «*hot*» o «#cuerpoideal», que siguen teniendo una imagen corporal insana. Qué aspecto tenemos y cómo nos sentimos respecto a ello son dos cosas que no tienen nada que ver.

El doctor Olivardia también me contó que la investigación sobre la imagen corporal masculina —sobre la relación que tienen los hombres con sus cuerpos— no empezó en serio hasta principios de los años ochenta. Como hombre que piensa claramente en su cuerpo más allá de su función, que tiene sentimientos y una percepción distorsionada del mismo (y que los ha tenido durante mucho tiempo), esto me pareció chocante. Pero el doctor Olivardia me explicó que, antes de la publicidad de los hombres de torso desnudo que empezó en aquella época, sólo existía el Hombre Marlboro, que ciertamente era un tipo duro, pero no escultural y musculoso. Fue este nuevo enfoque publicitario, junto a las estrellas de Hollywood de la época (como Schwarzenegger, Stallone, Van Damme, etc.) y al fácil acceso a anabolizantes, lo que dio pie a la aparición de una plataforma para los mensajes de muscularidad y masculinidad que todavía invaden mi psique.

No es que los hombres no tuviesen cuerpos, o que no los miraran, es sólo que, antes de los años ochenta, los hombres tendían a ver sus cuerpos como «naturales» y no como objetos de la «mirada». Durante miles de años, las mujeres han entendido el poder de la mirada masculina, el poder de los hombres para cosificar a las mujeres, para juzgarlas en base a unos parámetros de belleza específicos. El libro de Naomi Wolf, *El mito de la belleza,* fue un tremendo *bestseller* en 1991 porque hablaba de cómo las revistas femeninas reforzaban la idea de que los cuerpos de las mujeres estaban siendo observados constantemente y que eran, por lo tanto, un proyecto interminable. Pero ¿y los hombres?

En 1985, el *New York Times* publicó un artículo en su sección «Science Times» con el titular «Las mujeres están descontentas con su imagen corporal». El artículo «descubrió» lo que las feministas y los terapeutas llevaban años diciendo: el alarmante incremento de la anorexia y de la bulimia entre chicas adolescentes y mujeres jóvenes. Es bastante evidente leído casi cuatro décadas más tarde.

El subtítulo del artículo decía: «Los hombres tienden a verse a sí mismos como prácticamente perfectos». ¿Qué ha cambiado en los últimos cuarenta años? A pesar de casi medio siglo de discusiones y debates, no ha sido la percepción de las mujeres sobre sus cuerpos. No, lo que ha cambiado es que los hombres NO nos vemos como «prácticamente perfectos». Nada más lejos de la realidad.

Aquí va un dato curioso: aprendí otra cosa del doctor Olivardia. Cuando se lanzó el primer G.I. Joe en 1974, medía 1,78 metros. Su cintura era de 79 centímetros, su pecho de 105 centímetros y sus bíceps de 30 centímetros. ¿Fuerte y musculado? Sí, pero todavía dentro de lo posible y no muy alejado de mis propias medidas. Si avanzamos al año 2002, G.I. Joe todavía medía lo mismo, pero su cintura se había encogido a 71 centímetros; su pecho, expandido a 127 centímetros y sus bíceps, hinchados a 56 centímetros, acercándose a la medida de su cintura. Si fuese una persona real, sería incapaz de tocarse sus propios hombros, y ni hablar de llevar a cabo una misión de operaciones especiales para salvar el mundo. ¿Te imaginas cuán gracioso sería ese capítulo de *South Park*? G.I. Joe salta en paracaídas para evitar la detonación de una bomba, pero no alcanza a agarrar la herramienta en la parte posterior de su cinturón porque tiene los bíceps demasiado grandes.

Tengo la impresión de que todo esto es culpa de Tom Hintnaus. ¿No sabes quién es? No pasa nada, yo tampoco lo sabía. El doctor Michael Kimmel, quien tiene ahora casi sesenta años, me habló de Tom y del efecto que tuvo en hombres de todo el país cuando él era más joven. Tom era un excampeón olímpico brasileño de salto con pértiga, conocido por haber sido el modelo para una campaña publicitaria de ropa interior de Calvin Klein en 1982. El doctor Kimmel me dijo que, desde el momento en que las vallas publicitarias aparecieron en ciudades de todo el país, los hombres estadounidenses de todas las edades «supieron» repentinamente qué aspecto tenía el cuerpo masculino ideal. Y empezaron a compararse con él. Y empezaron a quedarse cortos.

Yo nací en esa cultura, sólo dos años después de la aparición de aquellos anuncios. No he conocido otro mundo.

Músculos, mensajes y masculinidad

«¿Dónde están tus abdominales?». A esta pregunta le siguió el tipo de risa preadolescente que, como cineasta, hubiese grabado en primerísimo primer plano como una carcajada casi diabólica a cámara lenta saliendo de mis supuestos amigos. La burla tras esas cuatro palabras puede haber marcado la primera vez que equiparé conscientemente mis músculos con mi masculinidad. Aunque había estado obsesionado con Van Damme y Stallone, y aunque a los cuatro años les hubiese pedido a mis padres que compraran más espinacas para tener unos músculos tan grandes como los de Popeye, esos eran hombres de la televisión, héroes de acción y de dibujos animados. No eran los chicos con los que competía en la vida real y que ahora se estaban riendo de mí. El mensaje era claro: si no tenía músculos, no era masculino; si mis músculos no eran suficientes, yo no era suficiente. Esta noción de que nuestra muscularidad es el barómetro de nuestra masculinidad es a menudo llamada «complejo de Adonis». La perpetúan las revistas masculinas de *fitness* y la industria del entretenimiento (incluida la industria del porno), y se ha convertido en la forma de ganar dinero y ser influyente en las redes sociales. Antes de que un niño abra una revista de *fitness* o entre en Instagram, ya está absorbiendo este mensaje cuando los gorditos, los delgaduchos o las chicas son los últimos en ser escogidos en clase de gimnasia, cuando va al cine a ver a su estrella de acción favorita dar palizas y quedarse con la chica y cuando ve a las chicas babear ante dicha estrella. El mensaje se introduce subconscientemente desde temprana edad: escultural y musculado = poderoso, fuerte, confiado, masculino, *cool*. Demasiado gordo = lento y vago. Demasiado delgado = pequeño y débil. Chica = no chico y, por lo tanto, débil. La lista sigue.

Como ya hemos señalado, en nuestra cultura a menudo damos más valor a los logros físicos de los hombres, lo que implica que también valoramos más la fisicalidad y la muscularidad como forma de medir la masculinidad. Trágicamente, esto conlleva que no se valoren los cuerpos masculinos que no entran dentro de lo que consideramos representaciones de fuerza y atletismo. Probablemente, quien sufra más esto en forma de interminables experiencias de *bullying* y acoso sean los chicos considerados con sobrepeso, junto a los que tienen diversidad funcional.

Otro de los momentos de mi infancia que tengo marcados a fuego ocurrió cuando tenía alrededor de diez años y era el «niño nuevo» que acababa de mudarse de Los Ángeles a Oregón. No tenía amigos y mis facciones de judeo-italiano, especialmente mi «nariz romana» y mis cejas gruesas, me hacían destacar en nuestro pequeño pueblo rural. Aunque era un niño delgado, también era atlético e, inconscientemente, sabía que podía intentar demostrar mi valía como «el nuevo» a través de cualquier cosa relacionada con los deportes. Pero lo llevé un paso más allá, lejos de las habilidades (valía) de mi propio cuerpo, para relacionarlo con las habilidades del cuerpo (valía) de otro. Nunca lo olvidaré: en un intento desesperado por ser aceptado en una partida de pelota en clase de gimnasia, cuando un chico con sobrepeso entró en la cancha, me acerqué a la banda y grité «¡Dale, culo gordo!» y me reí de mi propia broma de la misma forma en que los otros chicos se reirían de mí más adelante por mi falta de abdominales.

Con tan sólo diez años, ya había aprendido lo suficiente de los mensajes sobre nuestros cuerpos como para saber que el chico que estaría por debajo de mí en la escala de lo suficientemente hombre sería el que tuviese sobrepeso. Había aprendido lo suficiente como para saber que, si lo derrumbaba, yo me alzaría.

Qué jodidamente cruel.

Aquel día, una profesora me puso en mi lugar duramente, lo que me tomó totalmente por sorpresa y, como era un niño sensible, me tomé sus palabras a pecho. Pero ya había dicho aquello y, aunque no creo que el chico me oyera, no importa, porque yo sí que me oí. Ojalá pudiera abrazar al niño al que acosé aquel día y pedirle perdón. Ojalá también pudiera abrazar a mi yo de diez años para recordarle que es más que suficiente tal como es, y que todos los demás también lo son.

Los hombres determinamos nuestro lugar en la escala de lo suficientemente hombre, sea en el club de los chicos del patio o en el club de los chicos de la sala de reuniones, y después intentamos escalar puestos pisando al hombre que creemos que está en un nivel inferior al nuestro. A menudo, el chico o el hombre que está más abajo es el que tiene el cuerpo más alejado de lo que la sociedad considera una representación «normal» de la fuerza física. Basta con mirar las revistas de *fitness* masculinas y los titulares que saltan a la vista en la portada: «Tres ejercicios para ser un mejor hombre», «Pierde la barriga para convertir el buen sexo en sexo genial», «Seis semanas para conseguir el cuerpo perfecto», «Cómo obtener rápidamente unos brazos grandes», «Mejor cuerpo, mejor sexo». De hecho, todavía recuerdo un artículo de la revista *Men's Health* que me ha perseguido durante quince años. El titular era algo así como: «Las mujeres están de acuerdo en que unos hombros anchos son la parte del cuerpo más importante de un hombre». Como hombre con unos hombros relativamente estrechos, fue como si leyera: «Justin, no eres suficiente». Siento compasión por la gente de cualquier talla, especialmente aquellos con diversidad funcional, que han crecido en Estados Unidos. Requiere mucha fuerza tener autoconfianza y sentirte bien contigo mismo en un mundo que te bombardea con mensajes que literalmente te dicen que lo contrario a ti es lo que debería ser alabado y celebrado. En todo caso, el mensaje está claro y vende bien, pues las empresas se lucran con las inseguridades programadas en nuestro cerebro desde nuestros años formativos: para los hombres, que la medida de nuestra masculinidad son nuestros músculos. Y, si quieres ser un mejor hombre, es tu deber construir un cuerpo «mejor».

¿Qué es un cuerpo mejor? Expongamos algunos de los temas y mensajes sobre los cuerpos masculinos:

- El codiciado triángulo invertido, donde los hombros son anchos y musculados y el torso se estrecha hasta una cintura estilizada.
- Brazos grandes y tonificados. Pero no te saltes el entrenamiento de piernas.
- Los hombres deben ser altos o, COMO MÍNIMO, más altos que la mujer con la que están. Si no son altos, más les vale ser capaces de tirar de una furgoneta o levantar un carro japonés pequeño con las manos. O ser ricos. Tener dinero va por encima de todo.
- Pectorales cincelados. Los hombres no deben tener pechos.
- En lo que se refiere a las manos y los pies, cuanto más grandes, mejor, porque, aparentemente, tiene algo que ver con el tamaño del pene. Y un pene grande es la medida definitiva de un gran hombre.

Protección y poder

Quiero abordar también otra faceta de estos mensajes, pero, como
con el resto de este tema, me siento como un niño pequeño tratando
de hablar de física cuántica. Una parte de los mensajes sutiles que nos
taladran durante la infancia es que los músculos y la fuerza también
están relacionados con la protección. En el patio, implican que puedes
pegarle una paliza a otro chico o que puedes defenderte de un *bully*.
En la cancha de fútbol, que puedes dominar a tu oponente y, en el
fútbol americano, es a menudo el factor que determina si vas a poder
jugar o no. Pero el otro mensaje de protección, el que siempre había
considerado sano, es que, siendo fuerte, podría protegerme no sólo a
mí, sino también a las mujeres en mi vida y, llegado el momento, a mi
propia familia, de los ataques de otros hombres.

Pero esto es bueno, ¿no? El deseo innato de tener un cuerpo lo
suficientemente fuerte como para ser capaz de proteger a mis seres
queridos, especialmente a mi esposa. Hace poco, tuve el honor de
hablar con la doctora Susan Brison, una reputada profesora de estudios de ética y valores humanos de la universidad de Dartmouth que
me ayudó a profundizar en este mensaje normalizado que la mayoría
de los hombres consideramos sano.

La doctora Brison tiene una perspectiva muy particular sobre
lo que significa necesitar la protección de un hombre. Una mañana,
mientras paseaba por un barrio por el que había pasado muchas veces
antes, fue seguida por un vecino, violada, apaleada con una piedra
y abandonada moribunda cerca de un arroyo. Su rehabilitación
fue larga y lenta y, todavía hoy, sigue sufriendo los efectos físicos
y emocionales del ataque. Brison escribió un libro titulado *After-
math: Violence and the Remaking of Self* (Secuelas: reconstruirte tras
la violencia) para educar y ayudar a otras supervivientes de abuso a
recuperarse tanto física como emocionalmente. Tras la devastadora
historia de la doctora Brison, no sabía qué decir. Se me ocurrieron

muchas cosas, sin embargo, sólo pude pedir perdón en nombre de los hombres. Como he dicho antes, me he pasado la vida anhelando ser aceptado por mi propio género y, no obstante, en aquel momento, me sentí asqueado y traicionado por él. Mientras pedía perdón, no podía evitar el intenso deseo de haber estado ahí para ser el hombre que la protegiera. Me imaginaba cazando a aquel hombre en el acto y reventándole la cabeza. Me imaginaba siendo el héroe que la salvaría de los últimos veinticinco años de sufrimiento físico y emocional, de terrores nocturnos y del miedo al mero hecho de existir en el mundo como mujer. Mi cuerpo se tensó y me di cuenta de que estaba apretando los puños, pero mi actitud se mantuvo relativamente tranquila y serena. Pedí perdón por el hecho de que, como mujer, no pudiera ni siquiera ir a pasear por la mañana sin que le pasara esto, un sentimiento que acompaña a demasiadas mujeres cada día. Más tarde durante la conversación, cuando le hablé a la doctora Brison de mi deseo de ser capaz de proteger a mi esposa de ataques potenciales como el que sufrió, respiró hondo, me miró como si viera a través de mí y pronunció una poderosa respuesta: «Soy madre, entiendo lo del instinto de protección, pero las mujeres no deberíamos necesitar que nos proteja nuestro, o cualquier, hombre. Esto tiene que ver con la visión de que las mujeres no somos completamente humanas, ni totalmente merecedoras de respeto, sino más bien una presa potencial de algunos hombres, lo que convierte en el trabajo de otros hombres el correr a protegernos. No quiero que me protejan. Quiero que me dejen tranquila. Quiero poder ir por la calle segura». Si antes no había sabido qué decir, ahora me había quedado definitivamente sin palabras. Fue como una sacudida. ¿Cómo podía no haber oído algo así en treinta y cuatro años? Y entonces lo entendí. El querer ser grande y fuerte, mi instinto de protección y la ira con la que reaccioné ante su historia eran sólo eso, una reacción. ¿Y si nuestro deseo y necesidad de ser fuertes para proteger a las mujeres en nuestras vidas es una reacción al hecho de que no hemos hecho, ni estamos haciendo, lo suficiente para prevenir que sufran esta violencia? ¿Y si nuestra fuerza física no es más que una curita para un problema mayor? Un problema que existe en nuestra cultura y con la masculinidad en general. Si intentamos ser más grandes y fuertes, si intentamos aprender defensa personal y habilidades de supervivencia, si compramos armas de fuego para proteger a nuestras familias de intrusos o espray de pimienta para las mujeres y chicas en nuestras vidas o nos ofrecemos a acompañarlas al carro de noche, entonces es jodidamente probable que vayamos tarde. El trabajo para proteger a las mujeres a las que amamos debe empezar con nosotros, y seguir con los hombres en nuestras vidas. La doctora Brison tenía toda la razón: ninguna mujer debería necesitar la protección de un hombre.

Me había acostumbrado tanto al mensaje y al comportamiento de ser capaz de proteger a una mujer con mi fuerza física que lo veía como un rasgo positivo sin profundizar en cuán problemático es, y sin darme cuenta de la carga que llevan las mujeres mientras nosotros, como hombres, incluso si bienintencionados, competimos entre nosotros por el poder en nombre de la protección. Hablemos claro, amigo: se siente bien poder acompañar a una mujer a su carro, o saber que podríamos partirle la cara a otro tipo por atacarla o propasarse, ¿verdad? Muchos hombres (yo incluido) tenemos esta eterna fantasía de rescatar y salvar a la mujer a la que amamos, lo que claramente tiene más que ver con nosotros que con la mujer a la que afirmamos proteger. Debemos hacernos una pregunta difícil: ¿lo hacemos por ellas o, de alguna forma inconsciente y jodida, en realidad lo hacemos por nosotros?

Esta dinámica de equiparar nuestros cuerpos con poder y protección también aparece fuera del guión de la heteronormatividad. Como parte de mi programa, *Man Enough*, tuve la oportunidad de sentarme a charlar con hombres increíbles con vivencias muy variadas para hablar de temas personales que casi nunca (o nunca) tratamos entre nosotros. Durante el capítulo sobre la imagen corporal, dos amigos míos, el actor Javier Muñoz y el activista trans y modelo deportivo Aydian Dowling, mostraron cómo los mensajes de muscularidad y masculinidad se han manifestado en sus vidas dentro de las comunidades gay y trans.

Aunque con matices distintos, en estos casos también es habitual equiparar la fuerza física, o la apariencia de fuerza física, con protección y seguridad. Javier explicó que el factor que ejerce más presión para verse más musculado y, por lo tanto, más masculino entre los hombres gay, es la seguridad personal. Dijo: «Durante los ochenta y los noventa, estando en Nueva York, si estaba solo en ciertos contextos en los que quizá no era bienvenido, mi instinto de supervivencia analizaba la situación y me hacía preguntarme: "¿Soy lo suficientemente pequeño como para que estos tipos sientan que pueden meterse conmigo, que pueden conmigo? ¿O soy lo suficientemente grande y agresivo como para que se lo tengan que pensar dos veces?"». Como hombre trans, Aydian secundó esto y confesó: «Cuando transicioné, me dije a mí mismo: "Bueno, voy a tener que empezar a entrenar", porque, si voy a un bar y hay un tipo al que no le gustan mis decisiones, si ve que estoy fuerte a lo mejor se lo piensa dos veces antes de meterse conmigo».

Otra de las facetas de esta protección tanto para Javier como para Aydian vino de sentirse «menos que» durante mucho tiempo y, como resultado, de sentirse presionados para estar a la altura de los estándares de la masculinidad tradicional. Así que tenemos la protección del cuerpo en forma de seguridad física y un intento de proteger el corazón del sufrimiento de ser rebajado todavía más como ser humano. Tiene sentido, ¿no? Si los hombres se van a meter contigo y hacerte sentir menos, ¿por qué no ibas a querer cambiar tu cuerpo para ser capaz de protegerte y así disuadir futuros ataques e insultos?

Por último, los hombres de la comunidad gay sienten una presión adicional por mostrar un aspecto saludable. Como hombre seropositivo, Javier sufrió una increíble crueldad por parte de otros hombres de su comunidad debido a los estigmas ligados a su enfermedad. Dado que la pérdida de peso se asocia con la transición del virus de VIH a SIDA, el mantener un cierto aspecto físico se convirtió en una necesidad para parecer sano (y, por lo tanto, ser considerado una pareja potencial).

Nuestra capacidad como hombres para mostrar que podemos protegernos a nosotros mismos y a nuestros seres queridos tiene un sentido más profundo, relacionado con la capacidad de proteger nuestro poder de una amenaza percibida. Cuando profundizo en ello, en mi caso proviene de la inseguridad, del miedo a ser sometido o de que otro hombre pueda hacerle daño a mi familia o alejar a Emily de mí. El mundo siempre nos ha dicho que, como hombres, debemos ser poderosos, y que este poder hay que protegerlo y mantenerlo. Este es un tema central en los mensajes que hablan de nuestro valor como hombres y el telón de fondo de miles de películas y series de televisión. ¿Cuál es una de las formas más fáciles y eficientes de afirmarte como fuerte y poderoso? Tener un cuerpo musculoso y atlético.

Sin embargo, si éste es el camino al poder, ¿por qué me siento, y siempre me he sentido, tan impotente respecto a mi cuerpo?

¿Quizá es porque hinchar el cuerpo en el gimnasio no es lo mismo que ser fuerte de verdad? ¿Quizá porque «verse» fuerte no es una forma de ser fuerte, sino una manera de fingir no ser débil? Quizá, parecer fuertes sea la mejor manera que hemos encontrado para fingir ser fuertes incluso si nos sentimos interiormente débiles.

El hombre en el espejo

Mis inseguridades sobre mi cuerpo y aspecto empezaron de joven, y no creo que sea una coincidencia que los primeros recuerdos de mi imagen corporal estén ligados a mis recuerdos de consumo de pornografía. Hablaré de esto más adelante, pero creo que lo que consumes es lo que comparas. De niño y adolescente, mucho antes de las redes sociales, consumía revistas deportivas, revistas de *fitness* y porno. Al mismo tiempo, consciente e inconscientemente, comparaba cómo mi cuerpo daba o no la talla respecto a los de las imágenes que veía, lo que, por supuesto, se correspondía a si daba o no la talla como hombre.

Incluso ahora, cuando me miro al espejo, lo primero que observo son mis hombros. Uno de los factores subconscientes que determinan si llevo una camisa en particular es si mis hombros la llenan. Si no la llenan, no llevo. Cuando era un niño delgaducho, acostumbraba a llevar dos camisetas a la vez para parecer más ancho de espaldas porque no podía dejar de fijarme en cuán estrecho era en comparación con el resto de los chicos, especialmente los más mayores y populares y los hombres que veía en televisión y en los medios.

Mi identidad y mi valor como persona estaban siempre ligados a cómo percibía mi cuerpo. Al recordar mis días de secundaria, me doy cuenta de que la poca autoestima que tenía dependía enteramente de mis capacidades como futbolista y como atleta. Cuando me rompí el isquiotibial y dejé de poder practicar estos deportes, tuve mi primer brote de depresión. Pero, en lugar de ir a la consulta del psicólogo para desentrañarlo, hice lo que haría un hombre: levanté pesas para enterrarlo.

A los dieciocho, cuando lo había perdido todo y mi futuro universitario era incierto, busqué control, poder y valor obsesionándome con mi cuerpo. Pero no me obsesionaba mi salud física, sino el tamaño de mis músculos. Mi subconsciente me decía que, si me volvía más grande y fuerte, entonces, a lo mejor, podría quedarme con la chica o demostrarles a los chicos de la secundaria que era un alfa. Si me volvía más grande y fuerte, entonces sería más feliz o, como mínimo, menos infeliz.

Así que les di a las pesas. Y les di fuerte. Me obsesioné con muscularme y hubo un momento en el que había ganado once kilos de músculo, lo que es todo un logro para un chico delgaducho de metro ochenta. Pero no era suficiente. Nunca era suficiente. Cuando me miraba al espejo, no podía ver lo que todo el mundo veía. No veía al adolescente tan musculoso que la gente lo acusaba de doparse. No veía la tabla. Cuando me miraba al espejo, seguía viendo al niño delgaducho cuyos abdominales no se marcaban lo suficiente, cuyos hombros no llenaban lo suficiente sus camisas, que debería esforzarse más y entrenar más horas para muscularse más. Madrugar más. Esforzarse todavía más. Ser mejor. Nunca es suficiente y nunca lo será. Nunca seré suficiente. Igual que ahora que, cuando me miro al espejo, aunque sigo teniendo músculos, veo una capa extra de grasa donde solía haber una tabla más definida. Ojalá pudiera recuperar el cuerpo que entonces no supe apreciar. En una ocasión, cuando mi padre me escuchó hacer un comentario negativo sobre mi aspecto, me dijo que llegaría un día en que volvería a mirar la misma foto y desearía seguir viéndome tan bien. Estoy seguro de que un día diré lo mismo del cuerpo que tengo hoy. Entonces, ¿por qué no puedo sencillamente apreciar y querer a mi cuerpo tal como es?

No descubrí hasta hace pocos años que lo que me ocurre forma parte del trastorno dismórfico corporal, lo que el doctor Olivardia me describió como «un trastorno de imagen corporal en el que la persona tiene una percepción muy distorsionada de alguna parte de su cuerpo. Puede ser su piel, su altura, su pelo, su musculatura…». De hecho, la dismorfia muscular es una variante de este trastorno reconocida desde hace poco tiempo y que se da casi exclusivamente en hombres. Daba igual cuán grande me volviera, nunca sería suficiente para mí porque, en el fondo, bajo una fachada superficial de confianza en mí mismo, veía mis músculos a través del lente distorsionador de la dismorfia corporal.

Irónicamente —o no tan irónicamente— mi transformación física tampoco fue suficiente para ganarme la aceptación que buscaba del resto de los chicos. Los mismos que antes se burlaban de mí por estar delgado, ahora me vacilaban por estar demasiado musculado. Pasó de: «¿Dónde están tus abdominales?» a: «Por el amor de Dios, Baldoni, ¡ponte algo encima!». Pasé de llevar dos camisetas para parecer más grande a ser ridiculizado cada vez que me la quitaba (en singular) porque, de pronto, me estaba jactando de mis abdominales. Aquí va un dato sobre los hombres: da igual en qué lado de la ecuación estemos, nos controlamos unos a otros. Todo el maldito tiempo.

Cargar con todo el peso del valor

Mi carrera en la industria del entretenimiento está intrínsecamente ligada a mi relación con mi cuerpo. Aunque, como bromeé en mi charla TED, quizá me reconozcas por algunos de mis primeros papeles como «*gigoló* nº1», «fotógrafo violador» o «timador dopado sin camiseta», (Dios, espero que se lea bien el sarcasmo), obtuve mi primer papel importante con veintipocos años en la serie *Everwood*. Era la primera vez que hacía de personaje recurrente, lo que es el codiciado Santo Grial de los trabajos de actor, y todavía más para un novato. El papel estaba escrito para ser interesante: era un estudiante de Medicina deprimido llamado Reid Bardem, compañero de cuarto de uno de los protagonistas (Chris Pratt), el nuevo interés amoroso de la protagonista (Emily VanCamp) y una molestia para el otro protagonista y su alma gemela (Gregory Smith). En aquel momento, llevaba actuando menos de un año y, para ser sinceros, no era demasiado bueno. Pero estaba muy en forma y era atractivo según los cánones de la industria, así que, aunque me dieron el papel, no llegó muy lejos. Poco después de conseguir el trabajo, la cadena anunció que podría ser la última temporada de la querida serie. Eso significaba que los productores tenían menos de media temporada para cerrar todo el arco argumental. Esas noticias, junto a mis limitadas habilidades interpretativas y las quejas de los fans sobre que mi personaje se interpusiese entre la pareja principal, sólo podían significar una cosa: Reid debía irse. Me encontré con que cada vez tenía menos diálogo y, casualmente, menos ropa. Mi personaje iba a menudo sin camiseta y estaba entrenando, literalmente, la mitad del tiempo que pasaba en pantalla, muy probablemente para justificar por qué estaba en tan buena forma, pero también porque no creo que tuviese mucho más que hacer, o que supiera interpretar. Terminé siendo básicamente un personaje humorístico. Recuerdo una escena en la que estaba de fondo haciendo flexiones mientras estudiaba y los dos personajes principales hablaban de algo serio, llegando incluso a mencionar mi extraño comportamiento. Ahora, como productor y director, y habiéndome hecho amigo de los productores de *Everwood* con el paso del tiempo, entiendo por qué pasó y cómo aquellas circunstancias fueron inevitables. Pero a mi yo de veinte años, ya de por sí inseguro como hombre y como actor, le costó asumir ser un tipo cualquiera sin camiseta que levantaba pesas en un drama intelectual bien interpretado, pues ya sentía que, de por sí, no era suficiente. Esto no hizo más que asentar la falsa creencia de que mi valor residía en mi cuerpo. Ah, pero al menos trabajé y gané dinero, ¿no? Que mi cuerpo tuviera el aspecto que tenía me ayudó a ganar dinero. Pero ¿a qué precio?

Lo que la gente no sabía del estudiante de Medicina sin camiseta es que el hombre que lo interpretaba detrás de las cámaras se pasaba semanas sin comer carbohidratos antes de hacer una escena con el torso desnudo. Entrenaba varias horas diarias en el gimnasio y no bebía agua los días de rodaje para parecer más musculoso. Estaba inconscientemente deprimido, solo y obsesionado con su masa muscular y su porcentaje de grasa corporal porque sentía que lo único que le aportaba a la serie (su trabajo, su fuente de ingresos) era su aspecto físico.

Ojalá pudiera decir que, diez años más tarde, tras haber dejado la interpretación para dedicarme a dirigir y producir contenido profundo e importante, he logrado superar parte de esto. Ojalá pudiera decirte que, después de pasar años rodando documentales sobre gente increíble que convive con enfermedades terminales, veo con cierta perspectiva el valor real de mi cuerpo, mi verdadera valía. Ojalá pudiera decirte que, cuando empecé mi viaje espiritual durante la veintena y me zambullí en mi fe, entendí de verdad la idea de que tengo un cuerpo, pero que no soy mi cuerpo. Pero no puedo. Sí, lo sé y creo en ello, pero todavía me cuesta. Lo sé porque, cuando, diez años más tarde, volví a actuar, me encontré exactamente en la misma situación en el set de *Jane the Virgin*. Pero esta vez, la presión era mayor porque era el protagonista de un fenómeno global, trabajaba junto a un prodigio premiado de la actuación y tenía sobre mí a las redes sociales y a la nueva moda de los GIF a cámara lenta determinando mi valía.

La única diferencia tras una década era que mi cuerpo ya no podía mantener el ritmo de los rigurosos entrenamientos y los ayunos intermitentes mientras creaba un negocio fuera de la serie e invertía tiempo y esfuerzo en mi reciente matrimonio. E, igual que antes, sentía ansiedad cada vez que debía aparecer sin camiseta. Se lo confesé a los amigos que tenía en cada departamento, quienes recibían los guiones una semana antes que los actores y me escribían para avisarme si aparecía sin camiseta en algún capítulo.

Ahí estaba yo, años después de mi primer trabajo en televisión, recién casado y a punto de ser padre, repitiendo el ciclo. Al menos, en esta ocasión me daba cuenta y tenía una compañera que lo vivía conmigo de primera mano. Estaba en proceso de hacerme más consciente, lo que me llevó a empezar a examinar las conversaciones que tenía conmigo mismo y a revelar los mensajes que me repetía en mis momentos más oscuros. En la Fe bahá'í, Bahá'u'lláh dice que «el hombre debe conocerse a sí mismo y reconocer aquello que lo aboca a la grandeza o a la bajeza, a la gloria o a la degradación, a la riqueza o a la pobreza». Al ser brutalmente honesto conmigo mismo sobre mí mismo, supe que tenía mucho trabajo de introspección que hacer respecto a mi relación con mi cuerpo, lo que se tradujo en que, en la segunda temporada de *Jane the Virgin*, intentara practicar la vulnerabilidad abriéndome sobre mis dificultades ante varias personas y compañeros de reparto. Empecé diciendo algo sencillo, tipo: «Me siento algo inseguro y no quiero quitarme la camiseta en el próximo capítulo». ¿La respuesta? Pues… Así es, risa. «Ay, déjate de pendejadas». «Pobrecitos tú y tu tabla». «¿Estás bromeando? Haría lo que fuera para tener lo tuyo». Aunque tuvieran buenas intenciones, e incluso fueran extrañamente halagadores, estos comentarios me hicieron sentir la misma sensación de estar siendo controlado que tuve de más joven, y resultó en un aumento de la presión que precisamente intentaba liberar.

Javier Muñoz se hizo eco de una experiencia similar cuando me contó que, hasta que el *New York Times* publicó su reseña de *Hamilton*, se sentía muy cómodo con su cuerpo. Pero la primera frase de la crítica fue «Hamilton es sexy los domingos», refiriéndose a que Muñoz era el suplente de Lin-Manuel Miranda los domingos y que estaba mucho más musculoso que él. Me dejó claro que no tenía quejas de aquella observación positiva, pero que, al mismo tiempo, era muy consciente del impacto que tuvo en él. De golpe, se descubrió pensando cosas como: *Bien, hoy no cenaré pizza. De hecho, voy a eliminar esto [o aquello] de mi dieta.*

El mensaje es el mismo: nuestro cuerpo determina nuestra valía. El tamaño de nuestros músculos, de nuestros penes, de nuestros hombros y de nuestra cintura carga con el peso de nuestra valía. Y, si nuestro cuerpo no está dentro del molde de lo que la sociedad considera «*hot*/sexy/atlético/atractivo», entonces se considera que «no somos suficiente». En cambio, si nuestro cuerpo entra en ese molde (con el evidente privilegio que eso conlleva), entonces todo va bien. Entonces estoy bien, incluso si estoy parado ante ti diciéndote que estoy sufriendo. Es el mensaje de compararse, de medirse, de dar la talla, de portarse como un hombre. Es un mensaje que me hace (y a muchos otros hombres) sufrir. Y, como he aprendido, es un mensaje que yo mismo he ayudado a perpetuar.

Soy parte del problema

Empecé a catalogar mis pensamientos y comportamientos respecto a mi relación con mi cuerpo. Esto se debió en gran medida a mi esposa que, aunque compasiva con mi sufrimiento, también estaba harta de escucharme quejarme de mí mismo. Gracias a ella, empecé a darme cuenta de cuán a menudo me hablaba de forma negativa. Así que, naturalmente, empecé a escuchar. ¿Cuándo me descubría hablando mierda de mi cuerpo? ¿Qué decía? ¿Qué desencadenaba que me sintiera peor en mi cuerpo? Al mirarme al espejo, ¿me fijaba primero en mis defectos? ¿Qué me ayudaba a sentirme mejor con mi cuerpo? Cuanto más consciente era de mis pensamientos y acciones, más frustrado estaba con los sistemas que ayudan a perpetuar los mensajes que a menudo desembocan en una imagen corporal insana, en dismorfia corporal y en trastornos alimenticios.

Cuando me di cuenta de que todavía tenía en mí al chico adolescente en busca de aprobación y aceptación, pude empezar a poner en perspectiva algunos de los mensajes que las series de televisión, las revistas y sus compañeros le habían mandado. Pero tan pronto empecé a intentar contextualizar esos mensajes, me di cuenta de que mi carrera como actor —los papeles que aceptaba, la prisión de superficialidad que me había construido— los estaba perpetuando. Por un lado, en mi vida personal estaba emprendiendo un viaje para (con suerte) encontrar un nivel de aceptación corporal que nunca había conocido; pero por otro, me quitaba la camiseta en televisión y literalmente creaba las mismas imágenes que habían desencadenado mis inseguridades de niño. Estos dos polos opuestos se daban al mismo tiempo y no podía hacer nada para evitarlo... excepto hablar de ello.

Irónicamente, o gracias al destino, mientras escribía este capítulo y me enfrentaba a este conflicto, Gianluca Russo publicó un artículo en la página web de la revista *GQ* titulado «How We Ruined the Dad Bod» («Cómo arruinamos el dad bod».)». *GQ* es la revista masculina por excelencia y un lugar en el que siempre he querido aparecer (aunque quizá no en este contexto). El ensayo profundiza en los orígenes del término «dad bod» y en cómo se acuñó para celebrar «cómo se ve el cuerpo real del hombre trabajador medio». El *dad bod* fue culturalmente aceptado con rapidez porque «les decía a todos los hombres que, a pesar de no tener abdominales o unos hombros cincelados, podían ser amados y considerados atractivos. Que no tenían que sentirse menos por no tener tanta definición como los *influencers* de Instagram «con muslos lo suficientemente tonificados como para asfixiarte» [...]. Les decía que podían disfrutar de la vida sin la presión constante de tener que ir al gimnasio, que no tenían por qué intentar alcanzar un ideal poco realista que quizá ni tan siquiera fuera factible». Aunque, a veces, el *dad bod* se utilizara en público para burlarse de los hombres que habían perdido unos músculos definidos al echar algo de barriga, su mensaje fundacional representaba la *body positivity* masculina. Y yo podía secundar, y necesitaba, ese mensaje. Sin embargo, para terminar de encarnar mi conflicto personal, era un mensaje que, según este ensayo, yo mismo estaba contribuyendo a arruinar.

«Últimamente, las series de televisión han confundido a los padres con, bueno, *papis*. Aunque los patriarcas de la pequeña pantalla antes eran alegres y despreocupados fulanos, ahora se han convertido en galanes musculados y esculturales como Milo Ventimiglia en *This Is Us*, Mark Consuelos en *Riverdale* o Justin Baldoni en la recientemente terminada *Jane the Virgin*». El ensayo continúa hablando de cómo estos *papis* de la televisión socavan el movimiento de la *body positivity* e intensifican la presión que sufren los hombres para alcanzar un tipo de cuerpo determinado con tal de tener algún valor como hombres. «Como es imposible ignorar los cuerpos musculosos —y a menudo semidesnudos— de estos hombres, los padres del mundo real pueden terminar olvidando que esto no es realista, lo que puede llevarlos por el camino de las dietas extremas, la adicción al deporte y, en general, los hábitos tóxicos».

Mierda. Y no me jodas. Porque, ¿sabes qué? Ese «papi» de *Jane the Virgin* es un padre en el mundo real que ha recorrido el camino de las dietas extremas, la adicción al deporte y los malos hábitos para salir en la pantalla de tu televisor con ese aspecto. Y, en los días de rodaje, su inseguridad se vuelve insoportable y toma decisiones humanas, disfrazadas de elecciones interpretativas, para cubrirse el torso porque está convencido de que ese trozo de pizza será visible para el espectador, el director y la persona que firma sus nóminas. ¿Quieres un ejemplo? Si te apetece volver a ver *Jane the Virgin*, busca las escenas en las que estoy sin camiseta durante las últimas temporadas y a menudo me verás utilizar algún objeto del set o una camiseta para tapar las zonas de las que me siento inseguro.

Así que el ciclo continúa: anhelo la aceptación que promete el mensaje del *dad bod*, doy una charla TED sobre masculinidad, creo una serie en la que tengo conversaciones serias sobre la imagen corporal y mis inseguridades, ansío ser incluido en una revista consumida por el hombre medio porque todavía busco su aprobación y, sin embargo, interpreto a un personaje que arruina el *dad bod* y terminan hablando de mí en esa revista por perpetuar el problema sobre el que estoy siendo abierto y vulnerable en un intento por ayudar a otros hombres a navegar sus inseguridades. Todo a la vez.

Estoy cansado. Estoy harto de todo esto. Formo parte del problema y también lo sufro. Ambas no son exclusivas. Así que, ¿podemos por lo menos empezar a hablar del tema?

Cambiar el discurso

La única forma de cambiar el discurso es empezar a hablar. Debemos verbalizar estas cosas y sacar a la luz estos mensajes tan asentados para diseccionarlos y enfocarlos de otra manera. Pero ¿por dónde empezamos?

El doctor Olivardia sugiere que cualquiera podría beneficiarse de empezar a evaluar conscientemente su monólogo interior sobre la imagen corporal. Todo el mundo lo tiene y su voz puede, o bien promover una imagen corporal positiva, o bien perpetuar una negativa. Un ejemplo de cómo nos hablamos en negativo puede ser: «Ojalá esto fuera un poco más así, o esto fuera más grande, o más pequeño, o…». Esta forma de hablarnos no nos afirma, sino que nos introduce constantemente la idea de que nuestro cuerpo no es lo suficientemente bueno en algún aspecto. Una parte importante del *mindfulness* y de la meditación consiste simplemente en ser consciente de qué estás sintiendo y cómo se siente tu cuerpo en un instante concreto. Gran parte del día nuestros pensamientos van desenfrenados y con el piloto automático, así que raramente nos paramos a pensar qué y cómo nos sentimos en realidad. Si aplicamos esta idea del *mindfulness* a nuestro monólogo interior, daremos un enorme paso hacia la sanación.

A medida que somos más conscientes de lo que nos decimos, podemos empezar a cambiar la conversación que tenemos con nosotros mismos. En mi caso, lo lógico fue enfocarme en mis hijos para cambiar este diálogo. Con ellos, me centro en lo que sus cuerpos les permiten hacer. «¡Mira cómo te ayudan tus piernas a correr tan rápido!». «¡Tus brazos están trabajando duro en el pasamanos!». Si me descubro hablando mal de mi propio cuerpo, me detengo y encuentra la manera de infundirme el mismo principio de gratitud y funcionalidad que uso con mis hijos. Intento sentirme agradecido por que mis brazos sean capaces de lanzar a mi hijo por los aires, o intento apreciar que mis piernas me permitan encarnar al «hombre de las carreras» (mi versión del hombre del saco) para perseguirlos por toda la casa. Pero seamos sinceros: mi esposa me escucha a menudo decir algo negativo sobre mi cuerpo o suspirando frente al espejo. Es entonces cuando me apresuro en salvar la jugada y darle la vuelta.

Otra práctica sencilla que he introducido es hacerle un cumplido a alguna parte de mi cuerpo cada vez que me miro al espejo, en lugar de sucumbir a mis instintos y criticar varias cosas en mí. No siempre lo consigo, ¡pero lo intento! Pienso en las sabias palabras que a menudo me dice Emily cuando me descubre siendo duro conmigo mismo. Me dice: «Sé bueno con mi marido». Así que trato de aplicar algo de su aceptación radical de mí a la forma en la que me hablo. Halago mi pelo, mis ojos y, a veces, hasta el aspecto de mi trasero. No nos vamos a engañar, mi trasero no está nada mal. ¿Por qué me siento raro escribiendo esto como hombre? En todo caso, por muy raro que se sienta, de la misma forma en que me he acostumbrado a tomar duchas frías a diario y me he puesto cómodo en la incomodidad de meterme en una tina con agua a 5 ºC, también estoy intentando acostumbrarme a la extraña sensación de ser bueno conmigo mismo. ¿Quién iba a decir que sería más sencillo adaptarse a la exposición radical al frío que a la autoaceptación radical?

Tras evaluar la forma en que nos hablamos internamente, es el momento de empezar a convertir estas conversaciones en acciones. Cuando nuestra conversación corporal es negativa, podemos descubrirnos haciendo demasiado ejercicio, restringiendo la comida que nuestro cuerpo necesita, dándonos atracones y purgándonos o consumiendo estimulantes, quemagrasas, anabolizantes o altas dosis de la hormona del crecimiento. Si te pareces a mí, puedes descubrirte consumiendo imágenes (a través de las redes sociales o de los medios) que, aunque te inspiran, desembocan en una conversación negativa con tu cuerpo y en el sentimiento de que no eres suficiente tal como eres. Cualquier cosa que ya no se refiera a la salud es un aviso de que quizá hay algo en la forma en que nos vemos que necesita sanar.

Recientemente, he estado asumiendo el hecho de que mi cuerpo no se mueve ni se ve como cuando tenía veinte años. Mis músculos tardan un día más en recuperarse de las agujetas y, si no caliento, es mucho más probable que tenga un tirón o se me enganche la espalda sólo con levantar a mis hijos debido a todo el daño que le he hecho a mi cuerpo a lo largo de mi vida. Esta aceptación me ha sentado de maravilla y he sido capaz de ajustar mis expectativas sobre mí mismo, pues ahora están ligadas a mi salud general y al porqué quiero hacer deporte. Ahora, me doy cuenta de que lo que quiero más que nada es un cuerpo funcional, que se mueva sin dolor y que dure todo lo posible. Quiero poder enseñar a mis dos hijos a pegar un puñetazo cuando estén en la secundaria, como mi padre hizo por mí (sólo que yo lo esquivaré cuando vayan a golpearme) y poder darles una lección en la cancha de fútbol (si deciden dedicarse a los deportes).

Ahora que tengo más de treinta años, un cuerpo sano y funcional es más importante para mí que uno musculoso, así que ajustar mis expectativas también implica ajustar mis búsquedas en Google, mis redes sociales y mi monólogo interior, además de asegurarme de contrarrestar los mensajes internos y externos que quieren recordarme todo lo que no soy. Esto empieza en cada uno de nosotros, cambiando la conversación que mantenemos con nosotros mismos y desafiando a nuestras acciones a cambiar también.

El camino de los porqués

Una de las herramientas que más uso para ayudarme a mantenerme a raya es el concepto del camino de los porqués. Consiste en parar un momento y preguntarme por qué, y luego hacerlo de nuevo, y, quizá, hacerlo una tercera vez. No es algo que haga sólo para el ejercicio y mis hábitos alimenticios, sino que intento aplicarlo a todos los ámbitos de mi vida.

Consiste en recorrer el camino de los porqués para controlar y desafiar a mis intenciones. Así que, aplicado a mi cuerpo, puede verse más o menos así: siento que necesito entrenar, pero antes de irme al gimnasio o al garaje, me pregunto por qué. ¿Por qué quiero entrenar? Porque estoy estresado y quiero liberar algo de esa energía. ¿Por qué? Porque sé que mi cuerpo y mi mente están conectados y, cuando me muevo y sudo, me siento mejor. A lo mejor, otro día, la respuesta es que quiero entrenar para ser más fuerte. ¿Por qué quiero sentirme más fuerte? ¿Es para alimentar la mentalidad de héroe ligada a mi masculinidad? ¿Esa mentalidad que me dice que tengo que ser capaz de proteger a una mujer de otro hombre? ¿O quiero ser más fuerte para poder seguir lanzando a mis hijos por los aires y tener la resistencia necesaria para mantener su ritmo? ¿O tiene que ver con ser más fuerte para verme «bien» o «mejor»? Si soy totalmente sincero conmigo mismo, hay días en los que es porque necesito ponerme un maldito objetivo, aunque sea algo tan superficial como perder algo de peso o grasa para volver a ver mis abdominales. Pero por muy superficial que sea mi objetivo, el ejercicio de preguntarme por qué es una buena costumbre, pues me ayuda a entender qué está pasando en realidad y qué puedo estar tratando de esconder. Por ejemplo, no he estado entrenando tan a menudo como antes y quiero verme mejor y sentirme más fuerte. ¿Por qué? A lo mejor es porque quiero ser grande para poder proteger a mi esposa y a mi familia, o a lo mejor porque me siento algo inseguro por estar envejeciendo. ¿Por qué? Porque me preocupa cómo pagaré la hipoteca el año que viene si la siguiente película que dirijo no funciona y necesito seguir en forma porque todavía sostengo la falsa creencia de que mi valía como actor de Hollywood depende de cuán bien me vea en lugar de cuán buen actor sea. Así que, ahora que sé que quiero verme mejor porque me siento inseguro, puedo empezar a trabajar este problema y seguir escogiendo entrenar porque quiero, no porque sienta que debo.

El camino de los porqués no tiene que ver con ser perfecto, sino con ser curioso y consciente de mis acciones. A menudo, tres porqués son suficientes para llegar al origen del problema. Y es muy probable que mi motivación nunca sea la que creo que es. Preguntarme «por qué» consiste en sentir una curiosidad inherente sobre mí mismo y usarla para reunir información que me ayude a diseccionar, observar y reenfocar los mensajes en mi cabeza. Tampoco tiene por qué ser un proceso muy largo; un «por qué» puede ser suficiente, y la comprobación mental puede hacerse en pocos segundos. Al fin y al cabo, esto consiste sencillamente en ser responsable y honesto contigo mismo y en no juzgar tu respuesta después. Incluso si tus motivos no tienen un origen sano, incluso si son emocionales, no significa que no debas entrenar, sólo que estás un paso más cerca de entenderte a ti y a los verdaderos motivos por los que te sientes como te sientes. La consciencia lo es todo.

La consciencia que he alcanzado usando el camino de los porqués me ha ayudado a empezar a encontrar el equilibrio y la tranquilidad en mi relación con mi cuerpo. Aunque todavía estoy lejos de haber sanado, he progresado. Antes, me hubiese pasado doce horas sin comer por la ansiedad de tener que verme de cierta forma en televisión. En cambio, ahora hay ocasiones en las que ayuno por motivos de salud, en lugar de hacerlo por motivos superficiales disfrazados, lo que inevitablemente beneficia mi salud física y mental.

Como parte de la Fe bahá'í, cada año realizamos un ayuno de diecinueve días en los que nos abstenemos de cualquier comida o bebida entre el amanecer y la puesta de sol (unas doce horas). Existe un motivo por el que este ayuno ha existido en las mayores religiones del mundo durante miles de años, y no tiene nada que ver con verse bien o tener abdominales. El ayuno está relacionado con el desapego y la purificación. Este último año ha sido la primera vez en veintiún años que no he tenido ningún problema con perder masa muscular y peso. También ha sido el año en el que más he disfrutado los beneficios espirituales del ayuno. Mi mentalidad ha pasado de intentar ayunar espiritualmente mientras me preocupaba por el detrimento físico a desapegarme verdaderamente y centrarme en los beneficios espirituales.

El camino de los porqués me ha ofrecido una forma práctica de llegar a la raíz de los motivos por los que hago lo que hago y, gracias a eso, puedo mantenerme a raya y asegurarme de que los mensajes que me envío, junto a los que les envío a mis hijos, estén alineados con lo que siento más puro, sano y sincero.

¿Cuáles son los mensajes que quiero que sean más fieles a mi mente y mis acciones? Tengo este cuerpo, pero no soy este cuerpo. Tengo el cuerpo de un hombre, pero mi cuerpo no determina mi valor como hombre. Mi cuerpo no necesita ser lo suficientemente hombre para ser suficiente. Quien soy, como Dios me hizo, como soy, es suficiente.

CAPÍTULO TRES

LO SUFICIENTEMENTE LISTO

Por qué no tengo todas las respuestas y por qué eso es algo bueno

Son las cinco de una mañana especialmente cálida y húmeda de Nueva Orleans y es el primer día de producción (rodaje) de mi debut como director: *A dos metros de ti*. Hace ya casi dos años que estoy trabajando en este proyecto. Lo que empezó como una idea en la que creía, había tenido que transformarse en una idea en la que todo el mundo creía. A menudo me he sentido como P. T. Barnum, intentando vender una idea sin saber siquiera si podría ejecutarla. He tenido que convencer a gente poderosa de lo que valgo y de que no soy sólo el tipo de *Jane the Virgin* o lo que sea por lo que me conozcan. Llegados a este punto, creo que he sido conocido como el tipo sin camiseta de *Everwood*, el tipo de la pedida de mano, el tipo que hace esos documentales inspiradores de *Mis últimos días* sobre gente muriéndose, el tipo sin camiseta de *Jane the Virgin* y, más recientemente, el tipo de la charla TED. Pero, hasta entonces, nadie me había visto como el tipo cineasta/director. Irónicamente, de todas esas etiquetas profesionales, la que más significa para mí es la de cineasta. He querido ser director de cine desde que, con seis años, vi *E.T.* y tuve la oportunidad de conocer al señor Spielberg cuando hacía la cola de la inauguración de la atracción de *E.T.* en Universal Studios Hollywood a la que me había llevado mi padre. He querido contar historias como las suyas, historias que hicieran sentir a la gente como me sentí yo de niño. He querido captar la atención del público y abrirle la puerta a un mundo desconocido, uno en el que puedan ver la vida, o quizá incluso su propia comunidad, de otra manera. Ésta era mi oportunidad para, por fin, demostrar mi valía.

Tras años de ir convenciendo a ejecutivos de Hollywood de que soy capaz de, y estoy listo para, tomar su dinero y convertirlo en una bella obra de arte (que, a su vez, les hará ganar más dinero), por fin estoy aquí. Hoy es el día uno de veinticinco de *A dos metros de ti*. Entonces, ¿por qué, en esta húmeda mañana, que debería ser una de las más emocionantes y excitantes de mi vida, no estoy emocionado? ¿Por qué estoy lleno de miedo y ansiedad ante la idea de cometer un error monumental? ¿Por qué me está costando tanto decidir qué ponerme? ¿Por qué dudo de mí y de mi inteligencia y capacidades? Bueno, aunque he pasado años tratando de convencer a toda esa gente de lo que valgo y de lo que soy capaz, de que estoy listo para dirigir una película y para liderar a cientos de personas hasta la victoria y convertir la película en un éxito taquillero, de que soy suficiente... resulta que se me olvidó convencerme a mí mismo.

En la escuela, nadie pensó nunca que tuviera «inteligencia académica». Era un chico nervioso y literalmente incapaz de quedarse quieto en su pupitre (y sigo sin poder hacerlo). En la secundaria, sacaba notas mediocres y nunca fui bueno tomando exámenes. Fui a la universidad con una beca deportiva parcial durante aproximadamente tres minutos antes de que me rompieran el corazón y dejara los estudios para dedicarme a la interpretación a tiempo completo. Y, aunque ahora sé que la intelectualidad no representa todo el espectro de la inteligencia o la capacidad real para ser un líder efectivo, este mensaje no era preponderante en el sistema educativo en el que crecí. Así que me sentía sistemáticamente tonto, o inferior, en lo que respectaba a mi habilidad como estudiante, lo que se tradujo en creerme un niño tonto fuera del aula y, finalmente, un hombre tonto o inferior en un set de rodaje o en un despacho. ¿A qué nos llevan estos sentimientos a muchos hombres? A sobrecompensar.

¿Alguna vez te has cruzado con un hombre al que algo se le daba evidentemente mal, pero que se comportaba como si fuera el mayor experto del mundo en la materia? No hace falta que contestes.

A lo largo de mi educación, tuve que encontrar constantemente formas de mantenerme al ritmo de la clase. Recuerdo muchas veces en las que me sentí muy inteligente porque por fin conocía una respuesta, sólo para terminar dándome cuenta de que la pregunta era fácil y que todo el mundo sabía contestarla. En el fondo, anhelaba destacar en los estudios y ser visto como un chico inteligente porque sabía que lo que de verdad quería hacer en la vida requería inteligencia y no habilidades deportivas, pero la verdad era que la forma en que mi cerebro aprendía y procesaba la información iba en contra de la estrecha cuadrícula en la que me había puesto el sistema educativo estandarizado de la escuela pública. Es muy probable que tuviera, y que siga teniendo, algún tipo de TDA (trastorno de déficit de atención) sin diagnosticar. Digo «sin diagnosticar» porque, a pesar de que mis profesores sugirieran una y otra vez que podría tenerlo, mis padres nunca me hicieron pruebas. En cierta forma, me alegro de que no lo hicieran. Tampoco me sentaron y me preguntaron «¿Qué pasa contigo?», ni me trataron como si fuera inferior por mis problemas o por mi incapacidad de concentrarme en la escuela. Eso no significa que no me castigaran alguna vez por hablarles mal a mis profesores o por mentirles diciéndoles que mi padre era abogado y que los iba a denunciar. Una historia desafortunadamente muy cierta (y en la que nadie terminó denunciado). En todo caso, mis padres me animaron demasiado. A veces me hicieron pensar de forma poco realista que podía hacer cualquier cosa (lo que ahora sé que no es totalmente cierto) e intentaron reforzar en mí la idea de que sólo tenía que esforzarme. En lugar de decirme esto, desearía que se hubiesen limitado a decirme que soy suficiente sin importar si triunfo o no. Ese es el mensaje que necesitaba y que podría haberme sido útil tanto de niño, como especialmente ahora como artista.

Lo que desearía haber sabido entonces, y sé ahora, es que el TDA no es para nada un déficit ni un trastorno y que, si decidimos cambiar nuestra perspectiva, puede incluso convertirse en una ventaja. Al menos es como he decidido verlo. Y, aunque no se me ocurriría comparar mi problema con el suyo, tengo varios amigos con diversidad funcional que se sienten de la misma forma respecto al conjunto de sus dones y desafíos y que me han inspirado a tener una mentalidad similar. Lo que me metía en problemas de niño, y les costó a mis padres incontables y vergonzosas reuniones con mis profesores, al final se ha convertido en una de las cosas que me ha ayudado a crear empresas y rodar películas exitosas. Creo que parte de mis triunfos viene de mi capacidad de rendir bien haciendo varias cosas a la vez. Pero mucho de cualquier cosa nunca es bueno, especialmente respecto a la falta de concentración o al exceso de ella. Por supuesto, a veces mi nerviosismo me vuelve loco y desearía poder ser como esas personas capaces de sentarse a meditar durante horas. Pero también tengo que apreciar y entender mi cuerpo, mi mente y la forma en que fui creado. Todos tenemos distintas fortalezas y debilidades, pero, desafortunadamente, demasiados de los sistemas que hemos creado sólo aplican a un único modelo. En el caso de la educación, si no aprendes como te enseña el sistema, entonces existes fuera de la norma y te diagnostican con algo acompañado de «trastorno». ¿Sabes lo que palabras como «trastorno» o «déficit» le hacen a un joven? Le hacen sentir inferior, como si estuviera roto y no fuera suficiente, ni pudiera llegar a serlo nunca. Piensa en cómo tratamos a las personas con diversidad funcional cuando son jóvenes y cómo nuestro lenguaje se refiere a ellos. Empatizo mucho con las personas de esta comunidad a las que se les ha dicho que no son suficiente una y otra vez y que han tenido que esforzarse el doble para ser aceptados o ser vistos como normales cuando, en realidad, es precisamente su diferencia lo que los hace únicos y sus desventajas percibidas las que les proporcionan ventajas en otras áreas. En otras palabras, sus diferencias les dan superpoderes, como a Daredevil (no el de Affleck. El de Netflix).

En un tema como este, los mensajes que recibimos son contradictorios, confusos y están profundamente enraizados. A menudo, me descubro sintiendo la tensión entre los que recibí de niño y adolescente —el monólogo interior, la inseguridad y la falsedad que los acompaña— y los más inclusivos que he llegado a abrazar como adulto. Esta casi doble realidad es penetrante. Por un lado, las partes lógicas de mi cerebro saben que soy listo y capaz, pero por otro, hay una parte de mi corazón que todavía se siente como el niño pequeño en el colegio al que siempre se le dijo que tenía un problema, que era problemático, y que necesitaba concentrarse más si quería triunfar en la vida… si quería llegar a ser inteligente. Este niño siempre se sintió incomprendido y nunca supo por qué. Vivo en la tensión entre confiar en mi competencia (y en mi capacidad de seguir creciendo y aprendiendo) y, al mismo tiempo, sentirme como un impostor que no se merece las oportunidades por las que he trabajado como un animal.

Volvamos a aquella mañana en Nueva Orleans en la que me estaba arreglando para el primer día de mi primera película. Mientras respiraba para tratar de liberarme de la ansiedad y conquistar aquel sentimiento de insuficiencia, entré en el armario de la casa embrujada del siglo XIX que alquilábamos y miré entre la ropa que había empacado. (Y, sí, aquel lugar estaba claramente embrujado. Entiendo que no creas en estas cosas, pero cuando tu hija de tres años empieza a hablar con el niño y la niña flotando en el techo y algo se aferra a tu pierna a las dos de la madrugada, más te vale creer y quemar salvia a mansalva por si acaso). Tras escarbar entre todas las prendas y estar a punto de perder los nervios por haber hecho la maleta fatal, decidí llevar mi *look* clásico de *jeans* y camiseta. Pero cambié de opinión y pensé que debía ponerme algo más arreglado, pero informal, porque, al fin y al cabo, era el director y el productor y sería quien marcaría el tono del resto del equipo. Así que me puse una camisa azul sobre la camiseta, pensando que así iría más arreglado, pero me dejé los tenis para no pasarme y que pensaran que me había esforzado demasiado. Sin embargo, al mirarme al espejo, sólo podía ver al niño de tercero que no podía seguir el ritmo de la clase, ni concentrarse, ni entender las matemáticas, y que sobrecompensaba por ello. Sólo podía ver al niño que no era suficiente. El nudo de mi estómago se intensificó porque, además de no sentirme cualificado para dirigir una película, me preocupaba que el equipo percibiera mi debilidad e, intuitivamente, dejara de confiar en mí. Mi mente estaba fuera de control. ¿Qué más podía ir en mi contra? ¿Me verían los del departamento de fotografía como alguien de quien reírse a escondidas y no como a un buen líder? Como sé que la cinematografía es una mezcla de habilidades intelectuales y creativas, hice lo único que podía hacerme sentir mejor y, al mismo tiempo, maximizar las posibilidades de dar una buena primera impresión a un equipo de ciento veinte personas a las que apenas conocía: me puse unas gafas sin graduar. Mi lógica era sencilla: si había algo que pudiera hacerme parecer menos como un tipo que lleva una década quitándose la camiseta en televisión y más como un hombre en el que se puede confiar para tomar decisiones inteligentes y creativas sin ceder bajo la presión y a tiempo para cenar, eran las gafas. Funcionaron para Clark Kent, así que quizá funcionarían conmigo. Bienvenidos a mi síndrome del impostor.

Los mensajes contradictorios sobre el intelecto masculino

Ya hemos establecido que la fuerza física del cuerpo de un hombre tiende a ser valorada muy por encima de su mente, y cómo, típicamente, se mide el valor en base a sus logros físicos y no a sus zambullidas emocionales. En lo que respecta al intelecto, el mensaje empieza pronto en la vida social, con la popularidad y los elogios que reciben los chicos atléticos y la etiqueta de *nerd* de los listos. El chico que sabe las respuestas para todas las preguntas del profesor es humillado, a menudo siendo tildado de «sabelotodo». El gracioso que se ríe del chico listo y se mete con él, lo hará también consigo mismo por no pasar el examen de ortografía antes de que los demás puedan humillarlo por ser disléxico, y al atleta parece darle igual el haber aprobado por la mínima sus exámenes finales porque sabe que su valor no depende de sus resultados en el aula, sino en la cancha. El factor decisivo es que el atleta sabe que, mientras se mantenga fuerte y destaque en los deportes, seguirá en la cumbre de la cadena alimenticia. Éste es el motivo por el que creo que el complejo de invencibilidad de la *bro culture* se ha extendido tanto y por lo que los jóvenes han conseguido que el término «sabelotodo» sea un insulto para hacer sentir inferiores a los chicos que destacan intelectualmente.

La tensión y la presión que sufren los niños, y cómo se liga su valor a su intelecto percibido, son factores tan perturbadores como poderosos. Recuerdo sentirme aliviado cuando me colgaron la etiqueta de buen deportista en la secundaria. Ya no necesitaba ser inteligente, pues tenía mi lugar en la mesa asegurado sólo por ser un atleta. Por supuesto, a veces hay excepciones. Como un niño llamado Ryan, que era conocido por ser un excelente deportista y un genio académico, además de caerle bien a todo el mundo porque era bueno con todos. Era un joven de fe y de principios que raramente se involucraba en los chismes o en el *bullying*. Apenas sé nada de Ryan porque no nos conocíamos demasiado, pero recuerdo sentirme muy celoso de él. Parecía tenerlo todo y la gente hablaba de él como de un unicornio. Ojalá, en lugar de estar celoso, hubiese intentado hacerme su amigo y hubiese sido lo suficientemente humilde como para aprender de él. Parecía conocer el ingrediente secreto para ser bueno en todo, pero me pregunto cuáles serían sus problemas. Sabiendo lo que sé ahora, sé cuán solo puedes sentirte cuando la gente asume que lo tienes todo. Esté donde esté, espero que a Ryan le haya ido brutal en la vida y que esté disfrutando de sus bendiciones.

Bueno, volvamos al año 2000.

Entonces, no hubiese sabido articular esto, pero ser uno de los chicos atléticos de la secundaria me dio un respiro, una especie de pase ante mis compañeros, que perdonaba el no ser considerado inteligente. Aunque la gente no fuese consciente, esto me ayudó a asumir mi posición. Recuerdo que, cuando estudiaba, mi única preocupación era conseguir la nota justa para que me permitieran seguir en los equipos deportivos. Tenía entrenadores, que también eran mis profesores, que me transmitían el mismo mensaje y me dejaban entregar tarde los trabajos, o repetir exámenes, o me calificaban más permisivamente en los proyectos en grupo que a otros alumnos que no hacían deporte. Está claro cómo el privilegio de la fisicalidad masculina empieza pronto en la vida y en los lugares más inesperados.

De igual manera, el actor y humorista estadounidense Joel McHale era un buen atleta de joven y llegó a ser suplente en el equipo de fútbol americano de la Universidad de Washington, pero de niño lo habían tildado de «lento», lo que, dice, es básicamente un diagnóstico de estupidez. Repitió varios cursos y era incapaz de leer por culpa de la dislexia (que no le fue diagnosticada hasta varias décadas después, cuando se la detectaron a uno de sus hijos). Cuenta que toda su experiencia académica consistió en ir encontrando maneras de trampear el sistema para poder aprobar sus clases y que lo dejaran seguir participando en los deportes.

Socialmente, se «supone» que los hombres somos inteligentes por el mero hecho de ser hombres. Y, si somos tontos, tampoco pasa nada porque hemos creado una cultura en la que se puede progresar sólo por pertenecer a nuestro género, de ahí la expresión «caer de pie». Las mujeres son emocionales, pero nosotros, gracias a nuestra capacidad de bloquear nuestras emociones, somos «racionales», inteligentes y solucionadores de problemas. Y creer es ver: el mundo ha reforzado en mí esta idea porque, como hombre, tengo más posibilidades de terminar en una posición de poder y no tengo límites, incluso si soy menos inteligente que las mujeres contra las que compito. Como hombre, tengo culturalmente arraigada la idea de que siempre juego con ventaja. No es algo de lo que se hable, pero está programado en nuestra mente gracias a los medios que consumimos y a lo que vemos en cualquier sector —negocios, política, ciencias... lo que sea—. Tendemos a confundir los resultados de la dominación masculina (la sobrerrepresentación de hombres en posiciones de poder) con la «causa», que es la idea de que la desigualdad de género es «natural» o biológica.

Entonces, aunque en el aula los profesores me transmitían el mensaje de que no era lo suficientemente inteligente, fuese por falta de esfuerzo o de capacidad, daba igual porque, al mismo tiempo, lo que más veía, si no lo único, eran hombres influyentes en posiciones de poder. Esto dio pie a un concepto de mí mismo en el que no sólo me sentía más listo de lo que soy, sino que creía ser «más listo que» sólo por ser, e identificarme como, un hombre. Es difícil de explicar, pero, si eres un hombre y estás leyendo esto siendo sincero contigo mismo, creo que sabrás encontrar momentos de tu vida en los que te has sentido así. Es una sensación difícil de identificar, pero el comportamiento que provoca es revelador. Me parece que es precisamente esto lo que ha dado cabida al fenómeno del *mansplaining*, en el que, si fuera un deporte olímpico, probablemente ya hubiese ganado tres medallas. Si no sabes qué es el *mansplaining*, o crees que no existe, escribe o llama a cualquier amiga y probablemente te confiese —si estás dispuesto a escuchar— que se lo has hecho tú mismo un par de veces. Pero, si quieres leer un ejemplo divertido, ahí va uno.

En la secundaria, uno de mis compañeros de equipo les dijo a dos compañeras de clase que las chicas y mujeres tienen la menopausia cada mes y que la menstruación les llega más tarde en la vida (no tenía ni idea de que lo estaba diciendo al revés y ya dominaba el *mansplaining* antes de que inventaran el término). Así que, básicamente, puede definirse como el que un hombre trate de sermonear o educar a una mujer sobre algo de lo que sabe más que él. Aunque no sé qué pasaba exactamente por la cabeza de mi compañero, puedo imaginarme que no tenía nada que ver con querer impresionar a las chicas (lo que claramente no hizo) y se trataba más bien de no mostrarse equivocado delante de los chicos. Recuerdo conversaciones en las que mis amigos y yo no dejábamos de darle vueltas a un mismo asunto para demostrar que teníamos razón, aunque en realidad ninguna de nuestras posturas tenía ningún sentido porque nos lo estábamos inventando todo sobre la marcha. No me hace falta retroceder mucho para recordar esos tiempos. Sólo tengo que pensar en la última conversación que haya tenido con mis mejores amigos. Es algo que hacemos. No es porque queramos ser más listos que los demás, sino que es una competencia subconsciente para ver quién suelta más mierda o quién se rinde primero. Es divertido e inofensivo cuando lo hago con ellos, pero debemos andar con cuidado para no liberar esa energía en el mundo y crear molestias y dolor sin pretenderlo.

Esta dinámica del *mansplaining* me recuerda cuánto de intentar ser lo suficientemente hombre no está relacionado con impresionar a las mujeres, sino a los mismos hombres. ¿Soy lo suficientemente fuerte, listo o lo que sea? ¿Quién decide qué es suficiente? Y Dios guarde a quien se pase de la raya y sea demasiado inteligente, esté demasiado en forma o sea demasiado. Porque entonces vuelve el control masculino. Sigue la línea y todo irá bien, rebásala y se asegurarán de humillarte. Todo. El. Maldito. Tiempo.

En esta línea, ¿qué pasa cuando un hombre es un atleta profesional, tiene un físico superior al del hombre medio, y es también tremendamente inteligente? En otras palabras, ¿qué pasa cuando un hombre se sale del guión que dice que, si eres deportista, no puedes ser inteligente? Richard Sherman se gradúo de la secundaria con un promedio de 4,2 sobre 4, asistió a Stanford con becas tanto académicas como deportivas, se graduó antes del último año y es uno de los mejores *cornerbacks* de todos los tiempos en la NFL. Sherman es un grandísimo intelectual que también ha resultado ser un atleta excepcional. Y, como destroza la narrativa del deportista tonto, se lo excluye precisamente por eso. Las críticas que recibe no sólo están basadas en el racismo, sino que se cruzan con las expectativas de la masculinidad negra. Se rechaza el intelecto de Sherman porque no es lo que la sociedad espera de los atletas, sobre todo si son negros. Todo esto determina cuan rápido otros hombres lo ignoran o lo degradan, especialmente los blancos. Como siempre nos estamos comparando entre nosotros, si un atleta profesional nos supera físicamente, nos decimos que somos intelectualmente superiores a él porque sólo es un «deportista tonto», pero cuando también resulta ser más inteligente que nosotros, nos sentimos inseguros. Y ya sabemos cuál es la respuesta automática que tenemos muchos de nosotros para esconder nuestras inseguridades: rebajar al otro para sentirnos superiores.

Aunque la expresión «deportista tonto» ya no se utiliza tanto como antes, el mensaje sigue propagándose cada vez que se escucha a un comentarista, sea en televisión, en Twitter o sentado a tu lado en un bar, decirle a un atleta que «se limite a los deportes» o, como le dijo desafortunadamente un reportero a LeBron James, que «cierre la boca y regatee».

Pero, a pesar de estos estereotipos masculinos que limitan a los deportistas, creo que, en general, tendemos a pensar que somos más listos y capaces que las mujeres. Probablemente, esto sea la combinación de muchos factores, desde cómo nos socializamos hasta el tipo de gente que hemos visto históricamente en posiciones de poder. No creo que viera una sola película de niño, enfocada a hombres de ninguna edad, que se opusiera a esta narrativa. Me preocupa que asumir que somos mentalmente superiores nos haya vuelto, en ciertos aspectos, más vagos intelectualmente que las mujeres porque no hemos tenido que esforzarnos tanto para que nos vean o nos escuchen.

Son estos mensajes retorcidos, confusos y contradictorios los que me han dicho una y otra vez que, aunque no me sienta lo suficientemente inteligente, gracias a que soy un hombre, tengo margen para fingir que lo soy. ¿Y dónde lo finjo más? Podría pensarse que es ante las mujeres, pero no. Casi siempre es ante otros hombres. Sabemos que son ellos quienes nos juzgan, se comparan con nosotros y buscan la manera de echarnos del «club de los hombres» y de cerciorarse de que su puesto está asegurado, o de que pueden ascender. La masculinidad siempre es puesta a prueba y probada ante otros hombres: esta es la jerarquía en la que más se apoya nuestra autoestima. A veces, parecemos una banda de espadachines comparando espadas. Me pregunto cómo se me habrá ocurrido la comparación.

Saber dónde está el norte

Aunque los mensajes sobre la inteligencia sean contradictorios, hay uno que se ha mantenido consistente en todas las experiencias personales y en las presiones sociales: tenemos las respuestas. Ya sea en las series de televisión o en las películas que vemos, o en la misma familia en la que me crié, si quieres ser un hombre de valía, tienes que ser un hombre de recursos. Pero no cualquier recurso vale, tienen que ser los tuyos propios, sea tu ingenio, tu competencia o tu inteligencia.

Fíjate en MacGyver. (Para los lectores más jóvenes, fue quien inspiró al personaje de MacGruber en *Saturday Night Live*. Si tampoco sabes quién es MacGruber… gracias por hacerme sentir viejo). MacGyver puede salir de cualquier apuro con un mondadientes y un poco de hilo dental. También está James Bond, que es un estratega analítico y políglota cuyos atributos físicos sólo se ven igualados por su intelecto. Es inteligente, tiene clase y, por algún motivo, sabe cuál es la temperatura exacta de un Martini, pero cuando tiene que pelear, siempre gana y, si no, es sólo porque tienen que rodar una secuela. Existen incontables referencias de personajes masculinos autosuficientes que no necesitan pedir ayuda porque tienen todas las respuestas. Incluso ahora, cuando estaba en el gimnasio escuchando una lista de reproducción motivacional que me ayuda a mover el culo cuando me siento flojo, saltó una canción que me obligó a parar el entrenamiento porque el coro no paraba de repetir «Yo camino solo». No pude evitar una sonrisa. Cuando el artista cantaba «Aquellos que vuelan solos tienen las alas más fuertes», me descubrí asintiendo con la cabeza porque resonaba conmigo. Y aquí es cuando la cosa se vuelve confusa. Hay algo genuino en el sentimiento empoderante de ser un hombre y hacerlo todo por ti mismo. Hay incluso una parte de mí que despierta cuando escucho discursos o música que me producen esta descarga primaria de adrenalina que me golpea en el pecho para que supere mis límites y haga una repetición más. Pero fuera de contexto, este mensaje también puede llevar a la confusión.

Esta mentalidad que nos desafía a salir al mundo y nos inspira a ser nosotros mismos sin cortapisas y sin necesitar la validación de otras personas es la misma que puede impedirnos llegar a ser nuestra versión más plena y feliz. Es la que nos lleva al aislamiento, a la depresión y a la desconexión. El confuso mensaje de que los hombres de verdad no necesitan ayuda para resolver sus problemas y de que siempre encontraremos la solución es tan inspirador como dañino. De la misma forma en que un medicamento con la dosis equivocada puede convertirse en un veneno, es importante que seamos conscientes de nuestras dosis y que nos preguntemos por qué nos resistimos a pedir ayuda cuando aparece una situación que podría resolverse mucho más fácilmente si dejáramos nuestros egos de lado y la pidiéramos.

Seamos más concretos. ¿Cuál es una de las formas de pedir ayuda estereotípicamente más odiadas y que tendemos a evitar a toda costa? Pedir direcciones. Incluso aquellos dispuestos a preguntar, sentimos cómo muere una parte de nosotros cada vez que llegamos al humillante punto en el que no sabemos dónde estamos, en el que no somos lo suficientemente hombres como para saber en qué dirección deberíamos ir. Es un chiste fácil para un humorista porque es gracioso, pero es gracioso porque también es cierto. Un estudio llevado a cabo por TrekAce, una empresa de navegadores GPS, descubrió que el hombre británico medio viajará casi 1.500 kilómetros adicionales e innecesarios a lo largo de cincuenta años. E, incluso al descubrir que se han perdido, sólo el 6% de los hombres encuestados miraría un mapa o pediría ayuda. Pero, a ver, eso significa que, por cada cien de nosotros que se pierden, ¡¿sólo seis están dispuestos a pedir indicaciones?! Aunque en esto tampoco estoy libre de pecado. No hace mucho, mi esposa y yo estábamos en el carro yendo a un lugar en el que ya habíamos estado, y me perdí y, en lugar de mirar el GPS, insistí en que sabía dónde estábamos. (La verdad: no sabía dónde estábamos). Ah, y por «no hace mucho», me refiero a la semana pasada. Es como si hubiera una parte de mí que entendiese que, teóricamente, me he perdido, pero que necesitara demostrar que soy un buen navegante y que no me hace falta ayuda para llegar a mi destino, especialmente si ya he estado ahí. Fracasar en llevarnos sin ayuda donde tengamos que estar equivale, desde una perspectiva retorcida, a fracasar como hombre.

Una de mis mejores y más antiguas amigas se ríe cuando me cuenta anécdotas de su marido. Renee viene de una familia de navegantes especialmente buenos. Su abuelo sirvió como navegante de las fuerzas aéreas en tres guerras. Era la versión humana de los complejos sistemas de navegación por computadora que usamos hoy en día, y encima era un hombre encantador. Renee me confesó que se exaspera a menudo con su esposo cuando no sabe dónde va o cuando toma el desvío equivocado de camino a un lugar en el que ya han estado. Ella, por su parte, tiene un afilado sentido de la orientación y, sin embargo, también ha estado sujeta a los mensajes que dicen que son los hombres quienes deben saber hacia dónde van. Así que, en lugar de pensar que somos humanos y cometemos errores, o que todos tenemos habilidades distintas, se descubrió pensando que el problema estaba en la competencia de su marido y que, en cierto sentido, era menos hombre por haber tomado el desvío equivocado. Quizá los hombres pensemos que hemos inventado las reglas, pero a menudo nos ayudan mucho con ellas.

Esto también nos lo fomenta la «historia». Véase Cristóbal Colón. Qué tremenda historia revisionista nos han contado sobre él. Nuestra sociedad y nuestro sistema educativo llevan siglos encumbrándolo por sus habilidades de navegación. En la escuela, nos enseñaron que este valiente y talentoso hombre, durante mucho tiempo aceptado y reverenciado por el grueso de la sociedad, cruzó el océano y descubrió América. Incluso recuerdo enorgullecerme de mis raíces italianas por lo que me habían enseñado sobre él. No fue hasta hace poco que nuestra sociedad y nuestro sistema educativo han empezado a deconstruir estas viejas historias para contar la verdad de cómo encontró América «por accidente» y de cómo tenía mucho más de colonialista, violador y asesino que de gran explorador. En una entrevista de 2004 en la CNN, Patricia Seed, profesora de Historia de la Universidad Rice y autora de *Ceremonies of Possession in Europe's Conquest of the New World* (Ceremonias de posesión en la conquista europea del Nuevo Mundo), dijo: «Lo celebramos porque es un tipo que se equivocó, pero tuvo suerte». Continúa diciendo: «Colón cometió un error de cálculo en la distancia entre Europa y Asia». Al embellecerlo, el mensaje que enviamos a los hombres es que, si perderse le salió bien, quizá a ellos también.

Hay algo en muchos de nosotros, y en muchos de los mensajes sobre nosotros, que nos hace sentir como si debiéramos saber dónde está el norte y que nuestra masculinidad depende de que, de forma innata, actuemos como si lleváramos una brújula en el bolsillo. Pero no sólo cuando conducimos, sino también a pie en una ciudad que no conocemos, o en nuestras propias vidas. He estado en relaciones en las que mi falta de un camino claro en la vida, incluso a los veintipocos, cuando la mayoría de la gente tampoco lo tiene, se utilizaba como vara de medir para decidir qué clase de hombre era y qué clase de pareja iba a ser. La crítica era que no sabía dónde iba, lo que equivalía a decir que no era lo suficientemente hombre como para tener novia porque no era un hombre con un plan, un hombre con las respuestas para los siguientes veinte pasos de mi carrera profesional.

Tenemos esta noción —esta norma— metida en la cabeza que dice que siempre debemos tener una idea de a dónde nos dirigimos, aunque en realidad no lo sepamos, y que debemos descubrirlo por nosotros mismos para demostrar nuestra valía, nuestra competencia, como hombres. El discurso es éste: pedir ayuda implica que eres incapaz de ayudarte a ti mismo, lo que significa que estás indefenso y que, por lo tanto, eres una víctima, así que eres débil. A lo que contesto: prefiero aceptar que en un momento dado no sé hacia dónde voy, que seguir cualquier camino voluntariamente y levantarme veinte años más tarde para descubrir que llevo perdido todo ese tiempo. Debemos dejar de castigarnos a nosotros y a los demás por perder a veces el norte. El control y la presión que sufre un hombre cuando cree no tener un camino o un propósito puede debilitar su bienestar físico y mental. ¿QUÉ IMPORTA si no sabemos a dónde vamos o quiénes somos hoy? ¿Qué importa si nos sentimos perdidos? Toda inhalación necesita de una exhalación antes de que los pulmones puedan volver a llenarse. La cuerda de un arco debe retroceder antes de poder disparar la flecha hacia adelante. Algunos de los momentos más importantes de mi vida han surgido a raíz de sentirme perdido o de descubrir que iba en la dirección equivocada. Y estos son los que, al final, me han ayudado a encontrar mi camino; aunque no sin ciertos baches interpuestos por la sociedad y por esta ridícula cultura del ajetreo tratando de avergonzarme hasta renunciar. Creo que una de las cosas que más sufrimos es que, la gente a la que querríamos pedirle ayuda cuando tocamos fondo, los hombres en nuestras vidas a los que amamos y respetamos, es la misma a quien nunca se la pediríamos por miedo a perder su respeto. ¿Y si pudiéramos encontrar la manera de decirles a estos hombres que la capacidad de pedir ayuda es precisamente lo que les granjeará nuestro respeto? ¿Cuántas vidas podríamos salvar cada día?

Esto no es tan sólo una creencia cualquiera que un ego masculino fácil de culpar creó por sí mismo. Estos estándares y estereotipos con los que intentamos cumplir están tan ligados a nuestra cultura que, a menudo, ni nos damos cuenta de que están ahí, como mi amiga que se descubrió juzgando la competencia de su marido por equivocarse en un desvío.

Un estudio liderado por Ashleigh Shelby Rosette, profesora adjunto de la Fuqua School of Business de la Universidad de Duke, demostró que los líderes masculinos son juzgados con más dureza y son percibidos como menos competentes cuando piden ayuda, lo que no ocurría con sus equivalentes femeninas. Esto valida precisamente lo que Liz Plank dice en su libro *For the Love of Men* (Por el amor a los hombres), donde afirma que «aunque a las mujeres se las anima a hacer preguntas, se espera que los hombres finjan que lo saben todo, incluso cuando no es cierto, incluso en lo que respecta a las grandes preguntas existenciales sobre el género y sus vidas».

Me enfrento a esto cada vez que estoy en una ciudad que no conozco y me acerco a otra persona para pedirle indicaciones (lo que forma parte de mi misión de «sentirme cómodo en la incomodidad» porque, sí, todavía me siento raro cuando me acerco a otros hombres para pedirles indicaciones o ayuda). ¿Me indicarán por dónde ir? Claro que sí. Y muchos lo hacen muy amablemente, pero eso no reduce mi resistencia a preguntar. Como hombre, es fácil dejar que la solución siga siendo «fíngelo hasta que lo consigas» porque, ¿quién quiere ser el hombre que parece un cachorro abandonado mirando un mapa en el celular en medio de una gran ciudad? Pero pensemos esto: ¿y si la verdadera respuesta es saber que no podemos llegar a nuestro destino sin depender y aprender de otros? ¿Y si nuestro intelecto colectivo, o nuestro ingenio colectivo, es la única forma de convertirnos en la mejor versión de nosotros mismos? ¿Y si lo que consideramos débil como sociedad es precisamente lo que nos hace fuertes?

El poder de un mentor

Existe otro concepto entrelazado con el mensaje del intelecto y del ingenio masculinos: el del lobo solitario. El ideal de autosuficiencia que considera que pedir ayuda a los demás es un signo de debilidad o de derrota. Esto es confuso porque la etología ha demostrado que los lobos prefieren viajar en manada y que, en estado salvaje, se organizan en familias con una estructura casi doméstica gestionada igualitariamente por madres y padres. Así que parecería que un lobo solitario tiene más de marginado que de alfa hecho a sí mismo que ha triunfado en la vida. Igual que he dicho antes de la canción «Walk Alone» y de la actitud que tenemos hacia los hombres que triunfan sin la ayuda de nadie, el mito del lobo solitario se alimenta del ego. Pero muy a menudo, al menos en mi caso, mi ego me ha llevado a un lugar de desolado aislamiento en el que mis sentimientos de vergüenza e inseguridad prosperan.

El haberme criado sintiendo que no era tan listo como debería tiene una ventaja: desde pequeño, aprendí que necesitaría la ayuda de otros para sacar buenas notas o ser considerado lo suficientemente inteligente. El sentirme insuficiente por mí mismo me brindó muchas oportunidades de pedir ayuda, especialmente, a mis profesores.

Uno de los momentos clave de mi relación con mi inteligencia fue cuando, durante mi último año de la secundaria, nos mandaron escribir un largo análisis de texto de un libro que representaría una gran parte de la nota final. Leía rápido, pero me costaba mucho retener la información de lo que había leído, algo que todavía me ocurre. Durante la lectura, mi mente divagaba y me montaba películas enteras en mi imaginación, sólo para terminar dándome cuenta de que llevaba tres capítulos sin haber entendido nada. Además, también me costaba transmitir mis ideas y pensamientos desde mi mente hasta el papel; no porque no supiese escribir, sino porque el mismo acto de sentarme a escribir se sentía como correr una carrera *Ironman*. Cuando le pedí ayuda, la señorita Reed reaccionó de forma distinta al resto de mis profesores. No se me sacó de encima. No me hizo sentir mal por mis limitaciones. No me dio más tiempo porque era deportista, ni echó mano de su lista de profesores particulares para encontrar a alguien que me ayudara. Habló conmigo, me escuchó y me desafió a terminar la tarea de una forma que me motivara. Hicimos una lluvia de ideas y decidimos que lo mejor para mí sería entregarle el comentario de texto en vídeo. No tenía que teclear, ni pasar mis pensamientos de mi mente al papel y, además, tenía la oportunidad de conectarme con mi amor por la creatividad, por la videografía y por la interpretación. En lugar de un comentario de texto, me dejó hacer una película.

Saqué un diez en el trabajo, pero aún más importante, mucho más, fue la primera vez en toda mi educación formal en que sentí que estaba trabajando con mis fortalezas. Con esta epifanía empecé a darme cuenta de que no era tonto, de que nunca lo había sido, sólo que aprendía de forma distinta a los demás. Fue el principio de un cambio de paradigma mental en lo que respecta a mis propias capacidades e intelecto, y no podría haber ocurrido si la señorita Reed se hubiese limitado a seguir las normas y hubiese insistido en que el comentario de texto sólo podía hacerse de una forma. Pero tampoco hubiese ocurrido si yo no hubiese estado dispuesto a pedir ayuda. Así fue como descubrí el poder de un mentor. Era una experta que usó su conocimiento y experiencia para guiarme y empoderarme a aprender y a terminar una tarea que no hubiese podido hacer sin ella. Al guiarme, me ayudó a ser mejor estudiante y, sin saberlo, regó la semilla de actor/director/emprendedor que había sido plantada en mí de niño. Además, y esto quizá es lo más importante, me ayudó a empezar a entender el poder de un mentor y de la colaboración. (Por si te lo preguntas, el libro era *El gran Gatsby* y el «comentario» consistió en rodar un final alternativo, que dirigí usando a mis amigos como actores en mi patio trasero. En el vídeo también aparecía yo sin camiseta, así que entiendo que esto es un tema en mi vida desde antes de lo que recordaba).

Pedir ayuda, opinión o consejo es un músculo. De pequeño, se me dieron muchas oportunidades de ejercitarlo. Y, aunque evidentemente al principio me incomodaba a menudo y terminaba sintiéndome más tonto, he aprendido a identificar esta incomodidad inicial como obra de mi ego. Éste siempre quiere estar cómodo, seguro y controlar la situación. Mi ego quiere tener todas las respuestas, quiere ser autosuficiente. Quiere seguir el guión que nos dieron de niños, como deportistas, como estudiantes, como hombres. Pero, al ejercitar este músculo, al dejar que crezca en el lugar de mi ego, no sólo me he vuelto más inteligente, sino que también he podido hacer mejor mi trabajo, servir más eficientemente y convertirme en una versión de mí mismo que sé que no hubiese sido capaz de alcanzar solo.

Sin embargo, todos los músculos deben moverse y ser puestos a prueba para crecer, así que también debemos utilizar el del mentor, el de ser la persona a quien le piden ayuda, no sólo quien la pide.

¿Estamos dispuestos a ayudar? ¿Estamos dispuestos a compartir nuestros conocimientos con el novato o el chico nuevo? ¿Estamos dispuestos a servir de guía y dar consejos? Y, como líderes, ¿estamos dispuestos a ser guiados y aconsejados? ¿Estamos dispuestos a pedir ayuda o la opinión de otras personas? ¿O rechazaremos las peticiones de ayuda y tampoco la pediremos nosotros para seguir el guión que nos han dado, por culpa de la idea de que, para ser un hombre listo y un líder digno, debemos llegar a la cima por nuestra cuenta y con nuestros propios recursos? Si seguimos ejercitando los músculos de pedir y dar ayuda, obtendremos información valiosa sobre nosotros mismos, sobre los demás y sobre los mensajes que hemos recibido toda la vida. Desde esta posición de consciencia, podemos empezar a recontextualizar y a reelaborar los mensajes que limitan nuestro crecimiento y nos impiden convertirnos en la clase de hombres que tan desesperada y merecidamente queremos ser.

El derecho a equivocarnos

Parte de mi proceso de aceptación de no tener todas las respuestas implica enfrentar mi miedo a equivocarme y la forma visceral en la que me pongo a la defensiva cuando me corrigen. Creo que muchos estaremos de acuerdo en que tener razón se siente bien y que equivocarse, o ser superado en una discusión, o ser corregido, a menudo puede ser vergonzoso y castrante. En mi caso, me convierte instantáneamente en el niño inseguro que sentía que no era suficiente y me descubro queriendo sacar pecho y asegurarle a la otra persona que, no sólo soy suficiente, sino que sé más que ellos. El actor y cómico Dax Shepard habló de una sensación similar en su podcast *Armchair Expert* (Experto de salón), cuando se describió como un «sabelotodo» insoportable de los veinte a los treinta años. Shepard, como McHale, también tiene dislexia y pasó gran parte de su infancia sintiéndose, y siendo tildado,

de tonto. Así que tiene mucho sentido que su reacción fuera sobrecompensar, porque tiene este complejo, esta inseguridad, por la que
asume que todo el mundo con quien habla piensa que es estúpido.

Fui con esa misma mentalidad insegura a mi primer día en el set
de *Jane the Virgin*. Llevaba años fuera del mundo de la actuación, así
que me sentía como un pez fuera del agua. A decir verdad, a menudo
me sentía así porque no tenía ninguna educación formal como actor y
había acabado ahí casi por casualidad. Al principio de mi carrera, iba
a audiciones o rodaba con actores que habían estudiado cine y teatro
y que, por lo tanto, sabían más que yo. Así que me sentía insuficiente.
Pero, en lugar de dejar que mi inseguridad me espoleara y me obligara
a crecer, la enterré y fingí que sabía lo que hacía y que llevaba toda la
vida haciéndolo.

Así que ahí estaba yo, en mi primer día de vuelta a un rodaje
como actor. Llevaba un tiempo dirigiendo documentales y anuncios, pero debía hacer tres años que no me ponía frente a una cámara
(sobre todo en un papel protagonista) y no tardé en encontrarme con
la primera prueba para mi ego: Gina Rodriguez, la excelente actriz
que interpretó a Jane. Gina se formó en NYU y es una de las mejores actrices con las que he tenido el privilegio de trabajar. Entendía
las escenas, las dinámicas y las técnicas mucho más rápido que yo.
Tiene una personalidad magnética y puede memorizar sus diálogos
de golpe e interpretar una emoción sin prepararse. Cuando le das la
réplica a alguien como Gina y llevas tiempo sin actuar, la experiencia
puede ser jodidamente intimidante. Con cada capítulo que pasaba,
me sentía cada vez más inseguro de mis capacidades y conocimientos
del oficio, mientras ella cargaba con el peso de ser no sólo la protagonista, sino también la nueva cara y estrella de la cadena.

Pero en lugar de enfrentarme a mi inseguridad, acallar mi ego
y darme espacio para crecer pidiéndole su opinión sobre una escena o preguntándole cómo podría ser mejor compañero, enterré mi
inseguridad y fingí ser un veterano experimentado, e incluso llegué

a sobrecompensar ofreciéndole ayuda. En otras palabras, quise fingir hasta conseguirlo, así que traté de hacerme sentir suficiente.

Sin embargo, mientras seguía con mi viaje por la masculinidad, tuve a mi primera hija y empecé a profundizar en practicar la vulnerabilidad y en desafiar los mensajes que dictan que los hombres no podemos mostrar debilidad. Así que me propuse un reto respecto a Gina. Tardé mucho, pero al final reuní el valor para, una noche, en la última escena de un día agotador de rodaje, preguntarle qué opinaba del arco narrativo de la escena de mi personaje. Recuerdo que su mirada era pura y buena, casi como una felicitación muda por haber roto las barreras que me habían impedido preguntarle algo así hasta entonces. Me sonrío e instintivamente supe que había estado esperando aquel momento durante mucho tiempo, esperando a que estuviera dispuesto a dejar mi ego de lado para que, juntos, pudiéramos elevar nuestro arte.

Lo que no sabía era que el simple acto de dejar ir mi necesidad de control y mi deseo de tener todas las respuestas sería la llave que desbloquearía nuestra química, mi vulnerabilidad y mi libertad creativa, no sólo como hombre, sino como artista y como su compañero de reparto. El resultado fue una increíble relación colaborativa y una amistad que hizo nuestras escenas mucho más interesantes, dinámicas y emotivas, pues ya no las pensaba solo, sino que lo hacíamos juntos. Pude aprender de sus habilidades y de su experiencia, que, sinceramente, a menudo eran mejores que las mías. Hubo incluso alguna ocasión en la que ella pudo aprender algo de mí. Ése es el poder de la vulnerabilidad.

Tuve que enfrentarme a la incomodidad, al mensaje de la masculinidad que me decía que, para triunfar, tenía que depender de mis propios recursos e ingenio, a la mentira de que pedir ayuda significaría que no me había ganado el éxito. Tuve que enfrentarme a la incomodidad de asumir que finjo tener todas las respuestas cuando no es así. A la incomodidad que acompaña al admitir que no lo sabes todo o que te has equivocado. Y, de verdad, lo entiendo. El miedo está ahí. Entiendo el miedo a equivocarse. Es una mierda. Y la dura realidad es que, hoy en día, vivimos en una cultura que no deja espacio para el error y que aprovecha cualquier oportunidad para atacar a alguien que se equivoca. Pero he aprendido que estar dispuesto a hacerlo, a pedir ayuda, a pedir direcciones, a admitir sinceramente que has cometido un error o que no conoces una respuesta, te hace más difícil de «cancelar» porque, a efectos prácticos, te has cancelado tú mismo. Creo que ocurre algo espiritual cuando practicas la humildad y te permites vivir la incomodidad de tu propia humanidad. Sin importar quién seas, esto te vuelve más auténtico y cercano. Cada persona del planeta puede identificarse con las verdades universales y el sentimiento de perderse, de cometer errores, de estar equivocado.

Esto no significa que ahora esto se me dé bien. Todavía siento cómo mi pecho quiere hincharse para defenderse cuando un amigo me llama la atención para hacerme ver que algo que he dicho es insensible, o cuando un compañero de trabajo me confiesa que algo que he hecho le ha caído mal. Todavía puedo sentir cómo aquel muchacho inseguro que no se esforzaba al máximo y que «sólo era un atleta» se avergüenza un poco cuando dirijo una película y alguien tiene una idea mejor que la mía sobre cómo rodar una escena o sugiere un método que no conozco. Pero estoy aprendiendo y convirtiendo estos detonantes en invitaciones para volverme más inteligente, para acercarme a la mejor versión de mí mismo y para aprender durante el proceso. Si tuviese que atribuirle mi éxito de los últimos seis o siete años a una sola cosa, creo que sería a mi voluntad de aprender.

Nuestro superpoder

Lo único que sé es que no sé. Así de sencillo. He aprendido que no puedo convertirme en la mejor versión de mí mismo por mí mismo.

La experiencia debe compartirse. El conocimiento debe transmitirse. El crecimiento y el dolor deben convertirse en lecciones que enseñar para evitar el dolor y crecer como comunidad. Pasé gran parte de mi infancia sobrecompensando la inseguridad de no sentirme lo suficientemente listo y, al mismo tiempo, entrenando el raro músculo de pedir ayuda. Como hombre adulto, creo sinceramente que esta combinación se ha convertido en mi superpoder; uno que el resto de los hombres puede desarrollar. Si quiero ser más listo y competente, si quiero ser mejor actor, director y emprendedor y, ni siquiera hace falta decirlo, mejor marido, padre y amigo, entonces, irónicamente, no tener todas las respuestas es algo muy bueno.

Una de mis mayores pasiones es encontrar una manera de contribuir a la forma en que las comunidades responden ante quienes no tienen hogar. Mucho antes de tener una plataforma como famoso, ya era voluntario junto a otros amigos míos en la Skid Row, el epicentro de la epidemia de indigencia de nuestra nación. Pero, a medida que crecía mi plataforma, también lo hacía mi capacidad para el activismo. Aunque mi corazón siempre ha estado con la comunidad de personas sintecho, para ser sincero, no sabía nada de las sutilezas de la indigencia, y aún menos de los sistemas de desigualdad y racismo que se combinan para producirla. Así que, cuando creamos el Skid Row Carnival of Love (El carnaval del amor de la Skid Row) a través de nuestra organización benéfica The Wayfarer Foundation, yo ya tenía grandes ideas sobre el tipo de servicios que incluiríamos en el evento para la gente de la Skid Row y estaba impaciente por implementarlos. Pero no tardé en descubrir que mis ideas, aunque llenas de buenas intenciones, no eran lo que la comunidad necesitaba. Ahí estaba de nuevo, enfrentado a dos alternativas: insistir arrogantemente en seguir con mi plan o soltar mi ego y abrirme a escuchar y a aprender de la misma gente de la comunidad a la que quería servir. Si lo miras así, la elección es muy fácil: dejar de lado mi ego, preguntar, escuchar y aprender.

Es difícil de explicar, pero he experimentado una enorme libertad al hacer preguntas y admitir lo que no sé. Tiende a tomar a la gente por sorpresa y, a veces, han llegado a mirarme como si los estuviese poniendo a prueba, como si estuviésemos jugando al póquer y la admisión de mi ignorancia fuese un engaño, una trampa, para ver si de verdad saben. Pero no es así. Y he descubierto que, no sólo me hace más accesible sino que también me hace mejor líder, uno más empático, compasivo y bueno.

El viejo mito de que un líder siempre debe saber adónde va es sólo eso, un mito. Es una mentira que ha sido transmitida durante siglos y que, no sólo nos ha limitado como género, sino también como especie. Claro que un líder siempre debería tener una visión, pero ésta debe poder ajustarse y adaptarse a las circunstancias, y un verdadero líder siempre se apoya en los demás para recibir consejos e indicaciones. Y, aunque siempre hay momentos en los que el colectivo debe apoyarse y confiar en un solo individuo (especialmente en las fuerzas armadas y en los asuntos de vida o muerte), creo que la gran mayoría de los líderes podrían beneficiarse de una perspectiva más servicial basada en las opiniones y la ayuda de aquellos a quienes están liderando.

También estoy aprendiendo que no es necesario ser siempre el líder y que a veces es mejor invitar a otra persona a explotar su talento y tomar el control. Esto no sólo te hace más capaz, sino que muestra una autoconfianza sutil mucho más fuerte que el tipo de confianza sobrecompensada que he practicado gran parte de mi vida. Desde un punto de vista empresarial, el resultado es un mejor producto y el incremento de las capacidades de tu equipo. Desde el punto de vista de la industria del entretenimiento, lleva a servir a la gente de forma más efectiva. Desde el punto de vista humano, cuando valoro lo suficiente a las personas como para saber que puedo aprender algo de todo el mundo, esto me lleva a valorarme lo suficiente como para saber que no necesito tener todas las respuestas para ser lo suficientemente listo, que hay un camino más fácil y que, cuando acallo mi ego y escucho, me siento más realizado, y conecto mejor con las personas y mis amistades.

Lo mejor de todo es que este superpoder está a disposición de cualquiera. Las mujeres lo han estado utilizando desde que son mujeres. Hay suficiente para todos y creo que, cuantos más hombres lo descubramos, más rápido cumpliremos nuestros sueños y más felices —y listos— seremos. No es ninguna coincidencia que dos de mis cómics favoritos —*X-Men* y *Los Vengadores*— sean historias colectivas de superhéroes individuales que deben juntarse por el bien de todos o para derrotar a un enemigo común. A menudo, en los cómics, como en la vida misma, las peores situaciones son provocadas por el ego y porque los superhéroes no están dispuestos a pedir ayuda. Pero la verdad es que, cuando están en una misión colectiva y trabajan juntos, son más fuertes. Si nos diéramos cuenta de que ya somos de por sí superhéroes, veríamos que nuestro verdadero poder como hombres radica en nuestra capacidad para pedirnos ayuda los unos a los otros.

CAPÍTULO CUATRO

LO SUFICIENTEMENTE SEGURO DE MÍ MISMO

La confianza en un mar de inseguridad

Si me hubieses conocido en la secundaria, es probable que me hubieses descrito con adjetivos como «engreído», «arrogante» o «prepotente». Superficialmente, era extrovertido y escandaloso y, a menudo, me decían que era un creído. Nada me dolía más que eso.

«Creído». Qué expresión más extraña. En todo caso, en la secundaria y durante gran parte de la veintena, era exactamente lo contrario a un creído. No creía en mí mismo y sólo creía en lo que hacían los demás. Copiaba comportamientos, manierismos, frases, opiniones, consejos y trucos de los chicos que percibía como seguros de sí mismos, aquellos que eran populares, atractivos, ingeniosos y que tenían capital social. Así que, cuando me llamaban la atención por parecer engreído, yo no me sentía identificado porque era muy consciente de mis profundas inseguridades y de mi falta de autoestima. Gran parte de mi personalidad era postiza y performativa.

Cuando miro atrás y reproduzco esas escenas, me compadezco de mí mismo. Los demás sólo veían a un adolescente arrogante que se metía donde no lo llamaban y hacía bromas estúpidas con cualquier cosa. Lo que no veían, lo que logré mantener en secreto, es que el mismo chico llegaba por la noche a casa agotado de fingir todo el día. Fingir que no le dolían las burlas de sus amigos, fingir que no le dolía que la chica que le gustaba sólo lo viera como a un amigo, fingir que no le daba vergüenza encontrarse restos de comida en sus aparatos después de haberlos tenido ahí todo el día, fingir que se sentía seguro de sí mismo cuando no tenía ni idea de cómo se sentía la seguridad real. Afortunadamente, tenía una madre que, por experiencia propia, sabía lo que era el *bullying*, la marginación y ser un objeto de burla, así que siempre me dejaba espacio para llorar y sentir mis emociones. Me siento muy agradecido por ella y por su capacidad de escuchar y de recordarme lo bueno que había en mí, aunque los demás no lo vieran porque yo lo escondía.

En su valiente y emotivo libro, *Untamed* (Indomable), Glennon Doyle narra en detalle un momento de su vida que había llegado a considerar no incluir en el libro y que terminó escribiendo con la esperanza de liberar a las mujeres siendo vulnerable y compartiendo partes de sí misma que, hasta entonces, había mantenido en secreto. Utiliza el término «dorados» para describir a los alumnos de secundaria que son seleccionados cada año como miembros de la corte del *homecoming**; aquellos que parecen haber nacido con un brillo más intenso que el del resto de nosotros. Doyle anhelaba tanto ser «dorada» que encontró la manera de hacer trampa para entrar en aquella exclusiva corte, el lugar que la elevaría para siempre sobre sus compañeros.

---

* NdelT: en la semana del *homecoming*, las secundarias estadounidenses nombran una «corte» formada por un rey y una reina (dos alumnos de último curso), un príncipe y una princesa (dos alumnos de un curso inferior) y, a veces, un duque y una duquesa (dos alumnos de otro curso inferior).

Basta decir que entiendo exactamente cómo se sentía. Para mí, algunos de los momentos más solitarios y dolorosos de la secundaria ocurrieron mientras repartían aquellos incómodos y terriblemente crueles formularios de nominación. Los formularios en los que toda la escuela escribía los nombres de los ocho alumnos que consideraban más atractivos, *cool*, atléticos, encantadores o bellos... los más dorados de entre nosotros. Cada año albergaba en secreto la esperanza de que alguien, quien fuera, me viera digno de estar en aquella lista. Y, sí, cada año escribía mi nombre. No porque pensara que fuese a ganar, sino porque quería que alguien, quien fuera —aunque sólo se tratara de la persona que leía y contabilizaba los votos—, viera mi nombre y supiera que alguien pensaba que era digno, que era suficiente, que era dorado. La ironía era que, si hacía esto, era porque yo mismo creía que no era suficiente, pero deseaba que alguien creyera que sí. Cada año, tras no entrar en la corte, hacía una lista mental de lo que podía cambiar, de cómo podía ser diferente, para ser nominado al año siguiente. Si fuera un poco más agradable, un poco más divertido, un poco más escandaloso, marcara más goles o batiera más récords de atletismo... Pero, cada año, seguía sin ser suficiente. Cuando me acuerdo, no puedo dejar de pensar en todos los niños que se veían obligados a sufrir esa tortura sintiéndose exactamente igual que yo, pero que, como yo, escondían sus emociones. ¿Cuántos mirábamos al de al lado pensando que era dorado y nosotros no? En un mundo en el que, al fin y al cabo, todos queremos encajar, ojalá entendiéramos que hace falta verdadera seguridad en nosotros mismos para amarnos y creer que somos suficiente. Pero entonces, yo no lo entendía, así que me ponía la armadura a diario, pieza a pieza, para crear una fachada de seguridad que hiciera mi soledad algo más soportable.

Esta fachada de arrogancia no era más que mi forma de sobrecompensar mis inseguridades, las partes de mí que me avergonzaban. La arrogancia tiende a ser un síntoma de sobrecompensación: en realidad, nadie lo tiene todo claro. El orgullo expresado de forma insana es, a menudo, un efecto secundario de la vergüenza. Créeme, me avergonzaba mucho de mi sensibilidad. El orgullo se convirtió en la armadura que me ponía cada mañana y que a veces no me quitaba ni para dormir. Quería tener el control, ser asertivo y seguro de mí mismo para poder protegerme del hombre que había debajo de la armadura: uno sensible e inseguro. Porque, si algo había aprendido, era que era imposible ser asertivo y sensible, ni confiado e inseguro.

El guión de la seguridad

A los niños se les dice desde jóvenes que deben ser independientes y seguros de sí mismos, lo que no sólo tiene un papel en cómo aprendemos a no pedir ayuda, sino también en nuestra confianza en nosotros mismos e, irónicamente, en nuestro deseo de ser aceptados por el resto de los chicos, de sentir que pertenecemos al grupo. Existe una expectativa muda de confianza que depende de nuestra capacidad para mantenernos estoicos. Para niños y adolescentes, se traduce en la práctica constante de empujar nuestras emociones cada vez más hondo, bajo la superficie, hasta dominar el arte de estar como si nada y de no perder el control. Idealmente, reprimirás tanto tus emociones que «olvidarás» que las tienes.

En mi caso, la asertividad se convirtió en el antídoto contra la sensibilidad. Por definición, ser asertivo significa «tener o mostrar una personalidad confiada y firme». Nótese que la definición dice «tener o mostrar», lo que significa que no es necesario que tengas una personalidad confiada mientras puedas aparentarla. He aprendido que gran parte de nuestro sistema de masculinidad no se basa sólo en distinguir a los chicos de las chicas, a los hombres de las mujeres, a lo masculino de lo femenino, sino también de desconectarlos. Y, en una sociedad como la nuestra, priorizamos siempre las formas de hacer masculinas. Así que los primeros mensajes no trataban sobre que, como niño, debías ser asertivo, sino más bien sobre que ser un niño significaba que no podías ser sensible.

Creo que la palabra «sensible» (en cuanto a los niños y hombres) tiende a ser malentendida. Especialmente, cuando se utiliza como insulto. Me han insultado así más veces de las que puedo recordar, tanto hombres como mujeres. La definición de ser sensible es «tener o mostrar una rápida y sutil apreciación por los sentimientos de los demás», lo que uno podría pensar que es bueno, pero desafortunadamente no lo es. Así que, en la escuela primaria, cuando mi corazón quería mostrar su tremenda ternura, era rechazado —yo era rechazado— y el mensaje quedaba claro: no iban a aceptarme si era yo mismo. Así que empecé a interpretar mi primer papel y fui probando varias máscaras para determinar cuáles eran aceptables como niño.

¿Delicado y afectuoso? Soy una niña.

¿Escandaloso y desagradable? Soy divertidísimo (a no ser que me esfuerce demasiado, en cuyo caso sólo soy un perdedor).

¿Bueno y cariñoso? Soy un niño de mamá o el chico del que otros fingen ser amigos para poder aprovecharse.

¿Distante e impasible? Soy *cool*.

Esto último siempre me resultó confuso. Cuanto más igual pareciera darte todo, cuantas menos emociones tuvieras, más te valoraban y más misterioso parecías, no sólo a las chicas, sino también a los chicos. Cuanto más parecieran importarte las cosas y más emociones tuvieras, menos te valoraban (a no ser que taparas tus emociones con humor y te rieras de ti mismo o de otros). La valía estaba directamente ligada a la aceptación, y yo estaba desesperado por ser aceptado.

Si tu meta principal es ser aceptado por tus compañeros, formar parte del famoso «club de los chicos», entonces lo peor que te puede pasar es ser percibido como un traidor a los niños y hombres que ya forman parte de él. Cuando entiendes esto, ser aceptado en el club es bastante sencillo: limítate a hacer lo que hacen los demás y sigue los guiones de masculinidad que se han transmitido durante generaciones. Pero lo que no nos dicen es que el precio de admisión es alto, tanto que te costará una de tus necesidades más básicas, no sólo como hombre, sino también como ser humano: la conexión.

El club de los chicos

Cuando la gente o los medios hablan del «club de los chicos», el término tiende a referirse a la cultura masculina dominante en empresas u organizaciones. Es la fraternidad universitaria, el bar deportivo, la fuente de agua en la oficina, el vestuario, la cueva del hombre. Pero, últimamente, ha adquirido un peso político: las áreas profesionales eminentemente masculinas, los eventos, las actividades y los grupos ya no son sólo cosas, sino que también son cosas malas. Muchos hombres interpretan este juicio de valor como un ataque individual a cada uno de nosotros en lugar de como una crítica a esta cultura, así que puedo entender por qué les duele.

Cuando aparecen estos sentimientos, debemos escucharlos y preguntarnos de dónde vienen. Estas emociones son reales e, incluso si vemos las cosas de forma distinta, debemos tratar de ver la otra cara de la moneda. Que las mujeres sean las únicas que apoyan y defienden un movimiento que busca implicar y apoyar a los hombres es como si un árbol cayera en el bosque y sólo discutiéramos si ha hecho o no ruido.

Éste es uno de los motivos por los que no me gusta el término «masculinidad tóxica». No me parece que sea constructivo porque está demasiado politizado y, además, no creo que toda la masculinidad sea tóxica. Es como si dijera «si me gusta este comportamiento, es "masculinidad sana" y, si no me gusta, es "masculinidad tóxica"». No podemos seguir poniendo a todos los hombres en el mismo saco y etiquetarlos de «tóxicos». De hecho, muchos de nosotros reconocemos que sufrimos de una serie de problemas que hemos ayudado a crear y que, a menudo, terminamos siendo tanto víctimas como verdugos. Sólo que, hasta ahora, no habíamos tenido las herramientas necesarias para verlo o denunciarlo.

Las dinámicas del club de los chicos se dan tanto en empresas como en patios y vestuarios de todo el país. Lo que estoy llamando «club de los chicos» no es más que el universo mental de los lugares de reunión masculinos, donde se implantan, representan, imponen y heredan los mensajes culturales de lo que debe ser un niño y un hombre en nuestro mundo. El club de los chicos es donde se toman las decisiones sociales, donde se marcan los estándares y donde se distingue a quienes están dentro de quienes están fuera. Es donde aprendes y determinas tu valor como chico y, llegado el momento, como hombre.

Claro está que todos estos guiones, normas y expectativas son implícitos. No hay ningún portero del club que te dé un papel con los protocolos al entrar y te haga firmar un contrato por el que estás sujeto a una serie de acciones e inacciones. Todo esto se aprende a través de tus vivencias y al observar las experiencias de otros miembros del grupo, viendo cómo se comportan el resto de los hombres en contextos sociales o familiares. Es como el club de la lucha. No hablas de él, ni lo mencionas, y, gran parte del tiempo, ni te das cuenta de que existe. Por eso es tan peligroso.

¿Qué hace que un chico sea valioso para el grupo? ¿Qué nos permite la admisión en el club de los chicos y a la cultura masculina? Las dinámicas de aceptación son las mismas en muchos contextos, sin importar nuestros intereses u opiniones políticas y sociales. En el lugar y la época en los que me crié, se te valoraba si eras atlético, alto, grande, musculoso, muy divertido o si aparentabas una escandalosa seguridad en ti mismo; en otras palabras, si eras el «alfa», el chico que el resto de los chicos querían ser. También había lugar para ti si seguías ciegamente al grupo y estabas dispuesto a correr riesgos por él; es decir, el «beta», el chico que nadie quiere ser pero que es necesario para reafirmar el poder del alfa, para mantener al grupo, para legitimarlo y asegurarse de que no termina siendo una parodia o un peligro. Todo líder necesita seguidores, ¿no?

Es tu poder lo que determina tu posición y tu valía. Es tu capacidad para dominar, sea físicamente —en los deportes o como forma de intimidación—, verbalmente —haciendo reír a los demás o reivindicando tu posición humillándolos— o siendo sólo un seguidor y capacitador que alimenta el ego de los líderes del grupo.

No tardé en descubrir que existía una forma concreta de hablar si pretendía recibir la solidaridad del grupo. Aprendí que, si quería que me aceptaran, a veces tenía que decir cosas con las que no estaba de acuerdo moral y físicamente ¿Cuál era la forma más fácil de identificar que algo no iba bien? El nudo de mi estómago. Siempre he sabido diferenciar el bien del mal, lo que no significa que siempre haya hecho caso. Creo que la mayoría de los hombres, y de las personas, saben reconocer lo que está bien y lo que está mal, y saben cuándo están en una zona gris. El problema es que nos entrenamos —a nosotros y entre nosotros— para ignorar estas señales físicas y emocionales y no alzar la voz. Cuando notamos el aumento de la presión en la boca de nuestro estómago pidiendo a gritos que protestemos, pero decidimos ignorarla, nos educamos poco a poco para ignorar nuestra intuición y nos anestesiamos contra futuras injusticias. En la escuela, cuando me burlaba de alguien (generalmente a sus espaldas) o cuando hablaba de la talla de sujetador, del trasero o de las piernas de una chica (sin duda, a sus espaldas), ganaba capital social. Y, aunque me sintiera mal por ello, la recompensa del grupo me validaba más que hacerles caso a mis tripas. Este patrón persiste hasta mucho después de la escuela y nos persigue hasta casi cualquier grupo o entorno masculinos. Cuando he ignorado mi brújula moral con tal de conseguir validación externa y de no ser excomulgado del grupo, me he entrenado para ignorar la injusticia a cambio de validación social. Estas recompensas pavlovianas son peligrosas, pues nos acercan al pantano de la cultura masculina, donde prospera la ambigüedad moral y las recompensas se obtienen por la fidelidad al grupo. Así que, cuando era escandaloso, molesto, sexista y parecía confiado, cuando era duro y agresivo, cuando no era más que «un chico comportándose como un chico» y cuando dejaba claro que mi fidelidad estaba con mis hermanos, encajaba, me valoraban, me veían y, como resultado, me aceptaban más.

Sin embargo, mientras aprendía que había una forma correcta de hablar, también aprendía inconscientemente que había una forma errónea de hablar. Como ya hemos comentado, no se puede hablar de sentimientos y en ningún caso puede pedirse ayuda, pero hay más cosas que no pueden decirse. No puedes protestar por lo que diga o haga otro hombre, especialmente si está por encima de ti en la cadena alimenticia porque, si no tienes nada más a tu favor, al menos puedes participar en el grupo si sigues la corriente y dejas que los autoproclamados líderes hagan lo que quieran, si eres solidario y sólo te metes en tus asuntos. Y la forma implícita en que funciona nuestro club es que, cuando juras fidelidad, mantienes este comportamiento siempre y cuando la persona a quien hagan daño no seas tú. Es una gran estafa. No es sólo el emperador quien va desnudo, sino todos nosotros. Todos estamos desnudos y asustados. Es como esa escena en *El mago de Oz* en la que Totó aparta la cortina para descubrir al timador, que es el mismo mago. «¡No presten atención al hombre detrás de la cortina!» quizá sea una de las frases más famosas de la historia del cine. Y, probablemente, muchos de nosotros queramos gritarla. Algunos cada día.

Cierra el pico

Tanto en la secundaria como en la universidad, la gente sabía que no bebo y, por lo tanto, me invitaban a todas las fiestas sólo porque podía hacer de chófer para mis amigos (lo que era mi forma de seguir aportando valor al grupo sin enfrentarme al ostracismo de ir en contra del guión). A menudo me sentía incómodo y fuera de lugar, pero tampoco era difícil integrarme siendo algo más escandaloso de lo normal, hablando algo más despacio y sosteniendo un vaso con una bebida que pudiera parecer alcohólica, aunque en realidad fuese Sprite con jugo de arándanos. Ojalá tuviese una máquina del tiempo para decirme que lo que me hacía impopular entonces es lo que me hace *cool* ahora. No puedo contar la cantidad de hombres a los que he conocido que se están rehabilitando y desearían no haber empezado nunca a beber, o la gente joven que, por algún motivo, ha decidido no beber y que tienen más confianza en su elección sabiendo que yo no bebo. ¿No es curioso cómo algunas de las decisiones que tomamos de adolescentes, las que son impopulares y hacen que se burlen de nosotros, terminan siendo las cosas que nos hacen interesantes, únicos y atractivos de adultos?

Recuerdo una fiesta de la secundaria en particular en la que uno de mis compañeros de equipo le fue infiel a su novia delante de mí. Me consideraba buen amigo de ambos y todavía recuerdo el conflicto moral que se formó en mi estómago, la carga y la incomodidad de lo que lo vi hacer. Estaba emputado y molesto, pero me sentía impotente. *¿Lo paro? ¿Le digo algo? ¿Lo aparto y le recuerdo al muy imbécil que tiene novia?* Entonces, empecé a justificarlo. *¿Y si no es lo que parece? ¿Quizá han roto y no me he enterado? Sólo es un beso, así que no es para tanto, ¿verdad?* Mi mente recorrió todos los escenarios y resultados posibles y terminé haciendo lo que hace la mayoría de los hombres jóvenes: me quedé callado. En aquel momento, en una cadena de pensamientos conscientes e inconscientes, decidí, incluso si no hubiese sabido verbalizarlo, que era mejor cerrar el pico que darle la espalda a mi amigo y compañero y ser visto como un traidor a mi género.

Así que no dije nada porque, aún más de lo que quería ser un buen amigo y una buena persona, no quería perder el poco valor que podía tener en el grupo. Al día siguiente, vi a mi amigo y a su novia agarrados de la mano en la escuela. Si tuviese que recrear aquel momento en una de mis películas, sería así:

INT. SECUNDARIA SOUTH MEDFORD. DÍA.

SUENA «TIME OF YOUR LIFE» DE GREEN DAY.

En un mar de estudiantes, vemos a Justin andando solo. Un poco más adelante, ve a Parker. No han hablado desde la fiesta de la noche anterior. Un grupo de estudiantes le bloquea la visión, pero puede ver a Parker riéndose. Volvemos a Justin y la escena pasa a cámara lenta. Se revela que Parker está con Jessica. Se ríen y parecen enamorados. Ella le entierra la cabeza en el pecho en el momento en que él levanta la vista y mira a Justin a los ojos. Cuando se acerca, cruzan las miradas. La cara de Parker lo dice todo: «No viste nada». Justin se da cuenta de que Jessica le sonríe. No es consciente del pacto silencioso que acaba de cerrarse. Volvemos a Justin cuando frena. Se da la vuelta. ¿Va a decir algo? Agacha la cabeza. Suena el timbre. Termina la cámara lenta. Justin cambia de opinión y va a clase. Hoy no es día para ser un héroe.

Aunque no se haya firmado ningún contrato, ni se hayan entregado manuales, los chicos jóvenes y los hombres conocen las reglas. Y las reglas no se rompen. Ambos éramos chicos, ambos éramos hombres. Y los hombres cierran el pico.

En su revolucionario libro *Boys & Sex* (Los chicos y el sexo), la periodista y escritora *bestseller* del *New York Times*, Peggy Orenstein, cuenta una historia parecida que le relató uno de los cientos de chicos y jóvenes a los que entrevistó. Durante su segundo año de secundaria,

Cole formaba parte del equipo de remo y escuchó a uno de sus compañeros de último año hablar de cómo se acostaba con otras chicas a espaldas de la que se suponía que era su novia. Cole y otro compañero de equipo de segundo le dijeron que dejara de hacerlo e incluso empezaron a explicarle por qué estaba mal. La respuesta del otro fue reírse. Al día siguiente, otro de los veteranos del equipo hizo comentarios sexistas sobre su exnovia. Cole no dijo nada, pero el amigo que había hablado el día anterior volvió a protestar. Este patrón continuó, con su amigo alzando la voz y Cole callando. Seguro que imaginas cómo terminó aquello. Como era de esperar, Cole contó que: «Se veía que mi compañero ya no les caía tan bien a los otros miembros del equipo. Y también dejaron de escucharlo. Es como si se hubiese gastado todo su capital social intentando detener los comentarios sexistas. Y, mientras tanto, yo estaba demasiado asustado como para gastarme el mío, así que me sobraban montones».

Estas escenas se desarrollan de cientos de formas distintas en oficinas y salas de reuniones, en sets y en estudios, en pasillos de la escuela y en vestuarios de todo el mundo. Cada día. Sabemos que debemos impedirlo, pero no lo hacemos. ¿Qué mensaje les enviamos a los *bullies*? Que está bien. Que nos parece bien. Que no nos interpondremos en su camino. ¿Y el mensaje que les enviamos a sus víctimas? Que no valen la pena. Que no vale la pena arriesgar nuestra posición en el grupo por ellas.

Como chicos, estamos socializados para creer que nuestra valía, nuestro valor, se determina en base a nuestra solidaridad y lealtad para con el resto de los chicos, pero en nuestra búsqueda de pertenencia, terminamos siéndole fieles al guión de la masculinidad, no a los hombres. Y, ¿quién es el primer hombre al que le somos desleales en este proceso? A nosotros mismos.

Creo que cerrar el pico es en realidad una forma de cerrar el corazón. Se trata de ignorar el valor en nuestras tripas que nos permite ser valientes, aventureros y correr riesgos. Gran parte del discurso de los movimientos a favor de la masculinidad tradicional consiste en que los hombres deben hacer oídos sordos y creer en sí mismos, que deben seguir su instinto. Y estoy totalmente de acuerdo con eso. Pero, al mismo tiempo, también se nos dice que sólo podemos seguir nuestro instinto cuando no entra en conflicto con las normas de la masculinidad y cuando no nos pide que denunciemos el comportamiento de nuestro propio género. Lo que implica que, al adherirnos al «código masculino», estamos ignorando el nudo en nuestros estómagos, la presión en nuestros pechos y la voz, fuerte y segura, pero silenciosa, que nos avisa de que algo es injusto. Cuando nos desconectamos de esto, nos estamos desconectando de una parte de nosotros mismos muy real, humana y biológica. Es esta acción, la práctica continua de la desconexión, lo que permite que la deshumanización de otras personas (el abuso, la cosificación, las injusticias) se normalice.

En el momento en que, como niños, se nos empieza a socializar para enterrar nuestros sentimientos, empezamos a perder la capacidad para conectar profundamente entre nosotros. Es el mismo momento en que la fascinación por el club de los chicos empieza a permear las conexiones sociales de verdad y cuando el tipo de amistad que queremos, que necesitamos como seres humanos, empieza a ser posible sólo a costa de nuestra masculinidad. Y, en nuestro mundo, el mensaje más claro es el que dice que nuestra masculinidad vale más que nuestra humanidad. Es como si, cientos de veces al día y miles de veces al año, de formas grandes y pequeñas, se pidiera a los chicos que escogieran entre su masculinidad y su humanidad. Y, aparentemente, la masculinidad tiene todas las recompensas —los carros, el dinero, la fama, la admiración, el sexo, la aparente aceptación, la pertenencia y la confianza—. ¿Y el otro lado? Bueno, podremos sentir que hemos hecho lo correcto, aunque no tengamos amigos.

Esto no puede ser.

Hay también otra barrera para la amistad entre hombres. No es sólo que, si admitimos vulnerabilidad o debilidad, si nos abrimos de verdad y compartimos lo que sentimos, si mostramos nuestra dulce y tierna humanidad, vayamos a ser rebajados uno o dos escalones en la jerarquía masculina (y eso si hay suerte) o excomulgados completamente del grupo social (si no hay tanta suerte), sino que hay algo en la misma idea de ser «estadounidense» que exige soledad, que dice que un hombre debe hacer lo que debe hacer. Y lo que debe hacer es imitar al vaquero solitario cabalgando hacia el horizonte, incluso si eso le rompe el corazón. Cuando nos elevamos triunfantes como hombres, casi siempre nos imaginamos solos.

La fuerza de la masculinidad

Si la ternura, la amabilidad y la delicadeza se asocian a la feminidad, entonces cualquier cosa dura, firme (inserta risa de chico adolescente) y contundente termina asociada con la masculinidad. De nuevo, para distinguir, desconectar y disociar a los hombres de las mujeres. Cada día, vemos cómo se representa la fuerza de la masculinidad de formas distintas, muchas de las cuales, desafortunadamente, no conocía hasta convertirme en marido y, más adelante, en padre.

Por ejemplo, por muy inocente e ignorante que suene, no tenía ni idea de que es bien sabido entre las mujeres que, a menudo, los hombres nos sentamos de forma que ocupamos más espacio del que nos corresponde, lo que también se conoce como *manspreading**. Esto es cuando un hombre se sienta con las rodillas muy abiertas, ocupando más sitio del que necesita. Antes de reírte o excusarlo, piensa que se

---

*   NdelT: Juego de palabras entre «man» (hombre) y «spreading» (expandir).

convirtió en un problema tan grande para los viajes en metro que, cuando la Metropolitan Transportation Authority de Nueva York creó anuncios para animar a los viajeros a ser más cívicos, uno de los comportamientos a los que se referían era el *manspreading*.

Otro ejemplo es que, en general, cualquier mujer sabe que los hombres no se apartan en la vereda. Y lo saben porque han tenido que apartarse las suficientes veces del camino de un hombre que iba hacia ellas para no chocar sin que él hiciera además de moverse. Incluso se publicó un artículo en la revista *New York* que hablaba del experimento social que realizó una mujer en el Financial District de la ciudad, que consistió en no apartarse de los peatones al andar y en el que terminó placada por hombres cada día. Tras la publicación del artículo, el *hashtag #manslamming** fue utilizado en Twitter por mujeres que compartieron sus experiencias con el experimento. Aunque esto no pueda ser calificado de investigación sociológica, no deja de ser revelador ver cómo se ha condicionado a las mujeres para apartarse y a los hombres para ocupar espacio allá donde estén sin preocuparse por los demás.

Esto me dejó sin palabras. A lo largo de mi vida, ¿cuántas veces habré ocupado demasiado espacio sin darme cuenta, haciendo que las mujeres se apartaran de mi camino? Este baño de realidad ha sido un importante factor de crecimiento en mi vida. Ahora equiparo mi relación con estos baños a la que tengo con mi entrenador personal. ¿No es curioso que pague encantado para que alguien opine y me aconseje sobre cómo muscularme mejor pero que, gran parte de mi vida como hombre, que alguien opinara sobre mis acciones o palabras me incomodara instintivamente y me pusiera a la defensiva? Esto tiene un lado bueno: que esta incomodidad es la que me avisa de que tengo que pararme a escuchar. Hace poco aprendí que, si cambio la relación que tengo con las opiniones ajenas y no me las tomo como

---

* NdelT: Juego de palabras entre «man» (hombre) y «slamming» (golpear).

algo personal (véase, como un ataque) y, en su lugar, las enfoco como una forma de ayudarme a ser un mejor hombre, amigo, humano, etc., entonces, no sólo soy capaz de escucharlas mejor, sino que puedo tomármelas como un desafío y aplicar lo que me dicen. Este cambio de perspectiva puede haber sido uno de los pasos más importantes de mi crecimiento personal.

Como hombres, no sólo ocupamos agresivamente el espacio en los metros y veredas, sino que también lo hacemos en las conversaciones y en los juzgados. Un estudio de la Universidad George Washington descubrió que los hombres interrumpen un 33% más a menudo cuando hablan con una mujer que cuando su interlocutor es otro hombre. Otro estudio llevado a cabo por investigadores de la Northwestern Pritzker School of Law se centró en las interrupciones en el Tribunal Supremo. En 2015, con tres juezas y seis jueces, el 65% de las interrupciones las sufrieron mujeres.

Las pruebas en los lugares de trabajo son todavía más convincentes. Prácticamente todas las mujeres que conozco tienen alguna anécdota relacionada con haber hecho una sugerencia en una reunión, que un hombre repitiera lo que habían dicho y que todo el mundo le adjudicara la autoría a él. Los estudios en los lugares de trabajo muestran consistentemente que la confianza en sí mismos de los hombres —y su bravuconería— los ayuda a ascender más deprisa (así que no es sólo porque sus supervisores y superiores son hombres también). Por ejemplo, si trabajas en una oficina y quieres un ascenso, quizá descubras que el puesto al que aspiras requiere que cumplas con seis requisitos. En general, se ha observado que una mujer dirá: «Bien, cumplo con cinco de los requisitos, así que voy a tener que trabajar en el sexto». Un hombre, por su parte, dirá: «Oye, cumplo con tres de los requisitos. Con eso basta» y se presentará al puesto. Lo que es otra forma de decir que las mujeres siguen las reglas y que los hombres creemos que podemos saltárnoslas, que no nos afectan o que están hechas para romperse. Yo también soy culpable de este tipo de comportamiento y, a menudo, salgo beneficiado sin darme cuenta. La confianza en uno mismo —o la apariencia de confianza— es a menudo premiada en nuestra sociedad.

Lo más fácil para mí sería quitarles importancia a estas investigaciones o ponerme a la defensiva sobre sus resultados. De hecho, sería incluso más sencillo reaccionar con apatía y seguir con mi vida ignorándolas porque me benefician. Pero en este viaje, mi pregunta recurrente es: «¿Por qué?». Forma parte del camino del que he hablado antes, el que me ayuda a ser consciente de las intenciones tras mis actos. Al mismo tiempo, esta pregunta sencilla también me invita a pensar críticamente y, como hombre, a responsabilizarme de lo que me corresponde asumir y de lo que me corresponde cambiar.

Estos estudios resuenan conmigo porque mi esposa Emily me ha llamado la atención una y otra vez por cómo la interrumpo y no la escucho. El problema con este comportamiento es que, como los hombres llevamos toda la vida haciéndolo, y como lo hemos aprendido de otros chicos y hombres, normalmente no somos conscientes de cuándo lo hacemos. Ser recompensados por hablar alto y ser escandalosos para hacernos escuchar casi siempre es a costa de hablar por encima de alguien y acallar sus ideas. Pero, como rara vez nos ponen en nuestro sitio, no percibimos este comportamiento durante gran parte de nuestras vidas y, cuando es mencionado, nos resulta sencillo quitarle importancia porque es una situación excepcional y no un comportamiento regular que debamos modificar. No me di cuenta hasta que Emily empezó a sonar como un disco rayado y a llamarme agresivamente la atención cada vez que lo hacía. Y, el mero hecho de que se viera obligada a ponerse agresiva al decírmelo sólo para que le prestara atención es algo grave. Y, si me comporto así con la mujer a la que más quiero en el mundo, no dudes de que hago lo mismo inconscientemente con el resto de las mujeres con las que interactúo. Recientemente, he escuchado comentar a algunas de mis más queridas amigas que demasiadas mujeres sufren comportamientos similares a diario en sus relaciones personales y profesionales con los hombres a su alrededor. ¿Por qué hace falta que las mujeres en nuestras vidas se enfaden, se pongan agresivas o estallen para que percibamos su frustración? Lo más irónico de esto es que su reacción a no ser escuchadas hace que las tildemos de «emocionales», «agresivas», «pendejas» o «histéricas», y todavía más cuando la reacción la tiene una mujer de color.

Volviendo a las interrupciones, a menudo Emily y yo estábamos teniendo una conversación normal y se me ocurría algo o me surgía una opinión sobre lo que estaba diciendo MIENTRAS lo decía, así que empezaba a hablar por encima de ella como si mi opinión, pensamiento o idea fuese más importante, válida o apropiada. Esto es demencial y, sin embargo, está tan normalizado que se ha convertido en algo que las mujeres esperan en lugar de ser un comportamiento raro del que puedan quejarse. Irónicamente, en cuanto Emily me lo hizo entender, ¡empecé a darme cuenta de que lo hacía EN TODAS PARTES! Fue como si hubiese estado viendo en blanco y negro toda la vida y, de golpe, pudiese ver los colores. No importaba dónde estuviera; en la oficina, en un set, en una reunión o tomando algo con amigos, me descubría CONSTANTEMENTE sintiendo la necesidad de interrumpir tanto a desconocidos como a seres queridos.

Tan pronto reparé en ello, pude empezar a investigar cómo corregirlo y me di cuenta de toda la gente (en su mayoría mujeres) a la que había hecho sentir silenciada durante mi vida con mi ruidosa e intrusiva voz. Esa vergüenza me invitó a ser empático con cómo hacía sentir a los demás y me ayudó a ser más consciente de cuándo otros hombres o yo hacíamos esto. Y ahora, aunque sigo interrumpiendo ocasionalmente, soy mucho más sensible a cuando me ocurre y, a menudo, lo noto por mí mismo y me disculpo inmediatamente. También hago todo lo que puedo por, como dice mi buen amigo Tony Porter, «llamar la atención» a otros hombres cuando los veo tener comportamientos similares. He descubierto que la mejor manera de hacerlo es después del incidente, en privado y usando mis propias dificultades como ejemplo. Los hombres no soportan que se les llame la atención, y menos cuando lo hace otro hombre, pero, si se enfoca como una invitación en lugar de como una amenaza, nuestro nivel de defensa baja de un diez a un cuatro. Sin embargo, por mucho que cambie mi relación con estos comentarios y me los tome como una oportunidad de ser mejor, sigo equivocándome. Me equivoco cada día. Y también me sigo equivocando con el *manspreading*. Lo sé porque, la semana pasada, Emily tuvo que apartarme de ella y recordarme que había un metro entero de espacio vacío en el sofá. (Esto es una acumulación de miles de momentos a lo largo de los últimos nueve años en los que he descubierto que soy un hombre bastante grande sin prácticamente ninguna conciencia espacial). Y, aunque a veces la atosigo porque quiero sentirme cerca de ella, gran parte del tiempo es sólo porque soy como un perro adulto que cree tener el tamaño de un cachorro. Pero, en lo que respecta a interrumpirla, al *manspreading* o, sencillamente, a ocupar espacio, si hago esto en casa, con la persona a quien más quiero y respeto, entonces, como he dicho antes, estoy seguro de que también lo hago fuera. De hecho, cuando empecé a compartir más publicaciones *online* contra las actitudes del sistema de la masculinidad en nuestra cultura, mi mujer me desafió: «Si vas a hablar de ello y estás dispuesto a ser visto como un modelo a seguir, entonces también debes estar dispuesto a ser completamente sincero y hablar de cómo no vives según ese modelo».

En ciertos aspectos estoy tratando de romper con el molde de la masculinidad —ser emocionalmente inteligente, consciente de mis sentimientos y capaz de verbalizarlos—, pero, en otros, todavía sigo siendo tremendamente inconsciente y privilegiado en mi forma de ser. Por ejemplo, a veces Emily y yo estamos hablando o discutiendo y, aunque comparto cómo me siento, lo hago siendo asertivo y abrumador en mi manera de comunicarme. Ocupaba —y a menudo sigo ocupando—demasiado espacio en nuestras conversaciones, sin darle a ella el sitio que merece. Hago esto interrumpiéndola y escuchándola sólo a medias porque, mientras habla, yo ya estoy pensando en lo que voy a responder. Entonces, cuando me llama la atención por no escucharla, me limito a repetir palabra por palabra lo que acaba de decir para «demostrar» que la he oído, que tengo razón. Digo esto no como alguien que ha descubierto un «truco» para superarlo, sino porque la verdad es que todavía no lo he superado.

Aunque he aprendido a escuchar considerablemente mejor que cuando nos casamos, todavía se me da fatal. Así que soy consciente de que esto es un viaje y que todavía estoy en proceso. Pero estoy aprendiendo (a mis treinta y tantos) que oír y escuchar a alguien no es lo mismo. La oía, pero a menudo no dejaba que sus palabras entraran lo suficiente en mí como para computar a menos que supiese sin lugar a duda que estaba equivocado. Con que hubiera un 50% de probabilidades de que estuviera equivocada, entonces me volvía sordo. Así que he aprendido que mi objetivo no debe ser oír, sino escuchar. Convertir un comportamiento pasivo en uno activo. Escuchar implica ser capaz de tomar lo que alguien dice, aunque sea incómodo, aunque no estés de acuerdo, y ser capaz de procesarlo, asumirlo y dejar claro que has entendido tanto las señales verbales como las físicas. Si quieres que te dé el truco o el atajo más fácil para aprender a escuchar, aquí lo tienes: cuando alguien esté hablando, míralo, intenta que sea a los ojos, y haz todo lo que puedas para que tu lenguaje corporal le demuestre que estás escuchando. Entonces, cuando la persona HAYA TERMINADO de hablar, respira y contesta. Ah, y si alguna vez te encuentras en una conversación intensa sobre ti o tu comportamiento, por favor, de verdad, resiste la tentación de defenderte y, cuando hayas escuchado, muestra que lo has entendido todo. A veces, lo único que necesita oír alguien que te quiere es «te entiendo». Ahí lo tienes. Es sencillo, amigo (en teoría, pero es mucho más complicado en la práctica). Mira a los ojos, escucha, entiende y habla. Esta secuencia, si la practicas, te cambiará la vida y, aún mejor, también las vidas de la gente a la que quieres. Escuchar de verdad es uno de los mayores regalos que podemos hacerle a la gente que nos importa y, a menudo, nos quedamos cortos a la hora de hacerlo.

Parte de la fuerza de la masculinidad, y algo que los hombres hemos sido condicionados para pensar, es que el desacuerdo puede ser un ataque potencial a nuestra identidad como hombres. Es como si hubiésemos construido un personaje fuerte, impenetrable y poderoso, pero que, en el fondo, supiésemos que es como un castillo de naipes que la brisa más suave puede desarmar. Así que lo defendemos incluso antes de ser atacado. En lugar de reconocer el desacuerdo como otro punto de vista, es mucho más fácil levantar nuestras barreras, encender el piloto automático y defender no sólo nuestra idea, sino nuestra propia masculinidad. Lo vemos como una grieta en nuestra armadura. Y, en mi caso, todo se reduce a la seguridad, pues mi inseguridad —mi falta de confianza en mí mismo— forma parte de los motivos por los que me pongo la armadura. Necesitaba una forma de parecer duro y resistente porque sabía que, debajo, mi corazón es ridículamente delicado y que los mensajes de la masculinidad expulsan en cuanto pueden a nuestra delicadeza.

Si nuestro corazón es demasiado delicado, somos demasiado emotivos, somos débiles: no somos hombres.

Si nuestro pene no está duro, no se mantiene duro el tiempo suficiente, somos débiles: no somos hombres.

Si nuestra confianza no es asertiva y abrumadora, somos débiles: no somos hombres.

A medida que profundizo en mi aparente confianza, a medida que me pregunto «por qué» una y otra vez —¿por qué interrumpo? ¿por qué necesito decir lo que estoy a punto de decir?— me vuelvo más consciente de mi asertividad y de cómo, a menudo, existe una fina línea entre ser asertivo y ser un cabrón. Me encuentro en el lado cabrón de la asertividad cuando ésta no tiene en cuenta a los demás.

Así que, básicamente, soy un cabrón cuando mi asertividad no es también sensible.

La fuerza de la sensibilidad

Si ser sensible consiste en tener en cuenta los sentimientos de los demás, pero como hombres nos enseñan lo contrario en lo que respecta a los nuestros, no es ninguna sorpresa que a menudo me haya costado entender cómo pueden coexistir en mí la asertividad y la sensibilidad. ¿Cómo puedo llevar mi resistente armadura y, al mismo tiempo, abrazar el poder de mi ternura innata? ¿Cómo puedo ser un CEO o un líder y mantenerme empático y compasivo? Toda la vida me han dicho que los tipos buenos siempre pierden y que, en los hombres, se confunde la amabilidad con debilidad. Pero esto no es más que otro de los mensajes que debemos *desdefinir*. Así que quizá éste sea el punto de partida: ser conscientes de cuán jodidamente poderosa es la sensibilidad y recontextualizar los mensajes que nos han dicho que los hombres no podemos encarnar, no podemos aceptar, esta forma de poder. Debemos reenfocar los mensajes que nos dicen que el poder debe ser duro, rígido e inamovible, los mensajes que nos dicen que «le echemos huevos» o que no seamos unas nenas cada vez que nos ablandamos.

Parémonos a diseccionar esto. «Échale huevos» o «ten cojones» se han convertido en expresiones para evocar el valor, el poder, la fuerza y la confianza que (aparentemente) son inherentes a tener testículos. Son frases tan aceptadas en nuestra cultura que incluso las mujeres las usan para animar a otras mujeres a ser valientes. Es la referencia a la anatomía masculina equivalente a «no seas tan *pussy**». No seas sensible. No seas débil. Échale huevos. Sé duro, sé

---

*   NdelT: en inglés, «pussy» es una forma de referirse a la vagina. En algunos contextos, también se utiliza de forma peyorativa para llamar a alguien «cobarde» o «débil».

fuerte, sé asertivo. El cómico y presentador de *The Daily Show*, Trevor Noah, desmontó de forma divertidísima las tonterías de estas expresiones cuando rechazó salir a beber por segunda noche consecutiva y sus amigos le dijeron que no «fuera tan *pussy*». De esta situación, en el que quizá es mi momento favorito de *The Daily Show*, Noah dijo «Cuando alguien me dice esto, le contesto "¿Te das cuenta de lo impresionante que es una vagina? ¿Tú entiendes lo fuerte que es?". Los humanos salimos de una vagina. Un humano sale de ahí y luego sigue funcionando como si nada. ¿Se dan cuenta de lo impresionante que es eso? Una persona sale de una vagina. Y la vagina sigue operativa. Sigue funcionando. Después de que un humano haya salido de ahí. ¿Me están diciendo que es débil? Si basta con sentarte mal en un pene para romperlo. "No seas un pene", esa debería ser la expresión. Ya me gustaría ser un *pussy*».

Dejando de lado que las expresiones que ligan nuestra masculinidad percibida con nuestro género excluyen la experiencia de las personas trans y no binarias, ¡tampoco tienen sentido! Físicamente, nuestros penes y testículos son increíblemente sensibles y un golpe dirigido a ellos es un método a prueba de fuego para derrumbar al hombre más fuerte y grande. Pero, fuera de broma: la sensibilidad de nuestro pene, es decir, cada una de sus cuatro mil terminaciones nerviosas, que hace tan dolorosos los golpes, es también lo que hace que el sexo sea una jodida maravilla. Además, nuestros testículos, que son donde producimos el esperma y la testosterona, son también irónicamente la parte más frágil y delicada de todo nuestro cuerpo. ¿Ves por dónde voy? Sin la sensibilidad, nos perderíamos los beneficios del placer físico. Y las mismas cosas que nos hacen a los hombres supuestamente duros también resultan ser la parte más frágil y sensible de nosotros. Para ser justos con el cuerpo de la mujer, el clítoris tiene el doble de terminaciones nerviosas que el pene y es mucho más resistente. Esto probablemente sea material para otro libro, pero vale la pena subrayar que el poder y la sensibilidad pueden coexistir en nuestros cuerpos físicos, y que, en nuestra naturaleza biológica, el poder es sensibilidad. El desafío que tenemos los hombres es, pues, reenfocar los mensajes que nos dicen que la sensibilidad es debilidad y permitirnos apoyarnos es nuestras zonas más delicadas y dejar que nos revelen su verdadero poder.

Ahora trato de pensar en la sensibilidad y la asertividad como en la oposición de abrumar contra empoderar. Si lo que estoy a punto de decir o hacer tiene la intención de abrumar, entonces es probable que esté en el lado «cabrón» de la asertividad, pero, si mi intención es empoderar, entonces estoy siendo asertivo y sensible. Ésta era la diferencia entre mi padre y yo cuando era pequeño y resentía su lado sensible y emocional. Había aprendido a abrumar mis emociones —a ponerme la armadura y no sentirlas— y pensaba que eso era lo que me hacía un hombre fuerte. Sin embargo, mi padre había aprendido a empoderarse a través de sus emociones —a bajar la guardia y sentirlas— y, en realidad, ésa era una de sus mayores fortalezas como padre, marido y hombre. ¿Es entonces inevitable que él sienta más dolor? Sí. Pero también siente más felicidad, alegría, paz, satisfacción, amor y gratitud. Si renunciamos a, o suprimimos, o tapamos con una armadura nuestra sensibilidad, nos perderemos inevitablemente lo que tiene de bueno: la comunidad, la satisfacción, la liberación y, quizá lo más importante, la conexión con otras personas, con otros hombres y con nosotros mismos.

Amigos sin filtros

Hay muchas investigaciones sólidas sobre el impacto de las conexiones sociales en nuestro bienestar. Una de sus investigadoras más prominentes, la doctora Niobe Way, resume sus amplias conclusiones diciendo que: «La neurociencia, la psicología del desarrollo, la antropología evolutiva, la primatología y la investigación sanitaria están de acuerdo en que los seres humanos necesitamos y queremos relaciones estrechas, incluida la amistad, y que, si no las tenemos, se producen serias consecuencias para la salud física y mental».

En lugar de presentarte un artículo de investigación o de limitarme a resumir las conclusiones de los expertos para convencerte de tener amistades estrechas con otros hombres, deja que te diga lo que pienso. Creo que, en el fondo, seamos adolescentes en la secundaria u hombres de negocios de sesenta años, deseamos la amistad de otros hombres. Claro que es un problema complejo que no tiene una respuesta sencilla, pero no creo que haga falta que nos convenzan de los beneficios para la salud física de tener a alguien a quien llamar cuando todo se va a la mierda y necesitamos ayuda. No hace falta que nos expliquen las consecuencias científicas de tener (o de no tener) amigos que te cubran las espaldas, con los que pasar un tiempo significativo que invite al crecimiento, a la camaradería y a la aceptación. Creo que podemos ser muy sinceros con y entre nosotros y admitir que por supuesto queremos tener buenos amigos, que el problema no es la falta de deseo, y ni siquiera el sistema invisible que existe para evitarlo. El problema es que no sabemos hacer amigos, especialmente si son otros hombres.

Antes de seguir, quiero dejar algo claro. Muchos hombres tienen amigos y, aunque existen excepciones a la norma, muchas de estas amistades tienden a estar en un extremo: o son superficiales y se basan sólo en intereses comunes —los deportes, la política, los videojuegos, el póquer, el trabajo, la escuela de los niños o la bebida—, o son muy profundas y se basan en la ayuda, el trauma compartido, el dolor o la pérdida, como los muchos hombres en el ejército que han luchado en las trincheras y se han jugado la vida por nuestra libertad. En estos casos, las situaciones que han vivido juntos han creado el tipo de vínculo que el resto de nosotros anhela desesperadamente. Pero no deberíamos tener que ir a la guerra o salvarle la vida a alguien para forjar una amistad y confianza irrompible.

Esto vuelve a tener que ver con lo que nos enseñan que significa ser un chico en nuestra sociedad. Aunque percibo cambios positivos en la forma en que se socializa a las nuevas generaciones para conocerse mejor y estar más conectadas con sus emociones, mi experiencia me dice que gran parte de mi generación y de las anteriores no hablaban de nada más allá de los intereses comunes como los deportes y los videojuegos. No nos es fácil hablar de nuestros problemas con nuestras relaciones, de nuestra salud mental o ansiedad o de los cambios personales a los que nos enfrentamos. Es que apenas se acepta estar triste por la muerte de tu abuela. Los mensajes de «cierra el pico» que nos hacen callar cuando otro hombre se pasa de la raya son los mismos que hacen que no digamos nada cuando necesitamos ayuda, a un amigo o a un compañero.

Deep Secrets (Secretos profundos), el libro de la doctora Niobe Way, cuenta una historia interesante. Constata que los niños tienen amistades estrechas hasta los ocho, nueve o diez años. Lo comparten todo y hablan de las cosas que de verdad importan. Pero las pierden sobre los trece o los catorce años y, para cuando ella habla con ellos alrededor de los diecisiete, recuerdan con cariño esas amistades, pero también le dicen que han dejado de tenerlas. Algo pasa cuando llegan a la pubertad o a la adolescencia. No es biológico, sino que el miedo a ser visto como débil, dependiente y vulnerable nos hace empezar a actuar delante del resto de los chicos como si no sintiéramos lo que sentimos. Llegamos incluso a sacrificar nuestras amistades a cambio de la aceptación de hombres de los que ni tan sólo somos amigos y a cambio de impunidad y protección. Ése es uno de los motivos por los que siempre me ha parecido más fácil mantener buenas amistades con chicas. Por muy complicadas que sean las adolescentes, estar con ellas siempre me pareció mucho más sencillo que estar con otros hombres. Ahora sé que las mujeres tienen su propia versión de esto, pues el abuso, el control y la humillación existen en todas las esferas sociales, pero para mí, las amistades femeninas eran espacios sagrados en los que podía mostrarme tal como era y ser sincero sin arriesgarme a ser humillado o a que me hicieran *bullying*.

Como soy un tipo sensible, me gustaba hablar y disfrutaba escuchando. Esto también cumplía con una necesidad esencial que tenía: conectar con mi corazón, compartir lo que estaba viviendo y escuchar que alguien más estaba pasando por lo mismo que yo. Creo que las chicas y mujeres pueden tener amistades estrechas sin arriesgar su feminidad porque la socialización alrededor de ésta incluye las conexiones emocionales. Literalmente, se criaron rodeadas de señales sociales que las validaban y las animaban a juntarse en grupos y compartir sus sentimientos. Los chicos y hombres, por su parte, deben escoger entre su masculinidad —los mensajes que nos dicen qué debemos hacer para ser lo suficientemente hombres y cómo es el hombre ideal— y nuestra necesidad humana de conectar con otras personas más allá de nuestros intereses comunes. Demasiado a menudo no elegimos nuestra necesidad de conexión, lo que creo que, literalmente, nos está matando.

En 2018, el año más reciente del que disponemos de datos mientras escribo esto, los hombres son 3,8 veces más propensos a suicidarse que las mujeres. Los hombres blancos representan casi el 70% de los suicidios y la tasa de suicidio más alta es entre los hombres de mediana edad, seguida de cerca por la categoría de hombres mayores de 65 años.

Es probable que alguien cercano a ti, o tú mismo, se haya visto afectado por otro hombre que se haya quitado la vida. Perder a un amigo o a un ser querido por culpa del suicidio es una de las experiencias más dolorosas y confusas imaginables. Deja un vacío en las familias que no podrá volver a llenarse y una vida entera de lamentos que acostumbran a empezar con: «Si tan sólo hubiese…». Cuando yo tenía veintidós años, mi primo Scott se suicidó. Era el único hijo de mi maravillosa y encantadora tía, y mi único primo varón. Su muerte desató una ola de confusión, conmoción y culpabilidad en toda mi familia. Como mucha gente que pierde a alguien por un suicidio, pasé por todas las fases habituales del duelo, pero, no importa cuántos años hayan pasado, todavía desearía haber sabido cuánto estaba sufriendo. Quizá sólo tenía veintipocos años, pero a lo mejor podría haber hecho algo. Estar con él más a menudo y decirle que lo quería, que no estaba solo. Pero no sabía nada porque Scott, como muchos hombres en todo el mundo, no había aprendido a pedir ayuda cuando tenía problemas o se sentía deprimido. Muchas veces, los hombres ni siquiera saben que están deprimidos o que pueden estar padeciendo alguna otra enfermedad mental.

Este también fue el caso de mi amigo Kevin Hines, quien intentó quitarse la vida saltando desde el Golden Gate en el año 2000. Hines es una de las únicas veintinueve personas que han sobrevivido los cuatro segundos que se tarda en caer los casi setenta metros hasta las turbulentas y frías aguas de la bahía. Incluso hoy, Kevin se encuentra en «un continuo viaje de sanación y recuperación. En cuanto empecé a ser consciente de, y honesto con, el dolor en mi cerebro, empecé a sanar. Aprendí que el dolor compartido es menos doloroso. Las pruebas científicas muestran que hablar de tus batallas interiores con alguien empático que te escuche activamente ayuda a aliviar el dolor. Veinte años más tarde, estoy decidido a no volver a reprimirlo».

Siento mucha compasión por los hombres que sufren en silencio, algunos de los cuales preferirían morir, como sugieren estas estadísticas, a decirle a otro hombre (o a cualquiera) que están sufriendo. Muchos hombres sufren por cosas absolutamente normales, sin embargo, sienten que su experiencia es anormal. Suframos de adicción o de recaída, hayamos descubierto que somos infértiles o perdido nuestro trabajo, o no nos hayamos acostado con nuestra pareja en un mes, o en seis, o en años, a veces el dolor de sufrir en silencio puede ser peor que el mismo dolor. Siento mucha compasión por aquellos hombres porque a ninguno de nosotros nos han dado permiso para mantener estas conversaciones, ni las herramientas para saber cómo tenerlas.

Así que es normal que nuestras amistades, si las tenemos, sean poco profundas. Y es normal que sigamos sufriendo en silencio. Estamos haciendo exactamente lo que nos han enseñado.

Pero tengo buenas noticias. Creo que las cosas están cambiando. Estamos llegando al punto en que el precio es demasiado alto. Estamos viendo cambiar las cosas en todo el mundo. Estoy viendo a adolescentes lo suficientemente valientes como para decir: «Esto ya no funciona». Cada vez que un joven se me acerca y me dice que vio mi charla TED, me entran ganas de llorar. De hecho, mientras escribía este capítulo, pasé por lo que me gusta llamar «un brote pasajero de duda» y me pregunté si alguien, y menos un hombre, estaría abierto a leer este libro y a abordar estos comportamientos. Dios opera de formas increíbles y, en ese momento preciso, recibí un mensaje directo inesperado en mis redes de quizá uno de los músicos jóvenes más famosos del mundo (a quien no conozco personalmente) sólo para decirme que había visto mi charla TED y que lo había inspirado a ponerse en contacto con las mujeres en su vida para abrir un diálogo sobre las formas en que puede convertirse en un hombre mejor. Me contó que, en el mensaje que les ha enviado a estas mujeres, pidió abiertamente perdón por los momentos inconscientemente insensibles y hambrientos de poder que él y otros hombres habían tenido. Y, para su sorpresa, las respuestas que recibió expresaron rotunda gratitud, pues ellas se sentían profundamente emocionadas por su voluntad de abrirse y de ser vulnerable.

El mero hecho de que un joven como él, con la capacidad de influir en decenas, sino cientos, de millones de niños y hombres jóvenes, se tomara la molestia de escribirme para decirme que estaba implementando un cambio en su vida, me dio la esperanza de que, quizá, la siguiente generación de hombres estará abierta a este libro y a estas ideas. La mayoría de los hombres, a pesar de que nos animen las mujeres en nuestras vidas y/o nuestras parejas, también necesitamos el apoyo de otros hombres con quienes anhelamos una conexión. Por esto, a lo largo de los últimos años, los miles de mensajes que he recibido de niños y hombres que nunca han sentido que tenían un lugar en la sociedad porque no encajaban con la descripción de lo que es un hombre son los mensajes que me han hecho seguir adelante. Y cuando, como en este último caso, les hago sentir que no están solos, ellos hacen lo mismo por mí: me recuerdan que, cuando sufro, no estoy solo. Y quizá los mensajes más importantes que recibo son los que me envían algunos de mis mejores amigos, los que, a lo largo de los últimos años, y ahora, han hecho un esfuerzo consciente para cambiar su deseo de capital social por su necesidad de conexiones sociales.

Los hombres queremos amistades profundas. Es sólo que no sabemos cómo tenerlas.

Las frías aguas de la conexión

Durante el verano de 2017, invité a mi amigo, el doctor Kimmel, sociólogo especializado en estudios de género, a participar en un capítulo de *Man Enough*. Entonces, subrayó la importancia de crear el tipo de espacios en los que los hombres se sientan lo suficientemente seguros y confiados como para alzar la voz y compartir sus experiencias. Un espacio en el que puedan estar seguros de que lo que digan no será usado en su contra. Así que, aunque no voy a pedirte que invites a otro tipo a tomar el té, sí te diré que, si queremos cultivar este tipo de amistades —las que van más allá del partido, el trabajo o la copas, las que significan algo y cumplen con una necesidad que, literalmente, nos mantiene con vida— debemos empezar a sentirnos cómodos en la incomodidad. Tendremos que arriesgarnos, hacer cosas por primera vez y decir cosas que nunca habíamos dicho. Se sentirá incómodo, extraño y, a veces, incluso doloroso. Ameritará esfuerzo y dedicación, pero valdrá la pena.

Me gusta imaginármelo como una zambullida en agua fría o como uno de los cientos de baños de hielo en que hundí las espinillas después de los entrenamientos de fútbol y atletismo en la secundaria. Zambullirse en agua helada es una mierda. Lo odio. Es incómodo, duele y, si mi cuerpo o mi mente se sienten débiles o estresados, es literalmente lo último que me apetece hacer. Pero es una práctica que me ha sido tremendamente útil durante el último año y que se ha convertido en una parte integral de mi vida. A veces, tardo horas en convencerme de hacerlo, pero, cuando lo logro y ya estoy en el agua, me encuentro con mi dolor de frente, me doy espacio para sentirlo y respiro hasta derrotarlo. Al otro lado del miedo y del dolor se haya la felicidad. Sentir cómo mi cuerpo se adapta y mi mente se sobrepone al dolor me ayuda a notar los beneficios. Y, cuanto más tiempo llevo con esta práctica, más cómodo me siento en la incomodidad, pues sé que la recompensa vale la pena. Pero eso no significa que sea fácil.

En un libro personal y con el que es tremendamente fácil identificarse, *Yo era un c*brón amargado*, mi amigo John Kim revela cosas de su propio viaje de autodescubrimiento y de las herramientas que adquirió por el camino. Presenta esto en forma de «los síes y los noes hacia la masculinidad». ¿Uno de los síes? Participar en «citas entre hombres». Nos dice que no lo hagamos raro, que mezclemos actividades con conversaciones honestas y que lo hagamos a menudo. Para mí esto es ir a hacer deporte o a encestar con uno o dos amigos, pero dejar el tiempo suficiente como para platicar sobre nuestras vidas. Esto se complica cuando tienes hijos, pero, como en un matrimonio, nuestras amistades también necesitan cuidados. Aunque limites la conversación a un momento breve mientras estiras (y, sí, amigo, por favor, estira; a nadie le gusta un deportista de fin de semana lesionado). Para mí, es cuestión de decirle a un amigo que venga a entrenar conmigo, pero también de preguntarle cómo está su corazón. A menudo, consiste en que comparta cómo me siento primero porque, como hemos dicho antes, le estamos dando permiso a la otra persona cuando mostramos y compartimos nuestra vulnerabilidad, nuestros problemas y dificultades (no tienes por qué preguntar literalmente cómo está su corazón, aunque es una pregunta que yo sí que les hago a mis amigos).

He descubierto que la parte más difícil de la conexión es enviar el primer mensaje o hacer la primera llamada para intentar encontrar la ocasión de conectar. Cuando estoy en un momento en el que necesito apoyo o consejo, o el oído de alguien que me conoce y que me pondrá en mi sitio en lugar de darme la razón, o cuando quiero pasar tiempo de calidad con un amigo, se me pueden ocurrir cientos de excusas o motivos para no decir nada, como cuando no quiero entrar en el agua helada. Siempre hay alguna forma de justificar no hacer algo que sabemos que será bueno para nosotros.

Pero he prestado la atención suficiente para saber que, si consigo hacer el esfuerzo de contactarlos, casi siempre vale la pena.

Muy bien, ya has conquistado lo más difícil. Has llamado y tienen un plan para verse, pero ¿ahora qué? ¿Cómo enfocas tener una conversación intencional para conectar con él? Te sumerges. Te zambulles en el frío y te quedas en el agua. Aunque sea una mierda y quieras salir, te quedas dentro. Echas mano de todas esas cualidades que te hacen hombre y te portas como uno de la maldita mejor manera posible, abriendo tu corazón y tratando de establecer una conexión con otros hombres. Sintiéndote cómodo en la incomodidad. Es bueno ser el primero en compartir algo que te está haciendo sufrir, o algo en lo que dudas, o una discusión que acabas de tener con tu pareja. Aquí es donde uso la vergüenza como brújula interna. ¿Qué me avergüenza en la vida? ¿En qué me siento inferior? Ahí es donde debo sumergirme.

Así que quizá digo: «Mano, me he estado sintiendo fatal por lo ocupado que he estado últimamente y creo que me estoy perdiendo muchísimas cosas con mis hijos y mi esposa y me está pasando factura. ¿Tú cómo lo haces?». La conversación puede empezar de muchas maneras, pero puedo decir con seguridad que siempre incluirá hacer preguntas conscientes. Trato de mostrar vulnerabilidad ante otros hombres para que sepan que, por decirlo de alguna forma, las aguas son seguras. Es muy probable que lo que esté compartiendo tenga algún paralelismo con sus propias vidas. No tiene nada de malo hablar de deportes o del partido para romper el hielo, pero no puede ser la única conexión en la que nos apoyemos. Si las conversaciones superficiales se convierten en el centro de nuestra amistad, se vuelve todavía más difícil e incómodo compartir cosas más profundas. Espera la incomodidad, pero no la juzgues. Dale espacio. Carajo, si quieres, puedes bromear sobre la incomodidad, pero sigue adelante. El doctor Kimmel me contó que, en el caso de hombres de edad madura como él, una forma instantánea de conectar es preguntarles sobre su padre. Sean cuales sean las preguntas, lleve adonde lleve la conversación, empieza a trabajar en normalizar los sentimientos, las emociones y el deseo de amistad, sin olvidar que no se trata de ser perfectos, sino de conectarse. Y, si te pareces a mí y a los amigos que he hecho en la vida, entonces sabrás que son a menudo las imperfecciones las que cultivan las conexiones más profundas.

Para terminar, como dice Kim sobre estas citas entre hombres, «tenlas a menudo». Pero estas citas no siempre tienen por qué incluir conversaciones intensas y profundas. De hecho, uno de mis mejores amigos me ha llamado hace poco para recordarme que, en mi búsqueda de conversaciones incómodas y difíciles, he empezado a olvidarme de estar presente para la diversión y la ligereza que también necesitan las amistades. Me ha pedido que recuerde llamar a mis amigos no sólo para ver cómo están y hablar sobre algo profundo e importante, sino también para no hablar de nada en particular. A veces estoy tan centrado en crecer, o en solucionar problemas o en convertirme en la mejor versión de mí mismo, que necesito recordatorios como éste porque también puede encontrarse oro en la supuesta vacuidad y simplicidad de las amistades masculinas. Las amistades, como nuestros cuerpos, carros o casas, o como cualquier máquina que utilicemos, necesitan mantenimiento. Necesitamos alimento y movimiento para hacer funcionar el cuerpo. Necesitamos combustible para hacer funcionar nuestros carros, además de cambiarles el aceite y hacerles revisiones regulares. Llevamos a cabo este tipo de mantenimiento para que sigan funcionando eficientemente y sin problemas. Utilicemos el mismo principio para cultivar y mantener el tipo de amistades que traen felicidad, verdadera satisfacción y dan sentido a nuestras vidas. Las amistades que, como mínimo y como máximo, nos mantienen con vida.

Todo es un músculo

Algo que sé con seguridad es que me encanta todo lo que tenga que ver con entrenar, los deportes y estar en forma. Me gusta superar mis límites y mis ganas de mover el cuerpo, de sudar, de forzar mis músculos y alimentarlos para que crezcan van acordes con quien soy, independientemente de las fuerzas sociales que hayan contribuido a mis inseguridades y al diálogo negativo que tenga con mi cuerpo. El movimiento y el deporte siguen haciendo maravillas por mi salud mental y siempre me han ayudado en mi voluntad de profundizar en otras áreas de mi vida. Intento utilizar la misma voluntad que tengo para mantener mi cuerpo para entrenar también mi mente, para comprobar mi salud mental y emocional con la misma regularidad (o, al menos, con la misma consciencia) que mi salud física. A los hombres se nos enseña a ser, o a parecer, seguros de nosotros mismos, pero no se nos muestra cómo desarrollarnos, o cómo conocernos a nosotros mismos. Opinión impopular: no puedes creer en ti mismo si no sabes nada de ti mismo. La seguridad sin un sentido del «yo», sin una conciencia de uno mismo, es falsa y performativa. Quiero encontrar una forma de apoyar este sentido del «yo» en algo real para que la expresión externa de seguridad se base en revelar lo que hay en mi interior, en lugar de ser una fachada para ocultarlo.

Así que empecé a trabajar en cultivar un sentido del «yo», a preguntarme cómo soy en realidad, qué me gusta de verdad, y qué es artificial y performativo. Desafortunadamente, esto no era un curso *online* de seis semanas o un diario personal terapéutico para escribir los fines de semana (sobre los que no tengo nada en contra) y tampoco era algo que empezara a hacer conscientemente, sino más bien una práctica continua que invita a mis pensamientos y a mis acciones a ser conscientes, a ver qué me activa y qué me mantiene en marcha. Esta clase de cambio voluntario de estilo de vida no conlleva una evolución que pueda apreciarse en fotos del antes y después. Es profundo, interno y extremadamente personal, y el crecimiento tarda en notarse, lo que no es fácil para alguien como yo. Soy un velocista. Estoy hecho de fibras de contracción rápida. La lentitud me frustra. Me gusta muscularme rápido y me gusta notar los cambios en mi cuerpo sobre la marcha. Estoy hecho para correr a toda velocidad, no durante largas distancias, y mi mentalidad siempre ha ido por este camino.

Uno de los primeros obstáculos a los que me enfrenté cuando empecé con esto es mi armadura de arrogancia y la sensibilidad y la inseguridad que escondía. Miro hacia atrás e, incluso en mis épocas más blindadas, puedo ver cómo mi sensibilidad flexiona los músculos. Fue ella quien me dio la idea de hacer una serie documental sobre gente con enfermedades terminales y sobre personas sintecho. Fue ella la que me llevó a dedicar mi vida y mi carrera a acortar las distancias entre el éxito, el servicio y la fe. Mi sensibilidad es la causante de que Rafael sea un personaje tan querido, y es también el motivo por el que empecé el Skid Row Carnival of Love. Creo

que es la responsable de prácticamente todo mi capital social y mi
éxito. Mi sensibilidad siempre ha estado ahí, sólo que no es un músculo que haya ejercitado regularmente. Joseph Campbell enseña
que lo que nos hace diferentes y nos pone en peligro de aceptarnos,
a menudo es nuestro superpoder o nuestra dicha. Las películas de
Frozen son un ejemplo perfecto (bien hecho, Disney). Lo mismo
que provocó el destierro de Elsa terminaría convirtiéndose en su
mayor don y en un activo para su gente. Y, como Elsa, cuando logré
abrazar mi sensibilidad, empezaron a pasar cosas increíbles. Como
por arte de magia, se abrían puertas que me llevaban *mucho más
allá.* (Este chiste malo va dedicado a todos los padres que están
tratando de quitarse la canción de la cabeza y a mis hijos, que quizá
algún día lean esto. Cuando ese día llegue, sólo sé una cosa: todavía
tendré esa canción en la cabeza).

Curiosamente, escribo este capítulo con una lesión en el cuádri-
ceps. Ojalá tuviese una buena historia para explicar qué me ha pasado,
pero creo que, en el mundo real, parte de hacerse mayor consiste en
lesionarse de formas muy mundanas y sencillas. También creo que
acumulo mucho estrés en el cuerpo y que mis traumas emocionales
se manifiestan en él en forma de heridas, lesiones y tirones muscula-
res. El hecho es que, cuando me pasa algo así, hago todo lo necesario
para recuperarme. Descanso, camino de otra forma, llevo algún tipo
de soporte y hago dolorosos ejercicios con mis tejidos profundos. Si
hago algún gesto que lo empeora, reajusto mi postura. No puedo fingir que no estoy lesionado o que no me duele porque físicamente no
puedo moverme sin una cojera que me lo recuerde. Creo que podemos
basarnos en el mismo principio fuera de nuestros cuerpos físicos. A
medida que nos conocemos mejor, descubrimos las partes de nosotros
que necesitan rehabilitación, que las atendamos y que nos invitan a
hacer cambios si no queremos seguir cojeando toda la vida.

¿Y si estos rasgos de confianza, inseguridad, asertividad, sensibilidad y demás fueran como los distintos músculos de nuestro

cuerpo y sólo nos hubiesen enseñado a entrenar unos pocos? Es como tener un pecho ancho y seguir ejercitando continuamente los pectorales sin hacerles caso a los músculos de la espalda. ¿Sabes qué pasa entonces? Que terminas con mala postura y totalmente inestable. Claro, tendrás un pecho increíble, pero nadie lo verá porque estará tan contraído que tirará todo hacia adelante. Y muchos hombres tampoco ejercitan sus piernas, pues tienden a centrarse sólo en los músculos visibles. Y, sí, yo también he pasado por esa fase. Nuestros músculos están hechos para trabajar juntos con tal de asegurar un movimiento fluido y equilibrado, pero, cuando trabajamos en exceso un grupo muscular, el dolor y las lesiones son prácticamente inevitables.

Creo que nuestra identidad como personas opera de forma similar. Nuestra sociedad ha tomado todos nuestros rasgos humanos, o músculos, y los ha colocado en un eje entre lo masculino y lo femenino. Entonces, según nuestra anatomía física (o, para el 1% de la población que ha nacido intersexual, según el género que nos hayan asignado al nacer), se nos educa para hacer más grandes y fuertes ciertos músculos (o para que lo parezcan) cuando, en realidad, nuestra fortaleza sólo es óptima cuando los ejercitamos todos.

Los músculos faciales son controlados por los circuitos emocionales del cerebro y hay investigadores que han estudiado estos músculos en hombres y en mujeres para medir su reactividad emocional. En una investigación, colocaron electrodos en el músculo de la sonrisa, el músculo cigomático, y en el de la ira y el ceño fruncido, el músculo corrugador, y midieron su actividad eléctrica cuando los participantes veían imágenes emocionalmente provocativas. El estudio descubrió que los hombres eran más emocionalmente reactivos que las mujeres en la primera quinta parte de un segundo. En otras palabras, cuando el reflejo todavía era inconsciente. Pero, en cuanto llegaba el momento del procesamiento consciente, los hombres se volvían menos reactivos y las mujeres más. ¡Me parece increíble! Sus resultados sugieren que los hombres pueden ser tan sensibles, si no más, que las mujeres, pero que nos hemos entrenado para disfrazar, desactivar o desinflar estos músculos. Y, si es el sistema emocional de nuestro cerebro el que los controla, esto refuerza la teoría de que hemos sido entrenados para anestesiarnos o desconectarnos de nuestras emociones. Pero hay un lado bueno: creo que, si nos han entrenado para hacer esto, podemos entrenarnos para deshacerlo.

Todas las anteriores

He introducido estos conceptos de confianza en uno mismo, de amistad y del ruido y el silencio masculinos en un solo capítulo porque creo firmemente que, hasta que no logremos humanizarnos de una forma que deje sitio a nuestra necesidad de conexión social (que no capital social) y a nuestra necesidad de expresar sentimientos y emociones, no podremos empezar a hacer lo mismo con los demás. Y, cuando empecemos a humanizarnos entre nosotros, las formas en que hemos deshumanizado a otras personas —el hablar mal de ellos, el no alzar la voz cuando alguien critica a otro, el cosificar a las mujeres, el callarnos ante la injusticia— se volverán más obvias y crearán una mayor disonancia cognitiva.

Al hablar con miles de hombres, tanto en persona como por redes sociales, he descubierto que muchos de nosotros vamos por la vida con lesiones internas bajo nuestra armadura. Hombres que me parecían muy seguros de sí mismos me han confesado sus profundas inseguridades. Jóvenes con los que he tenido el honor de hablar en universidades se sienten desconectados de sus corazones y no saben cómo reconciliar sus emociones humanas con las limitadoras expectativas culturales de la masculinidad, especialmente en las fraternidades. Se espera que escojamos entre ser seguros o inseguros, entre ser asertivos o sensibles, entre ser emotivos o ser hombres. Pero ¿y si todo esto no es mutuamente excluyente?

¿Y si podemos ser seguros e inseguros?

¿Y si podemos ser asertivos y sensibles?

¿Y si podemos ser hombres y ser personas con sentimientos y emociones?

¿Y si la respuesta no es A, B o C? ¿Y si la respuesta es D, «todas las anteriores»? (No estoy orgulloso de esto, pero la segunda vez que tomé mis exámenes SAT me rendí a la mitad y marqué D, «todas las anteriores», en todas las preguntas que me faltaban. Saqué un 980, la misma puntuación que la primera vez que lo intenté, cuando me leí cada pregunta).

A medida que he intentado empezar a apreciar mi sensibilidad innata, a ser sincero sobre mis inseguridades, a conocerme como persona y a tener en cuenta —y responsabilizarme de— mis pensamientos y acciones, he descubierto que me siento más auténticamente seguro de quien soy. Ya no se trata de mi orgullo inflando un falso sentido del «yo» en un intento por desinflar la vergüenza que siento, sino el saber que el sistema que crea esta vergüenza es defectuoso y no mi masculinidad o mi humanidad. Es desde ahí que siento la responsabilidad y el desafío de cambiar el sistema, de recontextualizar y retrabajar los mensajes que nos hacen sentir limitados y que nos definen.

Quiero que los hombres sepan que no necesitamos ser escandalosos, abrumadores, asertivos, interruptores y performativos para ser percibidos como confiados y seguros de nosotros mismos. Quiero que los hombres sigan aprendiendo, que sepan que podemos ser empoderados, asertivos y sensibles, seguros e inseguros, hombres que escuchan y que hablan, que son conscientes de los sentimientos de los demás y que los honran y que hacen lo mismo con los suyos propios; hombres seguros y con consciencia comunitaria. Quiero que los hombres sepan que todos somos humanos bajo la armadura de la masculinidad y que los humanos son D: «todas las anteriores».

> *El verdadero poder masculino es dual: un poder que fortalece tanto nuestra autonomía como nuestra comunión, un poder que es duro y tierno, penetrante y fluido, concentrado y panorámico. Un poder que alinea la cabeza, el corazón y las entrañas. Este poder, sea cual sea su intensidad, no abusa. Protege lo que necesita protección. Saca a relucir lo mejor del hombre, apoyándolo cuando lucha por algo por lo que debe luchar, sin olvidar su corazón. El verdadero poder masculino no necesita demostrar nada, sino sólo apoyar el vivir una vida más profunda, una vida de autenticidad, cuidado, pasión, integridad, amor y conciencia.*
>
> —DOCTOR ROBERT AUGUSTUS MASTERS

CAPÍTULO CINCO

LO SUFICIENTEMENTE PRIVILEGIADO

La verdad sobre mi racismo y mi privilegio blanco y masculino

Debes superar el miedo a enfrentarte a lo peor de ti mismo. En su lugar, deberías temer al racismo no identificado. Teme a la idea de que, ahora mismo, podrías estar contribuyendo a la opresión de otras personas sin saberlo. Pero no temas a quienes sacan a la luz esta opresión. No temas la oportunidad de ser mejor.

—IJEOMA OLUO

Si el título, o la cita, de este capítulo ya te han dado flojera, déjame decirte dos cosas: Primero, que lo entiendo, pues hubo un momento en que lo hubiese hecho conmigo, y, segundo, que voy a hablar de esto de todas formas. De verdad, lo entiendo. Sé cuán politizada y polarizada se ha vuelto la palabra «privilegio». Pero, si descubres que te incomoda el uso que hago de esta palabra en el capítulo, entonces espero que te plantees usar las herramientas de los capítulos anteriores para superar esta sensación y preguntarte por qué. Esto no se trata de políticas partidistas (aunque podría argumentarse que todo es inherentemente político), esto trata de humanidad y de asumir que mi propia visión del mundo y mis comportamientos han hecho daño a gente que quiero y han contribuido a un mundo donde la desigualdad y la injusticia campan a sus anchas.

En un libro principalmente basado en la vulnerabilidad y la transparencia, sería negligente no admitir que este fue el último capítulo que escribí, aunque lo sitúe hacia la mitad del texto. Acabo de terminar de escribir casi ochenta mil palabras en las que he mencionado de vez en cuando el color de mi piel, principalmente, para reiterar que mi historia —este libro— está escrita desde mi perspectiva de hombre blanco. Pero en ningún momento me he zambullido de verdad en el racismo sistémico ni, por supuesto, en mi racismo personal, que ha tenido mucha influencia en mi historia y en mi socialización.

Entonces, el 25 de mayo de 2020, en medio de una pandemia global en la que gran parte de la población estaba confinada, George Floyd, un hombre afroamericano, fue asesinado por agentes de la policía en Minneapolis. Aunque el señor Floyd esté lejos de ser la primera persona negra asesinada por la Policía, la respuesta colectiva de la gente blanca ante su asesinato, en Estados Unidos y en todo el mundo, fue distinta. Se ha dicho que 2020 trataba de, por fin, ver las cosas con claridad y, para muchos blancos como yo, ver al señor Floyd ser asesinado por un policía mientras otros miraban sin hacer nada fue suficiente para entender que, quizá, ha habido y sigue habiendo un problema mayor, y que formamos parte de él. Me vi obligado a observar el verdadero motivo por el que no había respondido con la misma indignación ante el resto de los asesinatos, por qué no había usado mi voz y el megáfono del que dispongo para el antirracismo de la misma forma en que lo había usado en contra del sexismo. ¿Qué había en mí que escogió ignorar este problema de la misma forma que muchos hombres ignoran su masculinidad socializada? ¿Por qué, como bahá'í que cree en la erradicación de todos los «ismos» y que se aferra a las palabras de Bahá'u'lláh «Sois todos los frutos de un solo árbol y las hojas de una sola rama», no había abordado antes esto en mí mismo y en el mundo? ¿Por qué estaba tan dispuesto a estar «cómodo en la incomodidad» respecto a mi masculinidad, pero tan poco respecto al racismo y al privilegio blanco?

Es mi trabajo, mi responsabilidad, mi deber, no sólo encontrar las respuestas a estas preguntas, sino también utilizar los recursos disponibles para educarme y blandir el inmerecido poder que se me ha otorgado como hombre blanco para ayudar a cambiar el sistema y hacerlo más igualitario para todos.

La interseccionalidad es integridad

Por primera vez en más de treinta y cinco años, reconozco que mi socialización como hombre no puede separarse de mi socialización como blanco, y que ser capaz de separarlas durante tanto tiempo es un privilegio del que siempre me he beneficiado. De hecho, es parte de por qué tengo la plataforma que tengo, de por qué soy capaz de producir y dirigir películas, actuar en Hollywood y escribir este libro. En otras palabras, el sistema no sólo me beneficia porque soy un hombre, sino también porque soy un hombre blanco (por no decir un hombre blanco cisheterosexual, funcional y de clase media). Como dijo Nico Juárez, un actor mexicoamericano de ascendencia tsotsil, al compartir su historia en el libro de Liz Plank *For the Love of Men* (Por el amor a los hombres): «La raza modifica fundamentalmente la masculinidad. Debemos entender la masculinidad como un asunto profundamente racial».

Ha sido sólo durante los últimos años que he aprendido que

existo en áreas entrecruzadas de privilegio y que, por lo tanto, debo usar ese privilegio para abogar por aquellos al otro lado del espectro. Esto forma parte de algo llamado «interseccionalidad», un término que lleva más de tres décadas siendo utilizado por activistas y organizadores de la lucha por la igualdad y la equidad.

Kimberlé Crenshaw, profesora de Derecho en UCLA y en la Columbia School of Law, acuñó el término «interseccionalidad» en 1989 en un artículo que trataba de casos legales que incluían tanto problemas de discriminación racial como de género. Crenshaw describe la interseccionalidad como «un lente a través del que puedes ver de dónde proviene el poder y dónde choca, se conecta y se cruza. No es sólo que esto sea un problema de raza, y esto otro uno de género, y lo de más allá uno de clase o de la comunidad LGBTQ. Muchas veces, utilizar esta perspectiva borra lo que les ocurre a las personas que pertenecen a todos estos grupos».

En otras palabras, no puedo escribir un libro, vivir con integridad y hablar abiertamente de la confrontación con mi masculinidad sin luchar al mismo tiempo contra mis sesgos, prejuicios y discriminaciones raciales, que coexisten en mi socialización en esta cultura. No puedo aprender sobre cómo el sexismo y la desigualdad de género me han beneficiado a costa de las mujeres, las personas trans y las personas no binarias sin educarme también sobre cómo el racismo y la desigualdad racial me han beneficiado a costa de las personas negras, indígenas y la gente no blanca.

Tengo mucho que aprender. Tengo mucho que desaprender. Este capítulo es sólo una aproximación a un trabajo personal que no ha hecho más que empezar y, como el resto de este libro, nunca terminará, pues mis conocimientos nunca estarán completos. Y, como sólo es una aproximación, me centraré en el impacto que el racismo y mi posición como blanco tienen en la comunidad negra, pues esto es lo que estoy aprendiendo ahora, sin olvidar que este impacto va más allá y alcanza a las comunidades indígenas y al resto de la gente no blanca. Cada comunidad tiene su propia intersección con el racismo y con los blancos y, a decir verdad, todavía no he trabajado lo suficiente en lo privado y personal sobre las comunidades indígenas u otras comunidades no blancas, así que todavía no puedo hablar desde el conocimiento y la integridad. Incluso al escribir en este capítulo sobre lo que he aprendido, temo que probablemente lo revise en uno, cinco o diez años (de hecho, cualquier parte de este libro) y me dé cuenta de que he dicho algo ofensivo o ignorante. Al mismo tiempo, prefiero enfrentarme a ese miedo y, como dice la escritora y conferenciante Ijeoma Oluo, temer a mi propio racismo no identificado y a la idea de que ahora mismo yo pueda estar contribuyendo a la opresión de otras personas, de seres queridos, de mi propia familia, sin ni siquiera darme cuenta.

No veo el color

Kay y yo nos hicimos amigos a través de nuestra fe compartida. Ella es una mujer negra que encarna las palabras de 'Abdu'l-Bahá cuando dice: «Eres como la pupila del ojo que, aunque oscura en su apariencia, es la fuente de luz que revela el contingente del mundo». Desafortunadamente, como les ha pasado a muchas mujeres negras, el profundo impacto de Kay en mi descubrimiento del privilegio, el racismo y la justicia racial tuvo un precio. Un precio que ella nunca debería haber tenido que pagar.

Poco después de casarme con Emily, un pequeño grupo de seis de nuestros amigos volamos de Los Ángeles a Nashville, Tennessee, para asistir a una boda. Kay era una de ellos. No sólo era la única mujer negra del grupo, sino también la única persona negra de toda la boda. El casamiento fue bello y divertido, y los recién casados se regocijaron en la alegría de estar rodeados de sus seres queridos. Tras la celebración, los seis nos fuimos juntos a explorar la vida nocturna de Nashville. En cuando entramos en el carro, Kay rompió a llorar. Había ocurrido algo en la boda sin que nos diéramos cuenta, que la había lastimado mucho. Y el hecho de que ninguno de nosotros hubiese prestado suficiente atención como para percatarse de que estaba incómoda y dolida lo empeoró. Al llegar a la ceremonia, cada invitado había recibido un programa con una bolsita y la instrucción de lanzar sus contenidos a los recién casados de camino al altar. En algunas bodas, se lanzan burbujas o arroz, en otras se acompaña a la pareja con bengalas. En esta boda, cada bolsa estaba llena de algodón fresco que los invitados teníamos que desmenuzar y lanzar como confeti para celebrar su amor.

Así es: le habían pedido a Kay que celebrara con el algodón que sus ancestros habían tenido que recolectar como esclavos.

Quizá lees esto y se te cae la cara sólo de pensar en cuán doloroso, traumático y emotivo debió haber sido aquello para Kay. A lo mejor has sabido instintivamente, incluso antes de leerlo, que la bolsa estaba llena de algodón. Entonces estarás empatizando con ella y, si eres negro, sin duda te recordará a anécdotas parecidas en tu propia vida o en las de amigos o familia. También es posible que leas esto y te preguntes por qué carajo es para tanto. ¡Está claro que el novio y la novia no escogieron el algodón por su relación con la esclavitud! No sólo te sentirás confundido por la reacción de Kay, sino también frustrado, o te parecerá irracional. Puedo entender ambas reacciones porque nuestro primer reflejo fue el del segundo caso y, desafortunadamente, tardamos demasiado en llegar a pensar como en el primero.

Aquella noche, cuando Kay nos abrió su corazón y compartió su experiencia en la boda y el sufrimiento que le provocó el algodón, en lugar de escucharla, empatizar con ella y honrar sus sentimientos, todos le quitamos importancia al asunto y, al hacerlo, también se lo quitamos a sus sentimientos y a su misma humanidad. Ignoramos su dolor y defendimos a la pareja, implorándole que entendiera que eran buenas personas y que aquello no había tenido nada que ver con la raza. Se sintió abandonada y nos dijo que no se sentía comprendida por ninguno de nosotros. Queriendo hacer de «mediador» para aportar «unidad» a la situación, respondí al dolor de Kay diciéndole que, cuando la miraba, no veía a una mujer negra, sino sólo a mi amiga. No veo el color, veo el corazón. En otras palabras, confirmé exactamente lo que ella me había dicho.

Como persona blanca, me enseñaron a decir que no veo el color, que no veo nuestras diferencias y que trato a todo el mundo por igual. Aunque a los blancos este concepto de daltonismo nos puede parecer, en principio, muy bello e idealista, no sólo ignora la socialización y los cimientos sobre los que está construido Estados Unidos, sino que también ignora las bellas y ricas culturas y la humanidad de las personas de diferentes razas. De hecho, cuando una persona blanca afirma que «no ve el color», sin importar sus buenas intenciones, a menudo lo que le está diciendo a una persona de color, como le pasó a Kay, es: «Decido no VERTE». Seamos sinceros: no es ningún secreto que todos vemos el color de la piel, sin importar cuál sea el nuestro. Así que, cuando un blanco le dice a un negro que no ve el color, lo que intenta decirle es: «No soy racista». Pero, cuando se lo dije a Kay, lo que le dije en realidad es que, aunque sé que es negra, decido ignorarlo y hacerle *whitewashing*[*] para que nuestra amistad se adapte a mis límites... en lugar de a los suyos.

Lo que me sorprende todavía más es que la narrativa de «no veo el color» también va totalmente en contra de las enseñanzas de mi fe y, sin embargo, por cómo fui socializado como blanco estadounidense, modifiqué la narrativa y malinterpreté completamente estas enseñanzas. Al hablar del color y de la diversidad, 'Abdu'l-Bahá dice: «Observa un bello jardín lleno de flores, arbustos y árboles. Cada flor con un encanto diferente, una belleza peculiar, su propio delicioso perfume y hermoso color. Y los árboles, cuánto varía su tamaño, el

---

[*]   NdelT: De «blanco» y «lavar», es la idea de «lavar con lejía», un término que se utiliza para hablar de cómo la cultura blanca esconde la raza de otras personas o culturas para adaptarla a sus propios cánones.

ritmo al que crecen, su follaje… ¡y cuán diferentes las frutas que dan! Sin embargo, estas flores, arbustos y árboles vienen del mismo lugar, de la misma tierra, el mismo sol brilla sobre ellos y las mismas nubes los riegan de lluvia». Y continúa diciendo: «Si conoces a aquellos de distinto color o raza a los tuyos, piensa en ellos como en las rosas de distintos colores que crecen en el bello jardín de la humanidad y regocíjate de estar entre ellos».

¿Cómo pude no verlo? Todo el grupo ignoraba el dolor de Kay y, cuando nos lo mostró y lo compartió con nosotros, cerramos los ojos —y, por supuesto, nuestras mentes y nuestros corazones— para no verla. Tras volver del viaje, Kay nos envió a todos un correo electrónico y, con legítima rabia, exclamó: «Lo que me hicieron fue bien mierda». Nos dijo que esperaba más de nosotros y que estaba profundamente dolida por la situación. Continuó diciendo que: «Esa noche me di cuenta de que mis queridos amigos, quienes aspiran a la unidad en una sociedad global y diversa, no tienen ni idea de cómo se ve mi dolor. Estaba temblando en el mismo sofá que ustedes y no me vieron. Ni siquiera supieron mirar».

Su correo fue honesto y edificante (lo que no tendría por qué haber sido así, pues no le corresponde cargar con el peso y gastar la energía que conlleva educarnos sobre por qué su incomodidad, dolor y rabia son válidos). Terminó diciendo que: «Mi vida como mujer negra me ha enseñado a no reaccionar porque corro el riesgo de ser invalidada por dramática, volátil o poco inteligente… o, peor, ser desterrada y quedarme sola. Nunca he tenido el privilegio de expresar mis más profundas emociones cuando quiero. En una situación en la que me siento aislada o pisoteada, entierro mis reacciones para sobrevivir».

Ojalá pudiera decir que su correo cambió nuestra perspectiva. Recordándolo ahora, me parece increíble que siguiera sin entenderlo, no corriera a pedirle perdón y a analizar todos los motivos por los que no me había dado cuenta antes y no había estado ahí para ella. Alguien a quien quiero desnudó su alma y me mostró su dolor y yo fui voluntariamente tan ignorante como para no verlo y demasiado orgulloso y frágil como para sostenerlo. Me siento profundamente avergonzado por lo que ocurrió después. En lugar de llamarla inmediatamente, mi esposa y yo, confundidos y privilegiados, le dimos la vuelta a la narrativa y la centramos en nuestras propias emociones y, en muchos sentidos, convertimos ese privilegio en victimismo, sintiendo que éramos nosotros quienes estábamos siendo irracionalmente atacados y que ella estaba exagerando mucho la situación.

Durante los seis años siguientes, empezaría a aprender poco a poco de mis amigos —y a escucharlos de verdad— cuando compartían experiencias parecidas a la de Kay. Y, cuando emprendí mi viaje de autodescubrimiento y exploré mi masculinidad, empecé a percibir las intersecciones de estas conversaciones de justicia racial con el camino en el que estaba. De vez en cuando, recordaba la situación con Kay y sentía profundos remordimientos sobre cómo había reaccionado, sobre cómo no había sabido manejar sus sentimientos y su humanidad. Sentía el nudo en el estómago y el peso en mi corazón que me decían que debía pedirle perdón. Pero, invariablemente, terminaba por ignorarlo diciéndome a mí mismo que somos amigos y que, como todos lo habíamos superado, volver a sacar el tema sólo serviría para abrir viejas heridas.

Y entonces mataron a George Floyd. No deberían haber sido necesarias ni su muerte, ni el resto de las incontables muertes que vinieron antes y que seguirían después. No debería haber sido necesario el confinamiento durante una pandemia global. No debería haber sido necesario todo lo que ha pasado para que agarrara el teléfono y llamara a Kay. Es problemático que haya tenido que pasar tanto a nivel social, y que Kay haya tenido que pasar tanto a nivel personal, para que mi esposa y yo la llamáramos para pedir perdón, para que viéramos cuán equivocados estábamos y cuánto amor y cariño había en realidad en aquel correo de Kay. Pero, desafortunada y vergonzosamente, fue necesario todo eso.

Debo admitir que Emily y yo estábamos extremadamente nerviosos cuando nos pusimos en contacto con ella y le pedimos una llamada por FaceTime. No creo que me haya sentido tan nervioso desde que me subí al escenario de TED. Te ahorraré los detalles de la conversación, pero, a grandes rasgos, lo que queríamos transmitirle era cuán profundamente lo sentíamos, no sólo por lo que ocurrió, sino también por cómo le fallamos como amigos y como personas. Le dijimos que fue gracias a ella y a su vulnerabilidad y voluntad de educar a sus amigos blancos en su dolor que ambos decidimos por fin educarnos y empezar a desaprender y reaprender todo lo que creíamos saber. Admití cuán problemático había sido mi comportamiento cuando le dije: «No veo el color» y, más que nada, cuánto sentíamos haber tardado tanto en despertar. Le prometí entonces que haría todo lo que pudiera para educarme a mí y a mi familia y tener esas conversaciones incómodas con el resto de la gente blanca, pues la carga de educarnos no debería ser ni suya ni del resto de las personas negras.

Kay respondió a nuestra disculpa como no tenía por qué hacerlo. De una forma que, francamente, no merecíamos. Nos perdonó desde el mismo pozo de amor desde el que siempre ha vivido. Aceptó nuestra disculpa y se reconcilió con nosotros. Nos mostró lo que había dicho 'Abdu'l-Bahá, la fuente de luz en ella y la posibilidad de imaginar cómo podría ser nuestro mundo si de verdad escogiéramos vernos los unos a los otros. Cuando lo hagamos, el color de la piel y toda la contingencia de un mundo justo e igualitario no tendrán un precio tan alto para la gente negra. Para la increíble mujer negra que es Kay.

El hombre blanco bienintencionado

Además de decirle a Kay que no veo el color de la piel de las personas, aquí van otros ejemplos de algunas cosas que he pensado, dicho, publicado y tuiteado que, hasta hace poco, no sabía que eran indicadores de mi racismo interiorizado:

«Mi primera amiga fue una chica negra».

«Era un gran atleta, como muchos chicos negros».

«No tiene nada que ver con la raza, mano. No hace falta que armes una escena».

«Algunos de mis mejores amigos son negros».

«*Black Lives Matter*, pero también las *blue lives* [las vidas azules importan] y *all lives matter* [todas las vidas importan]. Todos formamos parte de una gran familia humana».

Desafortunadamente, esta lista es mucho más larga y estoy seguro de que añadiré más cosas a medida que siga aprendiendo, desaprendiendo y reaprendiendo lo que significa ser un hombre y, más específicamente, lo que significa ser un hombre blanco en estas era y cultura.

Como muchos de los niños blancos que crecen en Estados Unidos, me enseñaron que el racismo eran acciones evidentes y horribles de gente que creía que la gente negra no debería poder beber de las mismas fuentes que los blancos y que tenían que sentarse en la parte de atrás del autobús, o que los hombres negros merecían ser linchados si se sospechaba que habían mirado o le habían dirigido la palabra a una mujer blanca. El racismo eran personas negras esclavizadas y, tras la abolición de la esclavitud, personas negras sin derecho a voto. Los racistas eran miembros del Ku Klux Klan y gente maliciosa, ignorante y generalmente mayor que vivía en el sur de Estados Unidos y que seguía insultándolos. En otras palabras, me enseñaron que, tras los derechos civiles, el racismo ya no era un problema sistémico y que los racistas estaban en los límites de la sociedad y que, si no, eran mayores y les quedaba poco tiempo de vida, así que pronto todos podríamos vivir en armonía. Así que, básicamente, crecí creyendo que un tipo blanco, de ascendencia italiana y judía, nacido casi dos décadas después del final del movimiento por los derechos civiles, criado por unos padres *woke* en una familia bastante progresista que creía en la unidad de la raza humana, no podía estar más lejos de ser racista.

Este marco conceptual alrededor del racismo es conocido como el binarismo bueno/malo y es lo que el educador antirracista Robin DiAngelo describe como «quizá la adaptación más efectiva del racismo en la historia reciente». Esta perspectiva permite que tipos bienintencionados como yo no sean racistas porque no participan en estos extremos y despreciables actos de prejuicio y racismo. Opera de una forma similar al género binario y a las normas y mensajes sobre la masculinidad y la feminidad. En la masculinidad, existen rasgos aceptables para los hombres y otros inaceptables, y estos determinan si eres «lo suficientemente hombre». En el contexto de nuestra imperfecta comprensión del racismo, hay un lado del eje binario que es considerado racista y otro que no. Así que, como no estoy cometiendo estos actos evidentes y atroces de racismo, no estoy en el extremo racista del eje.

DiAngelo explica que, aunque, al principio, la adopción del binarismo bueno/malo parecía una buena idea, en la práctica lo que hace es eximir a gente blanca bienintencionada de participar en conversaciones sobre racismo y sobre cómo se nos socializa y condiciona en una sociedad profundamente dividida por la raza. Aquí va lo que he descubierto: cuando me eximo de ver el racismo dentro de mí, cuando me sitúo en el extremo «bueno» del eje binario, también me estoy eximiendo de mi responsabilidad de cambiarlo. Algunas de las declaraciones que he listado antes fueron dichas inconscientemente para dejar claro que no soy racista. «Mi primera amiga fue una chica negra». «Algunos de mis mejores amigos son negros». Cuando me paro a pensar críticamente sobre por qué he dicho cosas como ésas, se vuelve evidente que estoy intentando dejar claro que no estoy en el lado malo del binarismo y que me estoy defendiendo preventivamente. Sin embargo, la verdad es que, no sólo es falso este concepto binario, sino que la opinión que recibió DiAngelo por parte de gente no blanca es que, cuando escuchan a una persona blanca decir estas cosas, no les parece *woke*, sino que, de hecho, revela cuán ignorante es.

En la misma línea, cuando afirmo cosas como: «Era un gran atleta, como muchos chicos negros», estoy cometiendo una micro-agresión y perpetuando estereotipos que ignoran la individualidad de cada persona y, al mismo tiempo, expresan una falsa universalidad de todo un grupo. Podría decirse lo mismo cuando la gente afirma que las personas asiáticas son más inteligentes, o que les encantan las tareas escolares, etc. Las microagresiones y los estereotipos no siempre son evidentemente «negativos», pero su impacto es acumulativo. El mero hecho de generalizar y de hablar de raza aglomerando a un grupo entero de gente en base a una falsa identidad crea y perpetúa los mismos problemas que estamos intentando abordar en la masculinidad. Ijeoma Oluo describe las microagresiones como «picaduras de abeja», donde «una sola picadura de abeja puede no ser para tanto, pero unas cuantas picaduras cada día de tu vida tendrán un impacto claro en tu calidad de vida y en tu relación con las abejas». Es la tortura de la gota de agua. Cuando he hecho una afirmación como ésta, aunque mi intención sea celebrar las capacidades deportivas de un niño, perpetúo el estereotipo de que todas las personas negras son atléticas y, por lo tanto, ignoro los talentos y bendiciones únicos, no sólo de la gente negra que no es atlética, sino también de quienes lo son. Esto despoja a las personas de su individualidad. En cierto sentido, creo que he dicho estas cosas para sentirme mejor por no ser tan buen deportista como aquellos que me superaban. En otras palabras, me predisponía para creer incorrectamente que estaba en desventaja porque era blanco. Así, si perdía una carrera contra un chico negro, era más el resultado predecible de una carrera genética que el resultado de una carrera de atletas. Siguiendo por esta línea, también crea una falsa sensación de triunfo cuando le gano a una persona negra en una carrera porque llevaba las de perder y he sido capaz de superar una desventaja genética inexistente.

Esto no es algo en lo que yo, o muchos de mis amigos blancos, pensemos cuando hacemos estos comentarios, pero eso también forma parte del problema. Nuestra ignorancia es precisamente lo que lo hace tan peligroso. He descubierto que es habitual que, cuando una persona negra está en un campus universitario, la gente asuma que practica algún deporte o que está estudiando con una beca deportiva. Piénsalo. Estas asunciones implican que el estudiante fue admitido por sus capacidades atléticas y no por sus resultados académicos, su capacidad de liderazgo, su historial de voluntariado o por cómo es como persona.

Otro ejemplo de microagresión racial ocurrió un día en que estaba con uno de mis mejores amigos, Jamey (uno de mis acompañantes en el famoso viaje a México). Jamey fue uno de mis padrinos de boda y aquel día estábamos buscando la camisa que me iba a poner en el casamiento. Por aquel entonces, no tenía mucho dinero, pero, como iba a ser la camisa que me iba a poner en mi boda, queríamos que fuera buena. Compramos café en Starbucks y entramos con nuestras bebidas en una lujosa tienda de Los Ángeles. Al entrar, saludé con la cabeza al empleado, lo pasé de largo con mi vaso de cartón en la mano y me fui a un exhibidor cercano. Jamey, por su parte, se fue a otra zona de la tienda para mirar por ahí. Justo cuando empezaba a ojear aquellas carísimas camisas, me di cuenta de que un empleado se había acercado a Jamey y, en lugar de decirle: «Buenos días, caballero. ¿Puedo ayudarlo en algo?», le dijo: «No puedes entrar con esa bebida». Al escuchar eso, me acerqué confuso con mi café, pues en Los Ángeles la gente va a todas partes vaso en mano y nunca me habían dicho que no podía entrar con uno en una tienda. Por su parte, Jamey, habiendo estado mil veces en esta misma situación, sabía perfectamente qué estaba ocurriendo. Pero yo lo ignoraba. El empleado era blanco, la tienda era lujosa y Jamey era un hombre negro vestido informalmente. Jamey le contestó bromeando: «¿Le da miedo que lo derrame?».

Y el empleado dijo: «Bueno, las camisas son muy caras», a lo que Jamey contestó: «¿Y cree que no podría permitirme comprarlas si tropezara y derramara mi café en sus camisas tan caras?». Conozco bien a Jamey. Tiene una forma mágica de transmitir un mensaje y decir verdades como puños mientras te desarma con su humor y su tono. Es una de las cosas que más me gustan de él. Así que esbocé una sonrisa, pensado que el empleado se alejaría y nos dejaría comprar en paz, pero no lo hizo. Así que Jamey continuó: «He venido a gastar dinero en su tienda, ¿y le preocupa que sostenga un vaso de café cerrado? ¿Por qué él [señalándome] puede entrar con su café y nadie le pide que se vaya? De hecho, está siendo atendido por su compañero». Entonces intervine y, siendo el buen «mediador» (léase: hombre blanco problemático) que soy, intenté bajar un poco el tono al asunto y le dije a Jamey: «No tuvo nada que ver con la raza, mano. De todas formas, deberíamos irnos, no tienen las camisas que busco». Entonces, Jamey se calló y salió de la tienda. Cuando lo alcancé, me miró y me preguntó por qué no había dicho nada. Le contesté que no creía que fuera algo suficientemente grave como para montar una escena, que sólo era una política de la tienda. Entonces, Jamey perdió los estribos. Y con mucha razón.

«Justin, te quiero, pero estás escogiendo no entenderlo. ¿Quieres decir que es una política PARA MÍ? Nadie te ha pedido que te fueras. Nadie ha dudado de tu capacidad para pagar por lo que vendían en la tienda. Nadie ha pensado que fueras a tropezar y a derramar el café en las camisas. ¡Pero a mí sí! ¡Esta mierda me pasa continuamente, Justin!».

¿Mi respuesta? Me puse a la defensiva. Recurrí al hombre blanco bienintencionado que hay en mí y que no quiere estar en el lado «malo» del binarismo racista. Empecé a enumerar las cosas que sí que había visto, las veces que me había dado cuenta, las formas en que había luchado por la igualdad racial y tuiteado sobre la justicia. En otras palabras, desvié la conversación hacia mí y mis intenciones. Me centré en mí y en mi experiencia en lugar de en su frustración o dolor, cuando en realidad la situación debía tratar de Jamey y del impacto que habían tenido en él las acciones del empleado y mi inacción, la inacción de uno de sus mejores amigos.

Entonces, llegamos a otra tienda cercana y Jamey, todavía furioso, entró y le dijo al empleado (otro hombre negro): «Oye, mano, llevo este café conmigo. ¿Te importa que entre con él a mirar?». A lo que le respondió: «Si has venido a comprar, puedes entrar con lo que te dé la gana». ¿Ves? Este otro tipo no veía el hecho de que Jamey sea negro como una razón para rechazarlo. Incluso entonces, en mi incomodidad e ignorancia, me reí para quitarle importancia sin llegar a entender qué acababa de pasar. Sólo quería que todo estuviese bien, que estuviésemos relajados y cómodos y, precisamente por eso, desestimé toda la experiencia de mi mejor amigo pensando que la raza no había tenido nada que ver con ella.

Jamey había sufrido las «picaduras de abeja» casi cada día de su vida, así que su relación con las abejas era muy distinta a la mía. Fue como si me hubiese contado que le había picado una abeja y que le dolía, pero, como yo no había visto a la abeja, hubiese dicho: «No sé qué decirte, mano. ¿Estás seguro? Quizá no te ha picado», mientras él tiene el maldito aguijón en el brazo y se le está hinchando la piel. En un momento así, ¿qué es más importante? ¿Mis intenciones o el impacto del aguijón? En las relaciones, el impacto siempre tiene que ir por encima de las intenciones. Pero, demasiado a menudo, especialmente cuando alguien me pone en mi lugar, sea Jamey por no ver la injusticia racial o mi esposa por interrumpirla, históricamente, mi reacción ha sido ponerme a la defensiva y reiterar mis buenas intenciones. Ojalá pudiera decir que aquella fue una de las únicas veces que ocurrió una situación así, pero, desafortunadamente, Jamey llevaba intentando hablarme de la picadura de abeja desde hacía años.

Al pensarlo, me he dado cuenta de que sencillamente me resultaba más fácil escoger la ignorancia a educarme. Me parecía más fácil defender la buena fe del hombre blanco que «no tenía mala intención» que defender a mi amigo.

Esto es quizá lo más difícil de estar cómodo en la incomodidad. Esto es una parte de la pausa antes de la respuesta, especialmente cuando mi reacción inicial es defenderme. A menudo, mi postura defensiva es un buen indicador de que tengo que callarme, escuchar y reflexionar. Esto forma parte de correr el riesgo de quitarme la máscara tras la que me he escondido, observarme críticamente y reconocer que, a lo mejor, no lo sé todo; que, a lo mejor, he ignorado mi privilegio y todo el espectro de racismo que existe en nuestra sociedad. A lo mejor tengo trabajo que hacer.

¿Cuán ridículo sería si la sociedad hiciese el mismo tipo de afirmaciones sobre el género? Si dijera: «Mi primera amiga fue una chica, así que está claro que no cosifico a las mujeres». O: «Estoy casado con una mujer, tengo una hija, mi madre es una mujer y tengo una hermana, ¿cómo voy a ser sexista?». O quizá: «No veo el género. Trato a todo el mundo por igual». Todo el camino que estoy recorriendo para *desdefinir* mi masculinidad no existiría, este libro no sería un libro, ninguno de los problemas que provoca el condicionamiento de género en nuestra cultura serían problemas. Y, sin embargo, aquí estoy, en este viaje, escribiendo este libro y desaprendiendo y reaprendiendo lo que significa ser un hombre, lo que significa ser una buena persona.

Tengo que hacer el mismo trabajo con la raza. Porque, si me eximo del trabajo, entonces cargo el peso de la responsabilidad en las mismas personas que son oprimidas por su raza. De la misma forma en que, si me excusara de hacer este trabajo sobre la masculinidad y el género, entonces estaría inadvertidamente situando la responsabilidad sobre las mujeres, las personas trans y las de género no conforme, cuando son las mismas que están desaventajadas en el sistema imperante. Además, si me eximo del trabajo y de la responsabilidad, también me pierdo la conexión, la sanación y la alegría que los acompañan. Me pierdo el espectro completo del camino, que no siempre es sencillo, pero que, hasta ahora, se ha demostrado importante y lleno de sentido. Después de todo, por encima de querer ser un hombre blanco bienintencionado, quiero tener un impacto como pareja, padre, amigo... y persona.

Examinar mi privilegio

De la misma forma en que no me enseñaron a percibir el privilegio masculino, tampoco aprendí a ver el privilegio blanco.

Como el privilegio masculino, el privilegio blanco es una fuerza invisible que me da ventajas que no tiene todo el mundo.

Como el privilegio masculino, el privilegio blanco está enraizado en nosotros a través de nuestra socialización en esta sociedad y cultura.

Como con el privilegio masculino, me resulta incómodo hablar del privilegio blanco. Si te sientes incómodo porque esté usando los términos «privilegio blanco» y «privilegio masculino», sólo puede significar una cosa: tenemos que hablar de ello. Así que zambullámonos juntos en el agua helada. Pasaremos frío, pero nos sentará bien.

No recuerdo la primera vez que me topé con la idea de mi privilegio blanco, pero recuerdo perfectamente las veces en que me he puesto a la defensiva y he intentado quitarme la responsabilidad de encima. Pero me he dado cuenta de que he tenido una idea equivocada y malinterpretada sobre lo que es este privilegio. Cuando empecé a profundizar en el concepto de privilegio masculino, sentí que se me decía que no había trabajado duro, que no me había ganado mi empleo o mi ascenso, que mi sacrificio y mi esfuerzo eran invisibles y que se me decía que sólo tenía lo que tenía porque soy un hombre. Dije cosas como: «Me he fajado para llegar hasta aquí. A mí nadie me ha dado nada» y «Me he ganado todo lo que tengo». Sentía que, cada vez que alguien decía la palabra «privilegio» o insinuaba que lo tenía, me irritaba o enfadaba. Sentía que me estaban privando de mi historia y de mi lucha personales (mmm… ¿te suena?). Me sentía igual cuando se hablaba de privilegio blanco. Pero ponerme a la defensiva no era más que una señal de ignorancia.

Hay muchas formas de privilegio que, para ser sinceros, merecerían tener su propio libro. Cada día aprendo algo y renuevo mi apreciación no sólo por mi lugar en la sociedad, sino también por el privilegio que es tener algo tan sencillo como salud y un cuerpo funcional. ¿Cuán a menudo me levanto y agradezco estar saludable, o tener brazos, o ver, o poder andar? Generalmente, no apreciamos los beneficios y privilegios de nuestros cuerpos hasta que nos lesionamos o perdemos nuestras capacidades físicas. Como persona con un cuerpo funcional, no tengo ni que pensar si las tiendas, las casas, los parques y los barrios serán accesibles para mí. Puedo viajar o salir a comer fuera sin tener que pensar en cómo me moveré por el transporte público o por el control de seguridad de la terminal del aeropuerto. Pero, al mismo tiempo, cuando alguien habla del privilegio de mi cuerpo, no me pongo a la defensiva ni me quito responsabilidad. No me siento incómodo al hablar de ello. ¿Por qué? Hay una parte de mí que cree que es porque la raza y el género se han convertido en temas muy politizados. A lo mejor es debido al binarismo bueno/malo y por no querer reconocer mi privilegio blanco porque, entonces, ya no podría ignorar las injusticias raciales. O quizá es por algo totalmente distinto que todavía no he aprendido. Pero entiendo que el privilegio de tener un cuerpo funcional no implica que no haya pasado y siga pasando por desafíos y dificultades. Sencillamente, significa que no he pasado por ciertos desafíos y dificultades.

Comparo el privilegio con una carrera de obstáculos. En primer lugar, en un sentido muy literal, es un privilegio poder practicar atletismo, participar en una carrera, pues una persona en silla de ruedas no puede correr una carrera de obstáculos y tiene muchas menos oportunidades que yo de participar en cualquier modalidad de atletismo. Así que, para empezar, este es el privilegio de un cuerpo funcional. ¿Significa eso que no entrenara hasta la extenuación, que no bebiera la suficiente agua o que no comiera los nutrientes necesarios (eso último hipotéticamente, pues la secundaria fue la época en la que podía embutirme Taco Bell para comer tres horas antes de un entrenamiento)? No. Sencillamente significa que tuve una oportunidad, una ventaja que no tiene todo el mundo.

En sentido figurado, creo que el privilegio es como una carrera de obstáculos en la que cada uno de nosotros está corriendo la suya propia en su propio carril, y que todos tenemos nuestros propios obstáculos o barreras en el camino hasta la meta. Simplificándolo mucho, el privilegio blanco significa que el color de mi piel nunca será un obstáculo para mí, de la misma forma en que el privilegio masculino implica que mi género nunca será una barrera para mí. No significa que no vaya a tener obstáculos, que no vaya a tener que luchar o que no me esté esforzando, sino que el color de mi piel nunca irá en mi contra. Y, en una sociedad construida sobre una profunda división racial, no enfrentarme al obstáculo racial no sólo no va en mi contra, sino que, a menudo, va en mi favor, de la misma manera en que ser un hombre en una sociedad patriarcal me beneficia.

Si puedo ver con claridad cómo el privilegio de tener un cuerpo funcional afecta a mi vida, entonces quizá mi privilegio blanco no es tan invisible como pensaba. Quizá, cuando empiece a mirarlo, a buscarlo, se volverá claramente visible, como el privilegio masculino.

Aquí comparto unos cuantos ejemplos de privilegio blanco y/o masculino:

En base a la encuesta más reciente, en 2018, por cada dólar ganado por un hombre blanco, las mujeres blancas sólo ganaban setenta y nueve centavos, las mujeres negras sesenta y dos y las mujeres hispanas, latinas o indígenas cincuenta y cuatro.

Puedo encontrar fácilmente curitas en color «carne» que sean más o menos del tono de mi piel. (Felicidades a Tru-Colour Bandages por allanar el camino produciendo vendas y cinta kinesiológica en una amplia gama de colores para ajustarse a la amplia gama de pieles que existen #nopatrocinado).

Me siento seguro y, en general, no tengo que pensar en mi seguridad. Una vez, una buena amiga mía me contó que le preguntó a su marido, un hombre blanco, cuán a menudo piensa en su seguridad. Sin dudarlo, le dijo que rara vez y que sólo ocurre en situaciones extremas, como cuando tiene un accidente de tráfico o si están atracando el banco al lado de su trabajo. A su vez, él le preguntó a ella cada cuanto lo piensa. ¿Su respuesta? «Cada día, varias veces. Cuando camino hacia el carro por la noche, cuando un hombre se me acerca en el supermercado, cuando salgo a correr, cuando voy conduciendo de camino a casa y me doy cuenta de que el mismo carro ha ido detrás de mí durante casi todo el trayecto, siempre que viajo sola y me sientan al lado de un hombre en el avión…». Cuando me contó esto, le pregunté a Emily lo mismo y, sin dudarlo, empezó a contarme todo aquello en lo que tiene que pensar cada día, que a mí ni se me pasa por la cabeza. Como cuando, si va sola y tiene que ir al carro de noche, lleva las llaves entre los dedos como una versión en miniatura de las garras de Wolverine.

De la misma forma, en sus cursos, el educador antisexista Jason Katz ha hecho la misma pregunta a hombres y mujeres durante décadas: ¿qué pasos sigues a diario para evitar el acoso sexual? Katz cuenta que casi todas las mujeres de la sala levantan la mano cuando hace la pregunta y pueden enumerar al momento todos los pasos que dan: no salir a correr por

la noche, llevar espray de pimienta, trancar las puertas del
carro en cuanto entran, aparcar en zonas bien iluminadas,
asegurarse de que un amigo o familiar sepa dónde están y
dónde van, etc. En el caso de los hombres, ¿qué decimos hacer
para prevenir el acoso sexual? Nada. Nadie levanta la mano.
Es difícil creer que el mundo que habitamos como hombres y,
especialmente, como hombres blancos, pueda verse y sentirse
tan diferente sólo por el cuerpo en el que hemos nacido. Esta
diferencia no es más que privilegio.

La activista Danielle Muscato hizo la siguiente pregunta en
Twitter: «¿Qué harían [las mujeres] si todos los hombres
tuviesen un toque de queda a las 21:00?». Hubo una cascada
de miles de respuestas que, francamente, dolía leer. En lugar
de querer hacer cosas salvajes y aventureras, la mayoría de las
mujeres dijeron que irían a hacer la compra, saldrían a correr,
escucharían música con los audífonos puestos, irían al carro
sin las llaves entre los dedos como arma potencial o dormirían
en una planta baja con las ventanas abiertas. En otras palabras,
cosas que debería ser muy normal que la gente hiciera sin
miedo y que, francamente, muchos hombres como yo nos
sentimos muy cómodos haciendo a diario sin pensarlo. Es
importante subrayar que la pregunta de Muscato surgió de una
conversación que tuvo con una amiga, donde compartió cuánto
había cambiado su vida desde que salió del clóset como mujer
trans y cómo cosas que nunca había tenido en cuenta eran ahora
parte de su carga física y mental diaria. Una carga que pesa más
en la comunidad trans, especialmente para las personas negras,
que en ninguna otra parte. De la misma manera, conversando
con el activista trans Jevon Martin, me contó que, aunque había
nacido en el cuerpo de una mujer negra y experimentado la
opresión de una mujer negra en el mundo, en cuanto transicionó

tuvo que enfrentarse a la otra cara del racismo: como hombre negro, ahora era percibido como una amenaza.

Debo admitir que apenas sabía nada de las adversidades inimaginables a las que se enfrenta la comunidad trans negra. Hace poco, tuve la oportunidad de entrevistar al activista trans Devin Michael Lowe, fundador de Black Trans Travel Fund (Fondo para viajes de personas negras trans), una organización que paga por trayectos en carro privado para mujeres trans negras en Nueva York y Nueva Jersey para darles acceso a medios de transporte autónomos y seguros. En una encuesta llevada a cabo por el National Center for Transgender Equality (Centro nacional para la igualdad transgénero), que incluyó a más de veintiocho mil participantes (todos ellos personas trans), casi la mitad (un cuarenta y siete porciento) de las personas negras afirmaron no haber sido tratados equitativamente y haber sufrido acoso verbal y/o físico en el último año debido a su condición de transgénero. Me chocó descubrir las formas en que incluso aquellas personas sobre las que tengo privilegios tienen sus propios privilegios sobre otros grupos aún más marginados. De ahí la importancia de incluir la interseccionalidad en este debate.

La gente que se ve como yo está ampliamente representada en los medios, el entretenimiento, las posiciones de liderazgo, el Congreso, el Despacho Oval y la educación. De hecho, toda mi formación se centró en gente como yo. No tuve un solo profesor negro o indígena en toda mi educación desde el kindergarten hasta la secundaria y no ha sido hasta que he escrito estas líneas que me he parado siquiera a pensarlo. Puedo encontrar fácilmente libros infantiles con personajes parecidos a mis hijos y con estructuras familiares como la nuestra, pero tengo que esforzarme para encontrar libros con personajes e historias diversos.

También puedo (por lo general) tener una relación positiva con la policía. De hecho, recuerdo una vez, en otoño de 2014, tras el asesinato de Michael Brown en Ferguson, Misuri, conducía de camino a casa y vi cómo la policía paraba el carro de un hombre negro. En aquel momento, decidí aparcar en el lado opuesto de la calle. No sabía exactamente qué pretendía hacer más allá de estar listo para grabar un vídeo o, potencialmente, intervenir si las cosas se ponían feas. Que, por cierto, ¿quién carajo soy para creerme que intervenir es siquiera una posibilidad para mí? Esto mismo es una señal clara de privilegio blanco. Cuando le dieron la señal de parar a aquel hombre negro, incluso antes de frenar, bajó la ventanilla, sacó las manos y agitó su documento de identidad como una bandera de la paz. Nunca había visto algo así en persona, y me destrozó. ¿Sabes en qué pienso cuando me para la policía? Lo primero es *Espero librarme de ésta*. Y por «ésta» me refiero a que espero librarme de la multa, aunque la mayoría de las veces soy culpable y me la merezco. En aquel momento, me di cuenta de que, mientras yo pienso en salir de un control de tráfico sin una multa, aquella persona negra esperaba salir del control CON VIDA. Afortunadamente, lo hizo.

Aquella noche, se hizo patente mi privilegio blanco en mi relación con la policía. Al llegar a casa, tuiteé sobre lo que había visto y sobre cómo las personas blancas tenemos una responsabilidad para con el movimiento Black Lives Matter. No había leído ningún libro, ni me había educado sobre la supremacía blanca y la complicada y compleja historia de la policía. Ni que decir tiene sobre la complicada historia de nuestro país, del complejo del salvador blanco o del excepcionalismo blanco. Así que, cuando empezaron a llegar las respuestas diciendo que era racista y terrible que dijera que las vidas negras importan porque las vidas azules, y todas las vidas, también importan, no supe qué hacer. Es decir, tiene sentido, ¿no? Las vidas de los agentes de la policía importan y, por supuesto, todas las vidas importan, ¿verdad? Ojalá pudiera decir que ignoré aquellas respuestas, o que tenía una contestación articulada e informada, pero no puedo. En su lugar, entré en pánico porque la gente me estaba llamando racista y yo era nuevo en esto, así que inmediatamente sentí que me había equivocado o que me habían malentendido. Así que contesté que las vidas azules importan y que, por supuesto, todas las vidas también. Pero, en mi ignorancia, no entendí cómo esas respuestas eran problemáticas y, francamente, racistas hacia el movimiento Black Lives Matter.

Me sonó el teléfono y era Jamey. Había visto mis tuits y me dijo: «Veo lo bueno que estás haciendo y veo dónde te has equivocado». Me explicó que mi deseo de paz no estaba basado en una paz verdadera. El doctor Martin Luther King Jr. dijo: «La verdadera paz no es meramente la ausencia de tensión: es la presencia de justicia». Mi idea de paz, como hombre blanco, a menudo se ha centrado en que no exista el conflicto o la tensión. También en asuntos no relacionados con la raza. Jamey me explicó entonces que, cuando se organiza una recaudación de fondos o un evento relacionado con el cáncer de mama, cuando los equipos deportivos llevan un uniforme rosa para concienciar sobre ese cáncer, no nos manifestamos con pancartas y decimos que el cáncer de próstata también importa. Y que, cuando se incendia la casa de nuestro vecino y llegan los bomberos para ayudar, no salimos corriendo de la nuestra, que no está en llamas, y exclamamos que necesitamos los recursos que está recibiendo el vecino. ¡Necesitamos la manguera! ¡Necesitamos a los bomberos! No lo hacemos porque no hay un incendio en nuestra casa, sino en la suya. Sin importar cuál sea tu ideología política, o dónde lees las noticias, espero que esta explicación sea un puente entre las ideologías partidistas y los derechos humanos fundamentales. Como he aprendido por las malas, cuando decimos que las vidas negras importan, no estamos diciendo que las vidas negras importen más que las de cualquier otro; no estamos diciendo que las vidas de los agentes de la policía no importen, o que no importen todas las vidas. Sencillamente, estamos diciendo que todas las vidas no pueden importar hasta que, por fin, importen también las negras.

El *whitewashing* de Hollywood

Al principio de mi carrera como actor, hice una prueba de fotogenia para una serie llamada *Greek*, que terminaría emitiendo varias temporadas en la cadena ABC Family. La prueba de fotogenia es una de las últimas fases del proceso de audición, donde se actúa en el estudio delante de un público compuesto generalmente por ejecutivos aburridos con una carga de trabajo demasiado alta y un director y productor entusiastas para que, entre todos, determinen si uno es adecuado para el papel. Recuerdo que mi agente me dijo que era el favorito y que sólo tenía que estar impecable en la prueba. Y no pudo haberme ido mejor, así que salí confiado de que el papel era mío. Me sonó el teléfono. Eran mi agente y mi mánager y, cuando me llamaban juntos, eran o muy buenas o muy malas noticias. En este caso, era claramente lo segundo. Habían opinado que, aunque era el preferido del creador de la serie, no era adecuado para el papel porque «la verdad, a la cadena le parece que tus cejas distraen en cámara».

Entonces ambos me preguntaron a bocajarro si estaba dispuesto a depilarme las cejas, porque eso me ayudaría a conseguir este tipo de papeles. ¿Qué eran exactamente «este tipo de papeles»? Entonces no supe articularlo, pero ahora sí. Eran los papeles pensados para ser interpretados por hombres estereotípicamente blancos. ¿La ironía? Soy blanco. Pero, para Hollywood, no soy lo suficientemente blanco. Mis rasgos son demasiado ambiguos para la definición que tiene la industria de «blanco» y, por ello, terminé consiguiendo cada vez más audiciones para personajes españoles, latinos o de Oriente Medio.

Uno de mis primeros papeles fue como príncipe iraquí en una serie de televisión de principios de los 2000 llamada *JAG*. Recuerdo llegar a la audición y encontrarme con otros diez tipos que venían a hacer la prueba, todos ellos de Oriente Medio. ¿Adivinas quién obtuvo el papel? El tipo blanco. Cuando pregunté si debía aprender a poner acento iraquí, los productores le dijeron a mi mánager que no me pre-ocupara, que mi personaje estaba «americanizado». Cuando, meses más tarde, estrenaron la serie, ¿sabes qué habían hecho? Habían dobla-do mi voz. Habían contratado a un hombre de Oriente Medio para que me doblara, para que el personaje fuese mi cara y su voz.

Si todavía recuerdo, años más tarde, cómo me sentí cuando me dijeron que mis cejas distraían en cámara y cuánto me molestó no cuadrar con el estereotipo de rubio de ojos azules que la cade-na buscaba, no quiero ni imaginarme cómo se sintieron los actores de Oriente Medio que por fin tenían la oportunidad de hacer una audición para interpretar a un príncipe —un agradable respiro de los papeles habituales de terrorista o de extremista islámico en los que están encasillados—, sólo para que un hombre blanco llegara para quitarles el papel. Esta es sólo una de las muchas dinámicas de *whitewashing* que han ocurrido en la historia de nuestro país y que, por supuesto, ocurren también en Hollywood.

Nuestros libros de texto han saneado la verdad de la historia de nuestro país y la violencia en masa que los colonizadores blancos cometieron contra las personas negras, indígenas y el resto de la gente no blanca. Es por lo que el Día de Colón sigue siendo un día festivo a nivel federal y el Día de los Pueblos Indígenas sólo es un día festivo oficial en seis estados. Es por lo que Juneteenth es generalmente ignorado por cualquiera fuera de la comunidad negra. De hecho, hace poco que aprendí que el verdadero Día de la Independencia de nuestro país es el 19 de junio, pues representa la fecha de emancipación de las personas negras esclavizadas. Nuestra empresa no ha reconocido Juneteenth como festivo remunerado para nuestros empleados hasta este año. Las consecuencias de nuestra historia, y de nuestra represión de la verdad, siguen muy presentes en muchos aspectos hoy en día, desde qué días festivos se conmemoran o no a nivel nacional hasta cómo los medios presentan a los asesinos en serie blancos en comparación con una persona negra que comete un crimen de una magnitud mucho menor (o, carajo, incluso con una persona negra que no ha cometido ningún crimen), pasando por cómo la industria de la belleza aclara el tono de la piel de las personas negras de sus anuncios y cómo la gente con poder en Hollywood lleva mucho tiempo contratando a hombres blancos para interpretar a personajes que no lo son.

Pero, como ya he dicho, sólo estoy empezando a aprender esto. No tenía este conocimiento y conciencia cuando me rechazaban para los papeles tradicionalmente blancos y tomaba los de personajes que no lo eran. De hecho, recuerdo tener conversaciones en audiciones o en sets con otros actores en las que compartíamos nuestras experiencias. Una vez, un actor negro en particular nos contaba que conseguía más trabajos que su novia, aunque ella era mejor actriz, porque él tenía la piel más clara. En un intento por conectar, aunque en retrospectiva veo que tuvo el efecto exactamente opuesto, le dije algo así como: «Ah, te entiendo, mano, aquí nadie entiende qué soy y no saben dónde ponerme». Aunque eso fuera cierto, mi experiencia como hombre blanco es muy distinta a la suya y, al sobreidentificarme con la de gente no blanca, estoy ignorando los sistemas y estructuras que me benefician a mí y los perjudican a ellos.

Diez años más tarde, volví de mi pausa como actor y una de las primeras audiciones que hice fue para el papel de Rafael Solano en *Jane the Virgin*. Vi que el personaje estaba pensado para ser latino, pero no le di demasiadas vueltas. Después de todo, estaba tan acostumbrado a presentarme a papeles como éste que a menudo bromeaba diciendo que no había descubierto que era latino hasta llegar a Hollywood. Ahora ya no me parece tan divertido como entonces. Tras pasar cinco años en una serie rodeado de actores latinxs, me doy cuenta de las grandes barreras que han tenido que superar para llegar donde están y, aunque, como ellos, quizá he tenido que deslomarme, sacrificarme y dedicar años de mi vida hasta alcanzar el éxito, eso no quita que tuviera una ventaja injusta, lo mires por donde lo mires. Lo que no sabía en aquel momento era que la cadena llevaba meses buscando al actor de Rafael y que había hecho pruebas de fotogenia a varias personas que no habían funcionado, así que habían terminado por abrir el papel para gente de cualquier etnia. Por eso, cuando llegué a la audición, el lugar estaba lleno de gente de todo tipo, incluidos unos cuantos rubios de ojos azules, así que, de nuevo, no le di demasiadas vueltas. El resto es historia, ya que terminaron dándome el trabajo y, como he dicho, fue el papel de mi vida (y, potencialmente, uno de los motivos por los que estás leyendo este libro). Ese trabajo me dio la oportunidad de interpretar a un hombre interesante en una serie de televisión en *prime-time*, de encontrar la manera de representar de forma auténtica la vida interior de un hombre masculino, confundido y derrotado que se ve obligado a transitar un camino para explorar su identidad y su masculinidad. No me pensé dos veces, ni una, si le había quitado el papel a un actor latino porque mucha gente se había presentado a la audición. Rafael no tenía un pasado, así que se terminó diciendo que era italiano, pero hubo muchas preguntas y críticas sobre la ambigüedad racial y étnica del personaje, sobre todo teniendo en cuenta los orígenes venezolanos de la serie original.

Con el privilegio del tiempo y de nueva información (para mí), puedo ver claramente cómo le robé el papel a un actor latino. Puedo ver cómo el sistema imperante —el mismo que me dio el papel de príncipe iraquí, el mismo que me ha permitido estar en posición de escribir este libro y de tener esta plataforma— jugó en mi favor. A medida que he empezado a descubrir estos matices, he visto a mi privilegio blanco asomar la cabeza y decirme «pero me he esforzado mucho» y «a mí también me han rechazado» y «yo también merezco papeles». De nuevo, reconocer mi privilegio no niega mis esfuerzos ni mi valía, ni tampoco mis problemas. Ser un hombre blanco no implica que mi vida sea fácil y que me lo hayan dado todo. El privilegio blanco no es, para nada, una carta blanca. Al mismo tiempo, no puedo seguir ignorando que, globalmente, las personas blancas no están oprimidas de la misma forma que las negras. No se nos juzga, se nos detiene, se nos esclaviza, se nos encarcela o se nos mata de la misma manera. No tengo los obstáculos adicionales que han puesto en los carriles de la gente negra, indígena o de otras personas de otras razas. Y, como en la situación en que me dieron el papel de príncipe iraquí, significa que, en ciertas situaciones, no sólo no tengo el obstáculo, sino que además empiezo con ventaja.

Esto es importante en la industria del entretenimiento porque la representación importa. Es importante que todo el mundo pueda ver a personajes con su mismo aspecto que resuenen con ellos. Es imperativo que la gente de color vea sus historias, dones, habilidades y humanidad representadas en personajes de libros, películas y anuncios, en el mundo profesional y en las familias. En el libro de Jordan Flaherty *No More Heroes* (No más héroes), se retrotrae a 1979, cuando la leyenda del boxeo Muhammad Alí, uno de mis héroes, invitó al crítico de cine Roger Ebert a su casa para ver a Sylvester Stallone en *Rocky II*. En la película, que también debo admitir que es una de mis favoritas, el boxeador blanco interpretado por Stallone vence a Apollo Creed, personaje de Carl Weather, quien todo el mundo suponía que estaba basado en Alí. Comentándola durante los créditos, Alí dijo: «Que el hombre negro se alzara vencedor iría contra las enseñanzas de Estados Unidos. He sido tan grande en el boxeo que han tenido que crear una imagen como Rocky, una imagen blanca en la pantalla, para contrarrestar mi imagen en el *ring*. Estados Unidos necesita sus imágenes blancas sin importar de dónde vengan. Jesús, Wonder Woman, Tarzán y Rocky». Esto me caló hondo. Claro que me encantaba Rocky. ¿Cómo no iba a hacerlo? Era el italoamericano en desventaja que vencería contra todo pronóstico. Tenía mi aspecto y, por lo tanto, me decía que yo también podía hacerlo. Pero no tuve en cuenta que él no era el único que se parecía a mí; casi todos los héroes en desventaja de las historias con las que crecí se parecían a mí. Si hubiese sido un niño negro, ¿qué series y películas o historias hubiesen tenido a protagonistas parecidos a mí? Como dijo Alí, hasta Jesús es blanco en Estados Unidos. ¿Cómo puede ser si no es a causa de un racismo evidente? La ciencia y la historia nos dicen que Jesús era de Oriente Medio y que era de tez oscura. Sin embargo, ser negro en Estados Unidos hoy en día significa rezarle a un Jesús blanco. En la misma línea, cuando se representa a personajes diversos en la industria del entretenimiento, muy a menudo se cosifica la diversidad. Cuando los directores y productores contratan a una persona negra, indígena o a cualquier otra persona no blanca para un papel que apoya la historia del protagonista blanco, lo hacen para dar la apariencia de diversidad. Si no son personajes de apoyo para el protagonista blanco, a menudo siguen representando falsos estereotipos racistas, como mujeres latinas haciendo de limpiadoras u hombres indígenas haciendo de guerreros con hachas *tomahawk* que viven en tiendas de campaña. Y, como ya sabemos, a menudo estos papeles pueden darse a personas blancas, borrando todavía más las culturas que están representando mal.

En mi segunda película, *Clouds*, basada en la historia real del músico de diecisiete años Zach Sobiech, quien sufría de osteosarcoma y murió justo antes de que su canción «Clouds» llegara a ser número uno en iTunes, sentí que era importante que, aunque fuese una historia real, los protagonistas blancos estuviesen rodeados de gente no blanca durante toda la película. A lo largo de los cinco años que tardé en completar el proyecto, la familia de Zach y yo nos hicimos muy buenos amigos y, aunque no tiene nada de malo contar la historia de una familia blanca, tuvimos que asegurarnos activamente de que los personajes secundarios y los extras no sólo reflejaran su comunidad homogénea, sino todo el mundo. Quería que la historia de Zach llegara a gente de cualquier raza, cultura y religión, pero para que eso ocurriera, la audiencia tenía que verse reflejada en la historia y en la pantalla. La cruda realidad es que Zach y su familia son blancos, viven en un pequeño pueblo de Minnesota, probablemente uno de los lugares más blancos de Estados Unidos, y, desafortunadamente, sencillamente no hubo ninguna persona no blanca en la vida de Zach que fuera importante para su historia. Pero de la misma manera en que creo que se pueden tomar licencias creativas al contar una historia real, también creo que se puede, y se debe, hacer lo mismo a la hora de contratar a actores negros, indígenas o a otras personas no blancas siempre que sea posible y, si es necesario, incluso esforzarse activamente para hacerlo. También creamos a un personaje inspirado en dos personas de su vida y escogimos a Lil Rel Howery para el papel, un actor negro y, probablemente, una de las personas más graciosas que he conocido. Escribimos este papel secundario para asegurarnos de que, en lugar de limitarse a apoyar al protagonista, esta persona tuviese una influencia real, lo aconsejara y fuera una de las voces que contribuyeran al arco argumental del camino del héroe de la película. Pero, incluso con esa decisión, sufrí, pues sentí que no lo había hecho lo suficientemente bien. Estoy aplicando estas enseñanzas a mi tercera película, donde estoy abogando y luchando por tener a un elenco diverso, empezando por, como mínimo, uno de los dos protagonistas.

Estoy aprendiendo que existe una clara diferencia entre parecer diverso y amplificar la diversidad. A menudo, soy culpable de esto.

Queremos cosificar (lo que, de nuevo, deshumaniza) a la gente no blanca en un intento por no parecer racistas cuando, en realidad, el verdadero trabajo del antirracismo es amplificar las voces negras, indígenas y de otras personas no blancas. Y, aunque ahora está empezando a hacerse, esto sólo tiende a ocurrir en conversaciones sobre raza, pero sus historias son mucho más que la raza. La totalidad de su humanidad merece ser normalizada, representada y amplificada en los medios, en nuestras vidas diarias, en los libros de historia y en Hollywood. Como alguien que está adquiriendo una posición de poder en la industria, todavía me queda mucho por aprender y hacer. No siempre haré las cosas a la perfección, pero no puedo permitir que mi miedo a cometer errores me impida crecer y aprender, porque he descubierto que incluso esto es una elección que surge de mi privilegio. Escoger no hacer nada, aunque en el momento pueda parecer más seguro, es mucho más dañino para la situación de las comunidades marginadas que luchan para ser vistas, oídas y representadas.

Soy responsable de mis respuestas

Hay una parte de mí que se siente completamente abrumada por todo el trabajo que me queda por hacer en mí mismo y que la sociedad debe hacer colectivamente respecto a la justicia racial. Hay una parte de mí que se siente avergonzada por haber tardado tanto en entrelazar mi viaje con la masculinidad y el privilegio masculino con el privilegio blanco y el racismo. Y también hay una parte de mí que me recuerda que la vergüenza es una invitación para asomarse a ella, no para huir o reprimirla. Ijeoma Oluo dice: «Sé que el problema del racismo y la opresión racial parece enorme, y lo es. Pero no es insuperable».

Tengo mucho que aprender y mucho que desaprender. Puedo aplicar algunos de los mismos principios y usar algunas de las mismas herramientas que he descubierto en mi camino para *desdefinir* mi masculinidad para ayudarme también en esta intersección. Puedo sentirme cómodo en la incomodidad, escuchar más de lo que hablo, leer unos cuantos libros, educarme y ser brutalmente honesto conmigo mismo sobre lo que no sé. Y, aunque estoy haciendo este trabajo personal, también puedo hacer un trabajo práctico y sistémico apoyando los negocios y proyectos de gente negra, indígena y de otras personas no blancas. Puedo amplificar sus voces en todos los contextos, desde las redes sociales hasta donaciones a organizaciones que hacen trabajo antirracista, y votar por líderes que trabajan activamente por una sociedad igualitaria.

No se nos enseña sobre la masculinidad y su contexto social, de la misma forma que a mí, una persona blanca, no se me enseñó sobre el ser blanco y su contexto. Pero, aunque no me lo hayan enseñado, puedo aprender. Puedo aprender para enseñar a nuestros hijos y que crezcan sabiendo lo que yo no sabía, pues crecer sin hablar de privilegio blanco y racismo es un privilegio en sí mismo.

Cuando la escritora y conferenciante Layla Saad tenía alrededor de siete años, su madre le habló de su falta de privilegio blanco. En su libro *Yo y la supremacía blanca*, cuenta en detalle lo que su madre le dijo: «Me dijo, "Como eres negra, como eres musulmana y como eres una chica, tendrás que esforzarte tres veces más que el resto de la gente a tu alrededor para triunfar...". Me estaba señalando que, en una sociedad racista y patriarcal, me tratarían distinto. No se me recompensaría por esforzarme como los demás. Y quería que supiera que, aunque esto no fuese justo ni estuviese bien, era (y sigue siendo), tristemente, como son las cosas».

De la misma forma en que Saad tiene todo eso en su contra, yo tengo mi género y el color de mi piel a mi favor. Como tiene que esforzarse tres veces más para triunfar en el sistema, entonces, como hombre blanco de clase media, tengo tres veces más responsabilidad para desmantelar el sistema. Y, usando un poco de psicología inversa, puedo reenfocar esto como un desafío para mí mismo y preguntarme,

¿seré lo suficientemente hombre como para gestionar esta responsabilidad? ¿Tendré la suficiente integridad para seguir reconociendo cómo mi camino con la masculinidad se entrecruza con el color de mi piel? ¿Seré lo suficientemente valiente como para arriesgarme a equivocarme mientras sigo aprendiendo? Porque tengo malas noticias: me voy a equivocar. Pero me gustaría argumentar que también son buenas noticias. Nadie espera que seamos perfectos, y debemos seguir normalizando el cambiar de opinión cuando obtenemos nueva información, normalizar el no saberlo todo e incluso no saber lo suficiente como para tener una opinión.

El ser blanco me otorga el privilegio de nunca tener que entender totalmente qué es vivir lo mismo que las personas no blancas, de la misma forma que mi masculinidad me otorga el privilegio de no saber nunca qué es ir por el mundo como mujer o persona trans o de género no conforme. Pero sólo por no poder entender algo, no significa que no pueda honrarlo. Sólo por no entender la vivencia de otra persona, no significa que no pueda honrarla. Si hago un trabajo importante por honrarme a mí mismo y a mi humanidad, también soy responsable de hacer un trabajo importante por honrar a los demás en toda su humanidad.

Llego tarde —jodidamente tarde— para honrar toda la humanidad de las personas negras.

Pero he llegado, y me comprometo a aprender y reaprender lo que significa ser antirracista, lo que implica ser un hombre blanco privilegiado en esta sociedad y lo que es hacerme responsable de convertir nuestro mundo en un lugar más justo e igualitario.

CAPÍTULO SEIS

LO SUFICIENTEMENTE EXITOSO

La carrera laboral y el poder del servicio

En mi cabeza, los mensajes de éxito y la presión por proveer están tan intrínsecamente ligados con los mensajes de masculinidad que, cuando empiezo a enfrentarme a ellos, me parece prácticamente imposible distinguirlos y separarlos. Al mismo tiempo, como están tan normalizados, también pueden parecer de sentido común. No puedo imaginarme un mundo en el que los hombres no sintieran la presión de mantener a sus familias y donde, a su vez, a las mujeres no se las socializara para ver a los hombres que no son proveedores, o incapaces de proveer, como débiles. Incluso los hombres que conozco que son amos de casa me han admitido el conflicto que tienen con su valía como hombres y el haber sido excluidos de grupos de maternidad porque, generalmente, están gestionados por y para mujeres. Esto crea un sentimiento de soledad muy profundo para éstos, quienes ya están en conflicto con la visión de la sociedad de lo que debería ser un hombre y un padre. Llevamos generaciones utilizando el éxito como vara simbólica del tamaño del pene del hombre, la representación visible de su valor. Cuanto más exitoso es un hombre, más hombre es. A la inversa, la falta de éxito o de capacidad para proveer se equipara con una falta de hombría o, aún peor, una falta de objetivos o propósito, particularmente entre otros hombres. Aunque creo que la mayoría de nosotros no es ni de cerca tan exitoso como quisiera, he empezado a darme cuenta de que el peso que cargamos no tiene que ver sólo con mantener a nuestras familias. Trata de mantener una imagen de nosotros mismos y, a menudo, de compararnos subconscientemente con otros hombres de nuestro círculo, comunidad o de todo el mundo. Esta comparativa crea un tipo de vergüenza del que a menudo no se habla, especialmente entre hombres. Ésta se ve exacerbada por la creencia de que debemos solucionar nuestros propios problemas, y por el aislamiento emocional provocado por haber sido enseñados a no permitirnos sentir, lo que puede llevar a la depresión y, finalmente, al suicidio.

A menudo, en la cultura occidental contemporánea, el éxito se usa como sinónimo de riqueza, estatus y/o fama. Los estadounidenses tienden a percibir que, si una persona tiene dinero o estatus social, entonces es exitosa. Pero como no tenemos acceso a las cuentas bancarias de otras personas, utilizamos variables como el tipo de carro que conducen, el tamaño de la casa en la que viven, el tipo de ropa que llevan, su puesto de trabajo y sus seguidores en redes sociales como métricas para determinar, en nuestra mente, cuánto dinero y poder deben tener y, por lo tanto, cuan exitosas son.

Viviendo en Los Ángeles y sabiendo lo caro que es sobrevivir aquí, a menudo me encuentro conduciendo por la autopista 405 y me pregunto cómo carajo puede conducir tanta gente carros nuevos de entre setenta y cien mil dólares. No tardé mucho en darme cuenta de que la mayoría de ellos (a) no son los propietarios y (b) siguen viviendo en apartamentos compartidos con alquileres equiparables a su cuota del carro. Parece que, en la cultura contemporánea, aparentar tener dinero es más importante que tenerlo. Fíngelo hasta que lo consigas, ¿no?

Me declaro culpable. Recuerdo alquilar mi primer BMW con veinticuatro años. Era el dueño de una *start-up* y sentía que debía tener un carro acorde con mi puesto. Desafortunadamente, no ganaba lo suficiente como para justificar comprarme el que quería, así que, en su lugar, encontré la forma de conducir uno, aunque no me lo pudiera permitir. Por cierto, he aquí una característica curiosa mía: soy un mago de Craigslist. Hay pocas cosas de las que me jacte en la vida, pero no me tiembla el pulso para coronarme como el rey de las gangas de Craigslist. Si hay una ganga, la encontraré. A veces, como una especie de distracción/meditación, me tomo un cuarto de hora para navegar por la plataforma en busca de cosas que mis amigos o familia necesitan. Carros, apartamentos, licuadoras, computadoras, sofás… sea lo que sea, yo lo he encontrado. Así que, cuando llegó el momento de arrendar un buen BMW, encontré a un tipo que quería quitarse de encima los plazos de su carro porque ya no podía pagarlos. Buscaba a un tipo como yo, que quería un carro más caro de lo que podía pagar y que tardó demasiado en darse cuenta de que escoger entre pagar un carro de lujo y poner comida en la mesa debería ser fácil. Empecé a pagar sus cuotas mensuales sin tener que hacer un pago inicial, pues en realidad le estaba haciendo un favor (aunque todos sabemos que, en realidad, me lo estaba haciendo él a mí). Por aquel entonces, sólo quedaban once cuotas por pagar, pero pensé que prefería llevar un buen carro casi un año y proyectar un aura de éxito a no hacerlo. Además, si jugaba bien mis cartas, pensé que un año era todo lo que necesitaba para triunfar de verdad y poder permitirme comprar o arrendar un carro yo mismo. Como muchos jóvenes de mi edad, me convertí en un conejo persiguiendo una zanahoria.

Quiero dejar claro que éste es sólo un comentario sobre elecciones de vida y mi propio comportamiento, no un juicio de valor. No digo que haya nada inherentemente malo en tener un carro bonito o incluso uno algo mejor de lo que te puedes permitir. Hay a quien un buen carro lo hace sentir bien, y esa sensación se transfiere al resto de las áreas de su vida y le permite tener más éxito. A otros, las altas cuotas los ayudan a esforzarse más, así que se lo toman como una meta: la imagen se convierte en el hombre. De hecho, creo que eso es lo que siempre ha pasado conmigo, pero que también era un comportamiento adquirido que me había enseñado mi padre de niño. Sin embargo, si sigo mi propio consejo y recorro el camino de los porqués, no tardo en descubrir que, aunque conducir un buen carro pueda hacerme sentir bien, también es un parche que está cubriendo temporalmente un problema mayor: que ligo mi autoestima interior a mi aspecto exterior. Y, si intento llenar un vacío con algo material, entonces no hay objeto, ni trabajo bien pagado, ni elogios suficientes como para hacerme verdaderamente feliz. Un buen carro equivale a una percepción de éxito. Ser percibido como exitoso me hace digno. Si quitas el carro de la ecuación, es probable que mi valía se desplome. Así es como sé si un comportamiento es insano para mí, incluso si trato de convencerme de lo contrario. Subconscientemente, o no, comparamos estas percepciones de éxito con la realidad, y utilizamos la distancia entre ambas como un indicador de nuestra valía. Y, en el caso de los hombres, también como indicador de nuestra masculinidad.

El éxito: una ilusión seductora

Si pasas cinco minutos en redes sociales u hojeando cualquier revista masculina, verás que nos bombardean continuamente con la idea de que, si hacemos A, B y C, entonces X, Y y Z ocurrirán por sí mismos. Sacian nuestra sed de lógica y control. Éste es uno de los motivos por los que, aun sabiendo que así vendería mejor a los hombres, no quise escribir un libro que ofreciera ninguna clase de consejo. Los hombres queremos «pensar y hacernos ricos», convertirnos en «personas

muy exitosas e influyentes», ser las mejores y más optimizadas versiones de nosotros mismos. Y, por eso, consumimos y rastreamos el
mundo en busca de trucos y consejos, e idolatramos a hombres que
ya lo han logrado. Pero ¿por qué? ¿Qué significa realmente el éxito?
La sociedad nos dice que, si ganamos el dinero suficiente y alcanzamos una posición social lo bastante alta, nos sentiremos más seguros
y confiados, más atractivos, más capaces de proveer como hombres
y como compañeros (lo que también significa que atraeremos a una
pareja más atractiva). En otras palabras, si alcanzamos el éxito suficiente, seremos más felices. Pero ¿es así?

Qué ecuación más extraña y seductora: queremos ser felices y la
gente feliz parece exitosa. Así, el éxito es la clave de la felicidad. Aunque llevemos generaciones cantando «Money can't buy me love*»,
en realidad sí que parece que el dinero puede comprar la felicidad...
y otras muchas cosas. Todo nuestro entorno —las redes sociales, la
publicidad y nuestra cultura obsesionada con los famosos— nos bombardea constantemente con imágenes de gente que parece más feliz
que nosotros, más «guapa» y «en mejor forma», y que tiene todas
las «cosas» que queremos en la vida. Y estamos seguros de que, si las
conseguimos, seremos tan felices como ellos. Claro que quizá es cierto
que la gente feliz tiene algunas de estas «cosas», pero esto puede llevarnos a pensar que adquirir un objeto material, o una cosa, o incluso
un cuerpo distinto, nos haría realmente más felices. Confundimos la
causa y el efecto.

Los estudios a gente superrica demuestran que Los Beatles
tenían razón. Estas personas no son más felices que el resto de nosotros. De hecho, la mayoría de las personas más ricas del siglo xx
fueron infelices, trataron fatal a sus familias y dejaron un legado de
enormes riquezas sólo igualadas por la enorme cantidad de riñas
estúpidas entre sus herederos. Todos sufrimos, aunque sea un poco,

---

*   NdelT: «No puedo comprar mi felicidad con dinero», de The Beatles.

de «adicción a la riqueza», de la creencia de que nuestra felicidad descansa únicamente en cuánto tenemos y de que, si tuviésemos sólo un poco más, la cantidad más insignificante, por fin seríamos felices. Es una lógica de tontos y, aparentemente, estamos dispuestos a comportarnos como tales con el más absoluto abandono.

¿Listos para una revelación? Resulta que lo que más felices puede hacernos no es tener lo que queremos, sino querer lo que tenemos. Pero hubiese costado convencerme de eso cuando era niño. Los hombres exitosos presentes en mi vida durante mis años formativos eran quienes parecían tenerlo todo bajo control. Eran como los hombres de los anuncios, las revistas y las películas. Ya sabes: con el buen carro, la casa grande y la bella esposa. Parecían seguros de sí mismos y fuertes, mantenían a sus familias y tenían el control de sus propias vidas, sus emociones y sus problemas. Los alfa. Los hombres exitosos que eran admirados, escuchados, respetados y felices. O que lo parecían.

Para el resto del mundo, mi padre es, en muchos sentidos, eso. Lo observé atentamente, absorbiendo subconscientemente sus mensajes tácitos y sus costumbres. Estudié cada uno de sus movimientos y memoricé su fisicalidad y cómo interactuaba con el mundo y llevaba su negocio. Mi padre es un emprendedor que ayudó a revolucionar la industria cinematográfica estando en la vanguardia del negocio del emplazamiento publicitario a principios de los años ochenta. (El emplazamiento publicitario es, esencialmente, cuando una marca paga para que su logo o producto sea utilizado en una película o una serie de televisión. Cuesta creer que este modelo tiene menos de cuarenta años). Vi triunfar a mi padre y, mientras escribo esto, me parece increíble pensar cómo, incluso de niño, ya estaba utilizando la adquisición material de mi familia como indicador de su éxito, aunque me haya criado con el lema «Si somos ricos en amor, entonces somos ricos». Desde siempre, tuvimos todos los juguetes —la casa grande, el buen carro, los dispositivos más modernos— y, sin importar dónde estuviésemos o con quién, mi padre, que es un hombre carismático con un corazón de oro, siempre se encargaba de la cuenta cuando salía a cenar o pagaba los viajes de amigos y familia, incluso cuando pasó por un bache económico y no tenía el dinero.

Como sabe cualquier emprendedor o empresario, hay épocas de beneficios y épocas de pérdidas, épocas en que el negocio va como un tiro y épocas en que frena. Al mirar atrás, me doy cuenta de que hubo momentos en los que el negocio de mi padre se desplomó y nuestras finanzas se resintieron, pero también veo que, incluso durante aquellos momentos, mantuvimos la ilusión de éxito. A mi padre le gusta lo bueno y, hasta en la época en que llevó una camioneta, conducía un modelo Chrysler Town and Country con asientos de cuero. Las cosas bonitas lo hacían sentir bien. Tampoco recuerdo una sola ocasión en que mi padre dejara que otra persona pagara la cena. Eso era suyo. A menudo le quitaba la cuenta a otro hombre de la mesa o a un miembro de la familia, incluso cuando íbamos mal de dinero. Aunque sé que, en parte, era para ser bueno y generoso, también creo que el motivo va más allá de eso. Sé que parte de su percepción de sí mismo estaba ligada a su imagen de hombre generoso capaz de pagar la cuenta. Así que se comportaba como tal. A lo largo de los años, mantuvimos una fachada de seguridad económica que, tras las bambalinas, no teníamos. Incluso ahora, cuando hablamos de ello, mi padre sigue diciendo que las cosas iban bastante bien por aquel entonces y que no pasaba nada malo. Es como si admitir que fueron tiempos duros fuese a significar que fracasó como proveedor o que no fue un padre lo suficientemente bueno. Y nada más lejos de la realidad. Aun así, recuerdo preguntarme desde muy joven: *Espera un momento. ¿De verdad tenemos dinero o sólo lo fingimos?* Ahora, como padre, sé que nuestros hijos ven más cosas de las que creemos.

Como he dicho antes, uno de los momentos más importantes de mi preadolescencia fue la abrupta mudanza de mi familia desde Los Ángeles al sur de Oregón. Fue en 1994, cuando Los Ángeles llevaba tres años encadenando desgracias: la paliza a Rodney King, que llevó a los disturbios de 1992; los incendios de Malibú y el terremoto de Northridge de 1994. Para mi madre, eso último fue la gota que colmó el vaso. Quería que nos fuésemos de la ciudad y, para mi padre, sus deseos eran órdenes. Por aquel entonces, yo tenía diez años y no entendía por qué nos mudábamos, pero sabía que no había otro remedio. Aunque era consciente de que mi madre quería irse de la ciudad, mi cerebro estaba confuso porque, incluso de niño, sabía que el trabajo y ganar dinero era importante y que a mi padre le costaría seguir siendo exitoso si nos íbamos. No dudo de que mis padres estaban pasando por algún tipo de inestabilidad económica por aquel entonces, pues recuerdo discusiones y conversaciones sobre dinero que era demasiado joven para entender. En todo caso, hacia el final de mi cuarto grado de primaria, con operarios de mudanzas delante de casa y la camioneta cargada, condujimos doce horas hasta nuestro nuevo hogar: una casa-tráiler en medio de Applegate, Oregón, a media hora de la población más cercana. Para el resto de mis compañeros, yo era «El chico de Los Ángeles cuyo padre trabaja en la industria del cine», lo que, inevitablemente, incluso con aquella edad, venía acompañado de una percepción de éxito y riqueza y, por lo tanto, de *bullying*. Pero pocos sabían que, a pesar del reluciente aspecto de mi vida y de la ropa de marca que llevaba, no éramos tan distintos como parecíamos. No tenía muchos amigos porque, irónicamente, sobrecompensaba mis inseguridades y era percibido como el niño rico de la gran ciudad, cosa que no podía estar más lejos de la realidad. Si hubiese tenido amigos, hubiesen podido venir a casa y ver que la casa-tráiler a la que volvía después de clase no era para nada la mansión que imaginaban. Nuestra aura de éxito era tan grande que incluso recuerdo que se metieron conmigo porque mi padre iba a ver mis partidos de fútbol y los grababa, pues esto creó el rumor de que era para enviarles las grabaciones a las universidades porque éramos ricos. Tenía once años.

Aquellos recuerdos, junto a los mensajes sociales de éxito, solidificaron en mí la idea de que el éxito no estaba relacionado con ser

excelente en algo. No tenía nada que ver con la felicidad o la satisfacción. Consistía en lo que otros pensaban de ti, en cómo percibían
tu riqueza, tu estatus social y tu capacidad de mantener a tu familia.
Así que busqué la felicidad, la confianza y la seguridad que parecían
venir de la abundancia material. Pero cuando el éxito está basado en
una ilusión y en la percepción de los demás, se convierte en una receta
para el desastre. Y, en mi caso, el desastre no tardó en llegar durante
los primeros pasos de mi carrera laboral.

Las cuentas a cero

Cuando tenía veintiún años, cobré mi primer sueldo alto como actor
tras conseguir un papel recurrente en una serie muy querida llamada
Everwood. Nunca olvidaré el momento, ni los sentimientos viscerales
de orgullo y triunfo que lo acompañaron, en que miré mi cuenta bancaria y vi seis cifras por primera vez. ¡Era rico! Nunca en mi vida había
visto esa cantidad de dinero. Y, en breve, sería evidente que tampoco
había visto nunca un presupuesto. De hecho, menos de dos años más
tarde viviría un momento igualmente inolvidable, sólo que esa vez
todas las cifras de mi cuenta bancaria serían de color rojo.

Tras empezar a recibir recurrentemente ese sueldo como actor,
pensé que, por fin, empezaba a dar la talla, y la única forma que conocía de hacerlo era demostrando que tenía dinero. Así que me mudé a
un buen apartamento con un alquiler elevado y me compré el carro
de mis sueños, un Bronco totalmente renovado de 1976. Aquel carro
encarnaba todo lo que ocurría en mi vida entonces. Era el carro más
sexy que había visto nunca (y no es casualidad que fuese también el
carro que conducían los dos tipos con los que me comparaba en la
secundaria) y también el menos práctico para alguien que no sabe
nada de carros, especialmente con el intenso tráfico de Los Ángeles.
Pero representaba mi relación con el éxito, con la oposición entre la

apariencia y la realidad y con mi masculinidad. El carro era atractivo y llamaba la atención tanto de mujeres como de hombres (lo que, probablemente, era más importante), pero bajo su reluciente exterior y su fachada de éxito, mantenerlo era una mierda. Si hubiese sido sincero conmigo mismo, hubiese admitido que, para el poco tiempo al día que lo conducía, el trabajo que daba no valía la pena.

Mientras se emitía *Everwood*, yo daba entrevistas a revistas y me paseaba ocasionalmente por la alfombra roja con un atuendo ridículo y una pose de tipo *cool* con una media sonrisa (juro que soy incapaz de encontrar una foto mía de aquella época sonriendo de verdad), lo que tiene sentido porque, bajo todo aquello, me estaba rompiendo bajo la presión de mantener la ilusión de éxito. Poco después de comprar el carro, iba conduciendo por Wilshire Boulevard, cerca de Beverly Hills, con el tráfico en hora pico en un día soleado de película del sur de California. Cuando digo que aquel carro era atractivo, lo que en realidad quiero decir es que era sexy: un descapotable negro azabache con una jaula de seguridad, 350 caballos de potencia, ruedas de 33 pulgadas de diámetro y una elevación de 15 centímetros. Fuese adonde fuese, en los semáforos y los cruces, en discotecas y restaurantes, la gente levantaba el pulgar, me hablaba y me decía cuán bonito era mi carro. Estaba claro que daba de qué hablar e, incluso mientras conducía, había hombres que se paraban a mi lado para preguntarme sobre él. Si había un carro que pudiese tapar todas mis inseguridades y hacerme sentir como el rey del mundo, era ése. Y, mientras conducía, era el rey. Hasta que se averió, claro. En medio de una intersección en Beverly Hills. En plena puta hora pico. Imagíname con veintidós años, el pelo parado, los músculos marcados en mi camiseta blanca demasiado ajustada con el cuello en V, *jeans* rotos, llevando algún collar raro y demasiadas pulseras, tratando de apartar de una intersección un todoterreno que pesaba del carajo mientras los ricos compraban en Rodeo Drive. Ah, y ésta fue sólo una de las muchas veces que el carro se averió. La mejor fue en otra intersección, porque no la provocó una avería en el motor, sino que me había quedado sin gasolina. ¿Cuán ridículo es eso? ¿Quién iba a saber que el Bronco tiene dos tanques de gasolina y un indicador que marca cuál estás utilizando? Resulta que me quedaba mucha gasolina. Sólo tenía que cambiar de tanque. Esto me hace preguntarme cuántas veces en la vida los hombres tenemos una solución sencilla justo enfrente y no la vemos por culpa de la pesada armadura que llevamos.

No todas mis compras fueron tan estúpidas como esa camioneta porque, además de querer alardear de mi éxito, también deseaba de verdad ayudar a los demás. El problema fue que la sensación que me provocaba ayudar se volvió adictiva y contribuyó a una codependencia en la que ansiaba sentirme necesitado y poderoso. Así que, siguiendo los pasos de mi padre, cuando empecé a ganar dinero, empecé también a pagar las comidas de mis amigos, a quitarles la cuenta de las manos en los restaurantes, a no dejar a mi padre pagar cuando salíamos, a pagar las facturas de familiares, a comprarle billetes de avión a la gente, a financiar las salidas con grupos a los que quería impresionar mientras, en secreto, también pagaba la factura de la residencia de cuidados paliativos en la que estaba ingresada Nana Grace, el amor de mi vida. Aquel acto de amor por mi abuela y mi preocupación por ella indicaban quién era en realidad bajo todas aquellas tonterías. Aunque no fuera padre todavía, me convertí, demasiado joven, en el hombre que podía mantener a nuestra familia. A los veintiún años, eso era, al mismo tiempo, un honor y una carga (lo que, para ser sincero, sigue siendo así quince años más tarde).

Por un lado, quería demostrarle a todo el mundo, especialmente a mi padre, que podía ser ese hombre. Que era ese hombre. Por otro, mi cuenta bancaria, junto a la autoestima a la que estaba ligada, se reducía a medida que gastaba por encima de mis posibilidades. Entonces, un día, menos de diez meses después de recibir aquel primer gran sueldo, me despidieron de la serie y me encontré incapaz de conseguir otro trabajo. Poco después, vendí el Bronco y usé el dinero para hacer el pago inicial de un bonito y pequeño bungaló (porque a mi novia de la época le gustaba mucho y, la verdad, sólo quería impresionarla). Cuando recibí la primera factura de la hipoteca, me di cuenta de que había sido víctima de un préstamo depredador y que formaba parte de lo que terminaría por llevar al colapso de la economía y a la Gran Recesión. Mi préstamo *Neg-Am* (de amortización negativa) no tardó en saltar a una tasa del 10% de interés y todo lo que me había dicho el prestamista terminó siendo mentira. Sin embargo, no puedo culparlo. Tenía delante a un niño de veintidós años que quería comprar una propiedad por los motivos equivocados y sin ninguna noción de finanzas. Hizo lo que le habían enseñado y yo caí en la trampa.

Si lo pienso, me ha salido el tiro por la culata en cada una de las decisiones financieras que he tomado por impulsos emocionales o desde la escasez. Cuando he tomado decisiones para impresionar o para llenar un vacío, siempre he perdido. Siempre que me he comportado de forma reactiva ha sido porque tenía miedo, y el miedo es a menudo un indicador de escasez. Pero necesitaba vivir aquellas cosas con veintipocos porque ahora sé que, cuando se trata de éxito, y de dinero en particular, debo tomar las decisiones de forma lógica desde una posición de amor y abundancia. Fácil de decir, difícil de hacer.

Tomar decisiones para perpetuar la ilusión de lo que creía que era el éxito, de cómo pensaba que se manifestaba en la vida de los demás, era tan sostenible como conducir un todoterreno de los años setenta en las atestadas calles de una de las ciudades más ricas del país. Y, aunque sigo sin estar en posición de dar consejos financieros, lo que sí puedo decirte es que lo pido constantemente. Cualquier orgullo que haya tenido se fue junto a los cientos de miles de dólares que quemé entre los veinte y treinta años. Así que ahora, en lugar de fingir que lo sé todo, me rodeo de gente que sabe mucho más que yo y pido humildemente su opinión y consejo. Me he equivocado lo suficiente como para darme cuenta de que prefiero que se cuestione mi masculinidad y mi hombría antes que cometer otro gigantesco error financiero por culpa de haber sido demasiado orgulloso como para pedir ayuda.

El éxito de la conexión

A los veinticinco, viví lo que, más adelante, consideraría uno de los momentos más increíbles de mi vida. Toqué fondo. Mi novia acababa de dejarme por un actor más joven, había tenido que irme del apartamento que alquilábamos juntos, no hubiese podido encontrar un trabajo como actor aunque mi vida dependiera de ello, perdí a mi mánager porque la misma novia la había despedido y yo había sido un daño colateral del final de su relación y no tenía dinero para pagar el depósito de un apartamento en el que vivir. Desesperado y con el corazón roto, acudí a dos de mis mejores amigos, Andy y Adam, y, viendo que era como un cachorro abandonado sin ningún lugar adónde ir, me dejaron mudarme con ellos. Y por «mudarme» me refiero a dormir en su sofá. Por cierto, desde entonces Andy se ha convertido en un músico famoso, quizá lo conoces como Andy Grammer. Estos tipos, además de ser mis mejores amigos, fueron literalmente mis salvavidas.

Por aquel entonces, sentía que no tenía nada que ofrecer. No tenía trabajo, me habían roto el corazón, dormía en su sofá, no podía contribuir económicamente en nada y, en consecuencia, me esperaba una época depresiva. Carajo, ni yo quería estar conmigo mismo, así que, ¿por qué iba a quererlo otra persona, especialmente otros hombres? Y, sin embargo, estos tipos, que siguen siendo dos de mis mejores amigos, me valoraban genuina y sinceramente. Veían valía en mí. Me animaban a mantenerme activo, a mover el culo. Me querían y estaban ahí para mí de una forma tan profunda que me devolvió la vida. Apoyaron mi deseo de crear y me empujaron a dar pasos prácticos para pulir mis habilidades y dar vida a mis ideas. Rezaron por mí y conmigo, recordándome que mi vida tenía un propósito más allá de la percepción de los demás, más allá de mi propia percepción. Empecé a encontrar, en las relaciones, la conexión y la comunidad lo que había estado buscando en la apariencia de éxito, algo que creo que es mucho más importante de lo que los hombres creen.

Hace poco, se publicaron los resultados de una investigación revolucionaria sobre el éxito en Estados Unidos. El estudio sobre el índice de éxito de 2019 fue realizado por el *think tank* Populace junto con la empresa de análisis de datos Gallup, y consistió en varios años de entrevistas individuales y encuestas grupales sobre el éxito a más de cinco mil personas.

¿Prefieres empezar por las buenas o por las malas noticias?

Arranquemos la curita de golpe: primero las malas.

El estudio descubrió que el 92% de los encuestados pensaban que otras personas definirían el éxito en relación con el dinero, la fama y el poder. En otras palabras, todo el mundo piensa que todo el mundo juzga el éxito de los demás en base a la riqueza económica y al estatus social. Esto me retrotrae al joven en mí que sentía el deseo insaciable de lograr mantener la percepción de su éxito.

Bien, aquí van las buenas noticias. Aunque casi todo el mundo cree que el resto de la gente basa el éxito en el dinero y la fama, sólo el 10% de los encuestados basan su propio éxito en esos criterios. En cambio, la gente determina si ha triunfado en la vida en base a la calidad de sus relaciones, de su carácter y de su comunidad. Espera, ¡¿qué?!

¡Ésta es la verdad que nos libera de la prisión de la percepción! Sin ser reduccionistas, muchos de nosotros vamos por la vida persiguiendo dinero, una carrera profesional y el éxito material, pensando que esto es lo que nos hará felices, mientras, en realidad, creemos que las relaciones son un indicador del éxito en la vida. Esto es jodidamente liberador. Significa que los mismos tipos que pensamos que nos juzgan, y que quizá lo hacen, están juzgando su propio éxito en base a la calidad de sus relaciones, igual que nosotros. Esto demuestra que, de nuevo, son los mensajes los que deben cambiar, no sólo para los hombres, sino para todos nosotros. Son la sociedad, la cultura y los medios dominantes quienes nos bombardean con mensajes caducos que nos dicen que, si ganamos lo suficiente, tenemos lo suficiente, ascendemos lo suficiente, entonces seremos suficiente, entonces nos sentiremos plenos. Pero la realidad es que ya sabemos que esta fórmula es incorrecta y no desemboca en la felicidad. Y ya hemos empezado a rebelarnos para descubrir cómo definir el verdadero éxito en nuestras vidas individuales.

El éxito del servicio

A lo largo de los últimos diez años, he trepado los peldaños de la escalera laboral, tanto hacia arriba como hacia abajo, y, como ya he dicho, a veces he tropezado y me he caído de culo hasta abajo. A los treinta y seis, he dirigido anuncios y videoclips, casi una veintena de documentales cortos y largos y dos largometrajes, con un tercero en camino. He sido el camarero de fondo en una escena y el interés romántico principal en una serie de televisión de éxito mundial. He dado una conferencia en el escenario de TED y he llegado incluso a ser el presentador de un programa con el mismo título que este libro que desentraña y explora la masculinidad. He cofundado una productora, fundado una ONG para ayudar a personas sintecho de Los Ángeles y ahora soy el copropietario de un estudio que financia series y películas. A efectos prácticos, he vivido el éxito al que la sociedad nos pide que aspiremos: he sido perseguido por una multitud de fans por la calle y he llegado a tener que utilizar un alias al viajar. Todas cosas que, ni en mis mejores sueños de infancia, hubiese pensado que viviría. Cosas que hubiese creído que me harían sentir pleno, completo y suficiente. Pero no lo hicieron. He llegado «alto» en mi carrera, buscando desesperadamente la cumbre, sólo para descubrir que no existe. Nunca termina. Se alimenta del apetito de mi ego por ser mejor, ganar más, comprar más. Todo para saciar mi deseo de ser lo suficientemente hombre.

Es verdaderamente fascinante. Es como una adicción, una sed insaciable, rodeada de imágenes de gente que parece haber bebido bastante. ¿Acaso tengo un problema? ¿Por qué no puedo sentirme satisfecho y feliz con lo que tengo? ¿Es porque no tengo esto, o aquello o… más? Ésta es precisamente la alucinación en la base de la ideología de la masculinidad: nunca es suficiente.

La única forma de que lo que sea que tengamos sea suficiente, es cambiar la narrativa, cambiar los criterios, cambiar las definiciones. Cuando empecé a observar mi relación con la masculinidad, me di de bruces con mi relación con el éxito. Si quería ser un hombre fuerte, confiado y seguro, tenía que cumplir con la definición de éxito de la sociedad. Pero, como he comentado, me he descubierto sintiéndome exitoso mientras hacía cosas «no varoniles». No me sentía viril cuando ejercía mi poder sobre alguien jerárquicamente por debajo de mí y, si lo hacía, era temporal, pues la culpabilidad y la vergüenza no tardaban en sustituir al poder. Me avergonzaba haberle hecho daño a alguien o haberlo hecho sentir menos sólo para sentirme mejor. Agradezco sentirme así. Gracias a mi crianza y al trauma que sufrí de niño, he podido desarrollar empatía. Mi capacidad para sentir el dolor de los demás viene de mi propio dolor. Mi dolor me ha dado el poder de la empatía. Así que, no, hacer sentir menos a alguien no me hacía sentir más hombre. Ganar más dinero no me hacía sentir más hombre. Que las mujeres quisieran estar conmigo no me hacía sentir más hombre. En cambio, me sentía fuerte cuando parecía no tener nada y me daba permiso para soñar más allá de mi situación. Me sentía confiado cuando pasaba tiempo con gente a quien no le importaba mi carro. Me sentía valorado cuando me sentaba con amigos a los que les quedaban pocos meses de vida y los entrevistaba para convertirme en el custodio de sus historias. Me sentía asustado y seguro cuando mis amigos y yo éramos sinceros los unos con los otros sobre nuestras dificultades y nos animábamos en nuestros propósitos. Y así sigue siendo. Nunca me siento más hombre que cuando dejo el celular (que, a veces, puede sentirse más pesado que una repetición máxima de levantamiento de peso en la universidad), estoy presente para mi familia, me tiro al suelo para jugar con los niños y creo recuerdos con mis seres queridos. Nunca me siento más hombre que cuando mi mujer, hijos y amigos se sienten amados y protegidos. Nunca me siento más hombre que cuando conecto con otra persona a través de la experiencia humana que compartimos, que cuando puedo ser de utilidad y dar mi tiempo, mi presencia y mis recursos a otros. Que cuando me siento lo suficientemente fuerte como para llorar frente a mi esposa o entre los brazos de uno de mis mejores amigos y que cuando les muestro a mis hijos, especialmente a mi hijo, que está bien llorar.

¿Y si la carrera laboral no tuviera que ser una escalera? Una escalera sube, y sube, y sube. Terminará por caerse a menos que se apoye en algo. Pero ¿y si no está para que la levantemos y trepemos cada vez más alto hasta el agotamiento, en busca de una cima inexistente? ¿Y si la medida del éxito no es jerárquica? ¿Y si la escalera tuviese que estirarse en el suelo?

¿Y si no fuese una escalera, sino un puente?

Los mensajes sociales de éxito —de riqueza y estatus— no llevan a ninguna parte. Son una escalera sin cumbre. Pero nuestras definiciones personales de éxito —basadas en las relaciones, el carácter y la comunidad— hacen de puente que nos conecta con lo que y con quien puede darnos de verdad el nivel de realización que buscamos. Sé que soy una persona muy optimista, pero no soy tan idealista como para creer que algún día viviremos en una sociedad en la que no será importante pagar las facturas y donde las finanzas no serán contempladas. Pero, a lo mejor, podemos empezar a preguntarnos dónde se cruzan nuestras necesidades prácticas y nuestra realización personal. La respuesta será distinta para cada persona. Hay quien encontrará la forma de que su trabajo incluya su propósito y se sentirá pleno con él. Otros trabajarán en algo que, a falta de un mejor término, será sólo un trabajo y encontrarán el éxito en su tiempo libre. Si hay suerte, quizá será un poco de ambos. O a lo mejor ninguno. El hecho es que es imposible alcanzar el verdadero éxito si depende de la percepción de los demás.

Y sólo porque esté en este viaje no significa que no siga enfrentándome a la tentación, pues el atractivo del dinero, de la fama y de la comodidad es real. Debo examinarme constantemente, y también a mis acciones e intenciones. Debo descubrir cuándo estoy tomando las decisiones desde el miedo y la escasez y comprobar cómo se siente mi familia con ellas. Debo recurrir a mis porqués y luego hacerlo otra vez porque, a lo mejor, no he sido completamente sincero conmigo mismo la primera vez que me lo he preguntado. Nada de esto significa que ya lo tenga todo bajo control, pero, como mínimo, significa que soy consciente de ello. Sé qué mensajes estoy consumiendo. Tengo en cuenta cómo mis acciones y pensamientos se alinean, o no, con mis valores y mi idea personal del éxito. Carajo, incluso mientras escribo esto soy consciente de que no estoy tan presente para mis hijos como me gustaría. Puedo oír sus bellas e inocentes risas en la habitación de al lado mientras Emily los prepara para irse a la cama. Y, de golpe, me descubro preguntándome si lo estoy haciendo todo mal y esto no sirve para nada. Así que tomo el mensaje, lo honro, me permito sentirlo y trato de recordar por qué estoy escribiendo y por qué estoy haciendo este sacrificio. No creo que pueda hacer más que esto. Que ninguno pueda. También dejo de escribir y, durante diez minutos, les brindo toda mi atención mientras recitamos nuestras oraciones y les doy sus besos de buenas noches. Es esta práctica de recordar y regresar a lo que he aprendido (y a lo que sigo aprendiendo) sobre el éxito y de recordarme una y otra vez que, para mí, el éxito no trata de adquirir posesiones materiales e influencia social, sino más bien de crear conexiones, relaciones y sentido. El éxito es cuán bien me conocen mis hijos y yo a ellos. ¿Cuán presente estoy como pareja para mi esposa? ¿Cuán eficientemente sirvo a mi país? ¿Qué hago con mi éxito y fama percibidos? ¿Cómo estoy presente para mis amigos en las cosas grandes y pequeñas? Para mí, vivir una vida verdaderamente exitosa significará haber adquirido muchísimas vivencias y recuerdos con aquellos a quienes quiero y haber dado más de lo que he quitado. Si lo hago bien, al final de mi vida, esta cantidad no se quedará a cero.

Ahí va un pequeño truco que me ayuda mucho cuando me siento atrapado o perdido. Imagínate al final de tu vida. Tienes noventa y cinco años y los médicos te han dicho que te quedan unos pocos días. ¿De quién quieres rodearte? Al recordar la época o el momento de tu vida en que te encuentras, ¿te arrepentirás de tus decisiones o estarás contento de haberlas tomado? ¿Te resultaron útiles a ti y a la gente a quien quieres? ¿Te brindaron felicidad o fueron tomadas por miedo o bajo presión? Si crees que trabajas demasiado, ¿crees que mirarás atrás y sentirás que has malgastado tu vida porque te la has pasado trabajando para pagar las facturas y, en el proceso, te has perdido a tu familia? ¿Eres cercano con tus hijos y te rodeas de su amor? ¿Dices «te quiero» lo suficiente? ¿Estás presente para las pequeñas cosas? ¿Tuvieron que competir con tu teléfono por tu atención o supiste dejarlo de lado?

Estos son sólo algunos ejemplos de cosas que puedes pensar mientras practicas este mórbido pero importante ejercicio porque, al final de nuestras vidas, sólo importa lo que dimos, no lo que tomamos. Así que dejemos que la verdadera medida de nuestro éxito no sea la adquisición de las cosas mundanas, sino el entregarnos para mejorar el mundo.

CAPÍTULO SIETE

LO SUFICIENTEMENTE SEXY

Intimidad, inseguridad y la paradoja del porno

Sexo. Los hombres lo quieren. Los hombres lo necesitan. Cuando sea. Donde sea.

Existe el mito de que pensamos en sexo cada siete segundos, de que lo ansiamos y de que debemos estar listos para tenerlo en cualquier momento. Después de todo, somos los seres más sexuales que existen, bestiales en cierto modo, siempre en busca de una pareja con la que acostarnos o a la que conquistar físicamente. De hecho, se ha dicho que los hombres dan amor para obtener sexo y que las mujeres dan sexo para obtener amor. Total, los hombres queremos, necesitamos y ansiamos el sexo. Todo. El. Tiempo.

Pero ¿es así de verdad?

Ahí va una confesión: este tema es, probablemente, del que más me cuesta hablar. Es el que está plagado de más inseguridades. De más vergüenza. Y de la mayor de mis confesiones. Le he dado muchas vueltas a cuánto quería compartir y por qué. Es lo que más miedo y ansiedad por ser juzgado y humillado me provoca. Es donde guardo más dolor y remordimientos.

Este tema merece mucho más que un capítulo para desentrañarlo y explorarlo, pero espero que, al abrir la puerta a una conversación mucho más amplia sobre un asunto tan delicado y tabú, pueda iniciar un proceso en el que cuestionarnos a nosotros mismos para, finalmente, sanar. No todo el mundo se identificará con mi historia, pues es sólo eso: mi historia. Sin embargo, los temas serán los mismos en cuanto a que casi todos nosotros vamos por la vida con heridas y traumas que, aunque a niveles distintos, influencian nuestras decisiones, relaciones y, en general, nuestra felicidad.

El sexo es el área en que a los hombres se nos dice que debemos sentirnos más confiados. Sin embargo, para muchos de nosotros esto no es cierto. Aunque los matices de estos mensajes varían según factores como la edad, la raza, la religión y la cultura, todos ellos crearon efectivamente un molde en el que sentía —y, en cierto grado, sigo sintiendo— que debía encajar si quería ser un «hombre de verdad», pues la sexualidad es la verdadera medida del hombre.

Siempre pretendí esperar al matrimonio para acostarme con alguien (con penetración), pues quería guardarme para la persona con quien fuera a pasar el resto de mi vida. Pero, independientemente de si practicaba o no el sexo, seguía sintiendo la presión de estar listo y equipado para ser un rey en la cama, para que mi pene tuviese un aspecto y una talla determinados y para, de alguna forma, saber instintivamente qué hacer en cualquier situación que se presentara, desde los besos hasta la penetración y todo lo demás. En lo que se refiere al sexo, no hay margen para el error. O eso es lo que quieren que creas. Pero, para empezar, como preadolescentes y luego como hombres, ¿cómo vamos a aprender de sexo y descubrir nuestra propia sexualidad? ¿Existe una regla no escrita que diga que, como somos chicos, esto está integrado en nuestro ADN? ¿Hemos nacido todos con el mismo conocimiento y confianza? Algo que sé con seguridad es que no estamos recibiendo una educación sexual sana a través de conversaciones íntimas con nuestros amigos ni, en absoluto, con nuestros padres y profesores, especialmente si venimos de hogares conservadores o religiosos. Así que, si esta educación no proviene de nadie a quien conozcamos, ¿por qué carajo todo el mundo parece tan confiado y sexualmente seguro? ¿Es todo palabrería? ¿Existe realmente alguien que se sienta cómodo y confiado con su sexualidad de adolescente o lo fingimos todo y tomamos al porno, las películas y el folklore ajeno como guías para imitar la confianza y la experiencia? En todo caso, cualquiera que sea la cultura que hemos creado, y el *bullying* y el control que la acompañan, ha dejado a muchos de nosotros llenos de una vergüenza que gran parte del tiempo ni percibimos. Estamos avergonzados porque nos sentimos inferiores, porque creemos que el resto del mundo lo tiene todo controlado, que el resto de los hombres lo entienden de forma innata y encajan en el molde de lo que significa ser lo suficiente sexualmente. Pero ¿para quién somos suficiente?

Apenas existen lugares a los que los chicos puedan acudir para desmentir los mitos que se han transmitido durante generaciones respecto a lo que significa ser lo suficientemente hombre sexualmente. Cuando la pubertad empieza para algunos, se retrasa para otros y, a medida que la testosterona llena nuestros cuerpos, muchos hombres sólo buscamos algún tipo de afirmación que pueda tranquilizarnos sobre nuestra «normalidad» o, como mínimo, pintar una imagen fiel de qué es normal «ahí abajo». Es cierto que existen incontables páginas web y artículos para informarse de la talla media de un pene erecto, de lo que es la disfunción eréctil o la eyaculación precoz o de formas alternativas de dar placer a nuestras parejas, pero existen sobre todo para vendernos algo o para «arreglar» la situación en la que nos sintamos inseguros. Pero ¿qué otras opciones tenemos? ¿Puedes imaginarte con dieciséis años preguntándole a un amigo algo supervulnerable sobre tu sexualidad que te hace sentir inseguro? Ni en broma. Porque, como ya sabemos, el mero hecho de preguntar es un indicador de que no conoces la respuesta, lo que te hace menos hombre y, por lo tanto, vulnerable a un ataque.

Aquí van algunos datos sobre los hombres, nuestros penes y el trauma sexual:

- La mayoría de los hombres cree que su pene es más pequeño que la media. Por si quieres saberlo, según un estudio, la talla media de un pene erecto es de 13,1 centímetros. Muy alejado de la longitud que nos hacen creer que tiene la mayoría de los hombres.

- La disfunción eréctil leve y moderada afecta aproximadamente a un 10% de los hombres en cada década de su vida (a un 30% de los hombres a partir de los treinta, a un 50% a partir de los cincuenta, etc.).

- Uno de cada cinco niños sufrirá abusos sexuales antes de cumplir diez años (y esto se basa sólo en lo que se denuncia) y las estadísticas muestran que el abusador es a menudo alguien cercano (un miembro o amigo de la familia, un entrenador, un monitor de los Boy Scouts, un cura). Esto se vuelve mucho más doloroso y confuso a medida que se desarrollan sexualmente en la adolescencia. Si juegas al baloncesto, esto es, al menos, uno del cinco inicial o dos de todo el equipo (de los cuales, por supuesto, uno puedes ser tú). Si juegas al fútbol americano, esto son casi diez de tus compañeros.

Este último dato me afecta especialmente, no sólo como persona y como padre, sino porque, como he ido descubriendo a lo largo de los últimos años, algunos de mis amigos más cercanos sufrieron abusos durante la infancia y la adolescencia. No se habla lo suficiente de este tema, especialmente teniendo en cuenta que cada vez se están interponiendo más demandas colectivas y están apareciendo más supervivientes para luchar contra organizaciones masivas como los Boy Scouts of America y la Iglesia Católica. ¿A cuántos hombres conocemos que hayan sido víctimas de acoso y abuso sexual y que no se lo hayan contado ni a un alma? ¿Cuántos de los hombres que se suicidan cada año sufrieron abusos de niños y vivieron con la vergüenza y el trauma hasta que no pudieron más? ¿Cuántos hombres fueron niños inocentes hasta ser violados y, al no poder dar salida a ese dolor y no tener a nadie para ayudarlos, perpetuaron el ciclo como adultos o intentaron anestesiar su dolor con sustancias, medicación o violencia? La gente herida hace daño a otra gente. Sin embargo, al hablar de los problemas de la masculinidad, raramente se hace alusión a esto. Así que, en lugar de tratar nuestros problemas con el sexo, los mensajes que recibimos como hombres hablan de cómo conseguir más y, cuando lo logremos, de cómo hacer que sea genial.

A un nivel más básico, recibimos muy pocos mensajes que nos expliquen que el estrés de la vida diaria, esa presión a la que estamos sometidos tantos de nosotros, y la ansiedad mental tienen una influencia directa sobre la disposición de nuestro cuerpo físico y nuestras ganas de sexo. No se nos dice que nuestra libido varía tanto como el tamaño de nuestro pene, que uno de cada cinco hombres declara tener un bajo apetito sexual, que tanto la eyaculación precoz como la eyaculación retardada le ocurren a la mayoría de los hombres en algún momento de su vida y que todo esto tiende a estar directamente relacionado con nuestro estado mental y emocional. A menudo, los únicos mensajes *mainstream* que mencionan algunas de estas cosas son bromas o *sketches* de comedia que hablan de la incapacidad de tener una erección o de mantenerla, o cuentan humillantes y divertidas historias de los mismos cómicos que utilizan su vulnerabilidad para hacer reír. Mientras me preparaba para escribir este libro, una gran cantidad de investigaciones me sugirieron que, si quería llegar de verdad a los hombres, debía ayudar a asumir mis verdades disfrazándolas de comedia. Pero llega un momento en que debemos dejar de bromear sobre lo que nos duele. Es un mecanismo de defensa y, cuanto más nos reímos de ello, menos en serio nos lo tomamos. ¿Por qué nos reímos de y buscamos a cómicos que bromean con sus problemas y sus traumas? Nos reímos porque nos identificamos, porque sabemos que dicen la verdad y porque es mucho más fácil reírse del sufrimiento ajeno que del propio. Como dice el proverbio: «De broma, se pueden decir muchas verdades». Pero, sobre todo, nos reímos porque, desde muy pequeños, se nos ha enseñado que la única forma aceptable de gestionar nuestras inseguridades, y las del resto de los hombres, es reírnos de ellas.

Así que, ¿a quién recurrimos cuando necesitamos hacer preguntas delicadas sobre nuestra salud sexual? A Google, por supuesto, pues todo lo que está en internet es cierto. Un artículo de la revista *Esquire* de 2017 contaba que las diez preguntas sobre sexo más buscadas en Google fueron:

1. ¿Dónde está el punto G?
2. Cómo provocarle el orgasmo a una mujer.
3. ¿Es posible curarse del herpes?
4. Cómo deshacerse de las verrugas genitales.
5. ¿Qué es la gonorrea?
6. Cómo agrandar el pene de forma casera.
7. Cómo medir un pene.
8. ¿Qué edad hay que tener para comprar condones?
9. Cómo insertar un órgano masculino en un órgano femenino.
10. ¿Cuánto dura el sexo?

Qué triste es que hayamos creado una cultura en que la única forma no humillante que tenemos de preguntar sobre sexo, aquello que permite que la vida siga bullendo en este planeta, es un motor de búsqueda que utilizará sus algoritmos para vendernos algo que nos «arregle» o para reforzar la misma inseguridad que nos ha llevado a preguntar.

Así que, como todo el resto de los mensajes de este libro, voy a hablar de ello, porque debo y porque los mensajes y el modelo actual no me sirven y nunca me valieron para convertirme en el hombre que quiero ser. Y, a lo largo de este viaje, he descubierto que tampoco le han funcionado a la mayoría de nosotros.

Aunque tengo la suerte de no sufrir el mismo nivel de trauma que uno de cada cinco chicos, sigo llevando conmigo mi propio bagaje de experiencias que empezaron como curiosidades inocentes y que crecieron para convertirse en motivos de vergüenza y en adicciones. Cargo con años de subestimar los efectos de lo que sólo puede describirse como: «La deseducación sexual de Justin Baldoni».

Hay mucho dolor, vergüenza y confusión que desentrañar y también, por el camino, algunos momentos de alegría, curiosidad y, claro, placer. Prácticamente ningún hombre recibe una charla clara sobre toda la verdad, así que nos inventamos cosas que luego mezclamos con fragmentos de ciencia básica, exageraciones, porno, Google y algún dato científico ocasional que no viene al caso. Esa educación sexual casera se vende como ciencia y sus consecuencias tienden a ser duraderas. Todavía tenemos cicatrices. Sé que las tengo. Estoy seguro de que siempre me acompañará la ansiedad de la insuficiencia, del miedo a no dar la talla como los hombres que encajan en el molde. Da igual cuántas veces me diga que ese molde es pura mierda y no importa cuánto me diga mi mujer que soy más que suficiente. Y sé que no soy el único.

La medida de un hombre

Recuerdo la primera vez que sentí que mi pene era insuficiente. Tenía once años y un amigo mío de mi edad —lo llamaremos Jake—, que estaba físicamente más desarrollado que yo, me dijo que ya tenía vello púbico y me preguntó si a mí me había crecido. No lo había hecho. Se bajó los pantalones y me enseñó el pene. Aunque a esa edad ya me había encontrado con imágenes pornográficas de penes de otros hombres, el mío todavía no se había desarrollado y nunca había visto el de alguien a quien conociera. Todo se ve distinto cuando se trata de un amigo tuyo, especialmente, en lo que se refiere a la comparación y a la competición. Él también era un niño, pero su pene se parecía más a las imágenes que había visto en internet que el mío. Así que yo, con mi pene prepuberal, sentí que, de alguna forma, me faltaba algo, que iba con retraso o era anormal.

Creo que durante la preadolescencia muchos hombres han tenido amistades estrechas de las que ya no hablan de adultos o cuyos recuerdos han terminado por bloquear. Estas amistades son del tipo que permite la «experimentación». No necesariamente entre ellos, aunque he descubierto que conozco a hombres tanto hetero como gay que experimentaron así durante su juventud. Por experimentar, me refiero a poner a prueba los límites de nuestra curiosidad sexual infantil y, a medida que nuestros cuerpos cambian, a descubrir para qué sirven nuestros penes.

Mi amigo, el actor y activista Matt McGorry, en un momento de puro valor y vulnerabilidad durante un capítulo de *Man Enough*, nos contó que había experimentado con amigos suyos durante la infancia. Dijo: «Es muy habitual y nadie habla de ello. No estaba basado en una atracción *per se*, en cuanto a que soy hetero y no me atrae sexualmente la gente de mi mismo género. Sin embargo, sí que experimenté con otros chicos como una parte de la exploración y del aprendizaje sobre mi propia sexualidad y mi propio cuerpo». Durante años, Matt se sintió muy avergonzado de esto, hasta que decidió compartir su experiencia y descubrió cuán común es que los chicos jóvenes experimenten de la misma manera. «Si escondes [la vergüenza], se pudre y se descompone. Cuando la aireas, no sólo les estás dando a otras personas la fuerza para vivir sus vidas con libertad, sino que también permites que la gente vea tu auténtico tú».

Mi amistad con Jake era importante, incluso con once años. Ambos estábamos en el equipo de fútbol. Su padre era camionero y, por lo tanto, nunca estaba en casa. Su madre trabajaba a tiempo completo y Jake tenía un hermano dos años mayor que nosotros. Como ambos estaban siempre solos en casa, especialmente durante los meses de verano, siempre tenían a mano varias revistas y vídeos porno que habían encontrado en el «lugar secreto» de su padre en el garaje. Su hermano mayor y sus amigos siempre hablaban de sexo, chicas con las que estaban o querían estar y el tamaño de sus vergas. Incluso recuerdo cómo se arrancaban el vello púbico y nos lo ponían en la comida o en la cara mientras dormíamos como broma. Era una pesadilla. Siendo un niño que estaba empezando a descubrir todo aquello, a menudo quería encajar, pero me sentía muy inseguro por si descubrían que todavía no había empezado la pubertad.

Un día de verano, Jake y yo fuimos a pasar la tarde al lago con su hermano mayor y sus amigos. Ahí, alquilaban botes a pedales para dos personas y mi amigo y yo nos montamos en uno. El plan era llevar una mochila con las revistas porno de su padre y salir con el bote hasta el medio del lago para poder mirarlas sin nadie alrededor. Yo estaba disfrutando mucho del hecho de que fuésemos en una extraña mezcla entre bote y bicicleta, pedaleando hacia el centro del lago. Probablemente me hubiese bastado con pedalear el resto del día.

Ojalá hubiese sido así.

Cuando llegamos al centro del lago, lo suficientemente lejos de otros botes y nadadores, sacó una de las revistas. Pensé que sólo íbamos a mirarla y a hacer bromas, pero se sacó la verga y me dijo que iba a hacerse una paja y que podía hacerme yo una también. Estaba claro que no sabía que nunca lo había hecho y que ni siquiera entendía cómo se hacía. No lo sabía, claro, porque, nunca se lo había dicho. Abrió la revista y empezó a hacer algo que, más adelante, descubriría

que es la masturbación. Le di la espalda y fingí hacer lo mismo. Unos
minutos más tarde, me preguntó: «¿Has terminado ya?» y, aunque
luego entendería a qué se refería, en aquel momento no significó nada
para mí porque mi cuerpo todavía no estaba en ese punto. Así que
ahí estábamos, en medio del lago, con él cubierto de algo blanco y
conmigo jodidamente confundido y buscando alguna forma de salir
de aquella situación. Le dije que tenía que orinar, así que le pedí que
volviéramos a la orilla y que «terminaría» ahí.

Cuando llegamos a unas rocas cercanas que sobresalían del agua,
me bajé, me puse detrás de ellas y oriné. Cuando volví al bote, bromeé sobre cuán bien se había sentido y volvimos a la orilla. Nunca
hubiese adivinado que un día tan perfecto de verano se convertiría
en algo que recordaría durante el resto de mi vida. Había empezado
como una diversión inocente, pero ahora estaba marcado a fuego en
mi memoria con sentimientos de vergüenza e inseguridad. Mi pene
no podía hacer lo mismo que el suyo, no se veía como el suyo y yo no
sabía del mío lo que él sabía del suyo. ¿Había algún problema conmigo? ¿Aprendería algún día esas cosas? ¿Iría atrasado para siempre?

Ya había visto penes antes. Mi padre y yo habíamos tenido alguna
conversación sobre el cuerpo masculino y él nunca había escondido el
suyo ni me había hecho sentir avergonzado de él, pero algo cambió en
mi cerebro cuando empecé a compararme con otro chico de mi edad.
Estaba acostumbrado a que Jake y su hermano mayor bromearan
sobre el tamaño de su pene, el sexo y las chicas, y eso me incomodaba.
Ahora sé que aquella incomodidad era conmigo mismo. Me avergonzaba de sentirme incómodo y fuera de lugar, me avergonzaba de no
tener el pene como ellos, de no saber hablar de chicas como ellos y
de no saber cómo hablar de mi cuerpo como ellos.

¿Cómo lo procesé? Fácil: empecé a actuar. Primero, encontré
a otra persona como yo. Se llamaba Lee. Lee y yo teníamos la misma edad, pero a él no lo habían expuesto a lo mismo que a mí e iba
incluso un poco más atrasado en su desarrollo físico. Como ya era un

niño «experimentado», porque ya lo sabía todo del porno, el sexo y la masturbación, pude compensar mis inseguridades exponiendo las suyas. Al hacer de Jake y hacer que Lee hiciera de mí, perpetué la misma vergüenza y el mismo ciclo que había vivido para intentar sentirme mejor. ¿Te resulta familiar? Es el mismo comportamiento que se ha repetido en todos los capítulos anteriores. Y es el que más me avergüenza.

A menudo pienso en Lee, un niño inocente al que expuse a la pornografía antes de que estuviese listo. Carajo, incluso antes de estar listo yo mismo. Sólo puedo esperar que no le afectara de la forma en que me afectó a mí entonces, y que todavía me afecta ahora. Estos recuerdos preadolescentes fueron fundamentales a la hora de integrar la idea de que mi virilidad se medía por el tamaño de mi pene. Esto, con once años, significaba que no daba la talla.

Por cierto, ¿te has parado a pensar alguna vez en la palabra «virilidad»? Se utiliza para describir nuestros penes y, al mismo tiempo, en un sentido más general, para describir una experiencia. El lenguaje y el problema están mucho más entrelazados de lo que pensamos.

Avancemos unos años hasta los vestuarios saturados de testosterona de la secundaria, donde este mensaje terminaría de asentarse. Estar desnudo en un vestuario rodeado de otros chicos, cada uno con un cuerpo distinto en un estadio diferente de su desarrollo, es un ejemplo perfecto de una experiencia compartida de la que nunca hablamos. Claro, unos cuantos se sienten cómodos desnudos y, sí, estamos acostumbrados a ver a deportistas profesionales con cuerpos esculturales paseándose en toalla mientras los entrevistan, pero, en general, da igual el tipo de cuerpo que tengas o el tamaño de tu pene, a la mayoría de nosotros nos aterraba ser observados, vistos y comparados, porque casi todos sentíamos que no dábamos la talla.

Curiosamente, más de medio siglo antes de que me estuviese duchando en el vestuario de la secundaria, marcas como Cannon Towels e Ivory Soap usaban en sus anuncios imágenes de deportistas o de soldados desnudos duchándose juntos. Éstas encarnaban la masculinidad estadounidense y los ideales de personas del mismo sexo creando vínculos que definieron aquella época. En quizá uno de los anuncios más extraños de todos los tiempos (que definitivamente no podría hacerse ahora) Bradley Group Showers colgó carteles con chicos con el torso desnudo enjabonándose alegremente para promocionar sus columnas de ducha hechas para ahorrar agua. Para rematarlo, en el cartel decía «¿Por qué las juntamos? PARA AHORRAR DINERO». (Evidentemente, «las» se refería a que todas las regaderas estaban en una columna… pero es imposible no asumir que el juego de palabras fue intencional).

Incluso si gran parte de mi generación nunca vio estos anuncios ni vivió la época en que las duchas eran obligatorias después de las clases de deporte, cuando miro estas imágenes, a pesar de las caras sonrientes de los modelos, me retrotraigo inmediatamente a las sonrisas falsas y a las locuras superficiales que ocurrían en los vestuarios de mi juventud. Recuerdo el nerviosismo y la inseguridad colectiva que acompañaban al desnudarse ante los demás, sabiendo que estábamos mostrando nuestros cuerpos y exponiéndonos al control y al *bullying* de nuestro propio género, independientemente de cuánto diéramos o no la talla. Incluso hoy en día, todavía me pongo nervioso cuando mis amigos y yo nos vamos de viaje y nos cambiamos juntos. Curiosamente, incluso entrados los treinta nos resistimos a desvestirnos en un viaje de chicos o en el gimnasio. Y, seamos sinceros: casi todos los hombres se sienten más cómodos poniéndose la toalla en la cintura y luego sacándose la ropa interior que dejando que todo cuelgue alegremente. Eso no significa que no nos desnudemos ante nuestros amigos, pero tampoco que no sintamos cierta resistencia. Todo el mundo se cohíbe a su manera y, aunque estoy aprendiendo a ser más compasivo conmigo mismo, se me rompe el corazón cuando pienso en el nivel adicional de abuso que sufrieron los niños con sobrepeso. Ellos, junto a los que eran todavía más delgaduchos que yo, los que tenían algún tipo de discapacidad o los que se desarrollaron muy «tarde», lo pasaron mucho peor que yo.

Como muestran las búsquedas de Google, la relación de los hombres con nuestros penes es bastante obsesiva y jodida. No puedo decirlo más claro. A ver, es que hasta les ponemos nombres como si fueran seres independientes con sus propias personalidades. Y, aunque no todo el mundo lo haya bautizado, todos hemos oído los nombres: Willie, John, Thomas, Peter. O incluso nombres de comida rápida como Whopper o Big Mac. O pensamos en ellos como máquinas: una herramienta, una vara, un martillo o un taladro. Y, además de estar incómodos en las duchas públicas, algunos hombres sufren lo que cariñosamente se llama «una vejiga tímida» y no pueden orinar en orinales públicos (aunque no les cuesta hacerlo en un cubículo privado). ¿Sabes que hubo una época en que todos los orinales no eran más que zanjas y que todo el mundo iba al baño sin problemas? Entonces, con el tiempo, muchos hombres se volvieron más inseguros y empezaron a ser incapaces de orinar ante otros hombres, por lo que tuvieron que inventarse los orinales. Si nos entra el miedo escénico sólo por ir a mear, ¿de verdad creemos que no lo tenemos en la cama?

Hemos llegado incluso al extremo de haber inventado una operación quirúrgica para los hombres que creen tener el pene demasiado pequeño. Quince mil hombres se someten anualmente a la costosa y, a menudo, dolorosa, cirugía de alargamiento de pene. No soy matemático, pero calculo que, si quince mil hombres pasan por este procedimiento, eso equivale probablemente a alrededor de un 1% de los que la buscan en Google. ¿Por qué? Podría pensarse que es sólo porque quieren ser mejores amantes, o complacer más a las mujeres. Quizá en algunos casos esto es cierto, pero los datos sugieren que la mayoría de los hombres sufren lo que los urólogos llaman «el síndrome del vestuario»: el miedo a que otros hombres los crean inadecuados.

Pero incluso el tipo con la verga enorme o el niño que empezó la pubertad antes que nadie y se dejó aquel bigote horrible en séptimo han sido ridiculizados por ello en algún momento. Porque eso es lo que hacemos niños y hombres cuando otro nos hace sentir menos.

Incluso hoy, casi puedo sentir la reacción visceral de mi cuerpo en los momentos previos a las duchas grupales después de entrenar. Curiosamente, es increíblemente similar a lo que siente mi cuerpo antes de zambullirse en agua helada. El nerviosismo. La anticipación. El esfuerzo mental que tengo que hacer para obligarme a entrar en el agua sabiendo que, sea como sea, será una mierda. Al menos, ya no tengo que lidiar con comentarios homófobos como «Balboner, ¡que no se te caiga el jabón!». Lo más triste es que estos ataques, los vistazos, las miradas, el abuso... eran una parte tan habitual de ser un hombre que, incluso cuando yo no era el centro de las bromas, me sentía incómodo y no hacía nada para pararlas.

Este tipo de recuerdos fueron los catalizadores del complejo de inferioridad que me invadió a lo largo de casi toda mi adolescencia y hasta los veintipocos. Y con el que sigo batallando ahora. La ironía es que, si cualquiera de los chicos de la secundaria leyera este libro, no me sorprendería que dijeran que me estoy inventando estas historias. Es muy probable que recuerden a un Justin adolescente haciendo esas bromas, haciendo que los demás se sintieran inferiores, y que esto les sonara a historia revisionista. Pero de eso se trata. De mostrar que no tiene nada que ver cómo nos sentimos con cómo nos comportamos cuando somos jóvenes. Estos recuerdos, y la inseguridad que nació de ellos, fueron algunas de las cosas que me llevaron a sentirme solo. Y, desafortunadamente, cuando me sentía solo, siempre podía encontrar a un amigo en la pornografía.

Curiosidad, vergüenza y adicción

Cuando era pequeño y todavía vivíamos en Los Ángeles, mientras volvía andando con mis amigos cada día del colegio, pasábamos frente a quioscos en casi cada esquina. Estaban llenos de diarios, tabloides, mapas, revistas, dulces y cigarrillos. Justo al lado de las revistas de *fit-*

ness, de moda y de noticias, estaban la *Playboy* y la *Penthouse*, colocadas estratégicamente para quedar algo escondidas. Según el quiosco, a menudo podíamos alcanzar la revista y colocarla de forma en que se viera lo que quedaba escondido. A esa edad, se trataba más de la curiosidad de lo prohibido que de algún tipo de deseo sexual por ver un cuerpo desnudo. Siempre fui el niño que quería romper los límites y conocer lo prohibido. Para un niño, si algo está prohibido, significa automáticamente que es algo moralmente «malo» o que «está mal». Así que, incluso en aquellas primeras experiencias de miradas de reojo inocentes y curiosas a las portadas de la *Playboy* (y de soltar risitas nerviosas con el resto de los niños cuando salían tetas), ya había un conflicto entre la emoción y la vergüenza que empezaba a asociarse con ver el cuerpo de una mujer desnuda.

Nos mudamos a Oregón más o menos cuando el internet de marcación telefónica se volvía más popular y accesible. Si tienes menos de veinticinco años, es casi imposible imaginar que hiciera falta esperar al menos dos minutos y medio para conectarse a internet mientras la computadora hacía ruidos como «urrrrr iiiiiiiii urrrr nnnggggg iiiii cccrrrrrrrrr ngg iiiii grrrr urrrrr ng ng ng». (Si no sabes de qué hablo, googlea «sonidos de *router*»). Aparentemente, por aquel entonces tenía mucha paciencia.

Descubrí el porno por internet a los diez años. Estaba pasando la noche en casa de unos amigos que, como yo, provenían de una cariñosa familia religiosa que había trabado amistad con la mía. Los hijos, Scott y Elijah, eran gemelos de mi edad y me dijeron que, cuando sus padres se fueran a dormir, querían enseñarme algo. Recuerdo esperar entusiasmado por lo que estuviese prohibido con los adultos despiertos.

Nos escabullimos de la habitación hacia el salón, donde estaba la computadora familiar. La encendieron, conectaron internet y, aunque parezca mentira, aquel molesto chirrido no despertó a sus padres. Cuando terminó de conectarse, realizaron una búsqueda y, sólo sesenta segundos más tarde, terminó de cargarse una foto. Una panorámica de una mujer desnuda, estirada en una postura provocativa mucho antes de que supiera lo que significa eso.

Desde aquella noche, probablemente, haya visto cientos de miles de imágenes pornográficas y, cuando pasamos de los módems a un wifi veloz como un rayo, las imágenes se convirtieron en vídeos. De todas formas, aquella primera experiencia fue la que marcó más profundamente mi cerebro, pues abrió, por así decirlo, la caja de Pandora. Cada vez que me quedaba a dormir con ellos, esperábamos a que sus padres se durmieran, nos escapábamos por el oscuro pasillo y, a la luz de la computadora, el porno nos enseñaba lo que era el sexo. A lo largo de aproximadamente un año, vería porno esporádicamente cuando me quedaba en casa de amigos, hasta que mi familia compró una computadora cuando empecé la secundaria y, llegado el momento, la pubertad. No pasó mucho tiempo antes de que empezara a escaparme de mi habitación por las noches para conectarme a la computadora. Más adelante, incluso me compraron un pequeño televisor con un reproductor de VHS para mi habitación, donde podía ver a puerta cerrada las películas de las actrices que me gustaban (generalmente, las que tenían los pechos más grandes) en escenas que enseñaban sus escotes o, si lograba alquilar una película para mayores de dieciocho, en escenas sexuales o en *topless*. (Por cierto, algunos de los momentos más raros de mi vida han ocurrido durante los últimos años, cuando mis fantasías adolescentes se han cruzado con mi vida profesional adulta y he trabado amistad con algunas de esas actrices).

En todo caso, entonces no lo sabía, pero aquel consumo repetitivo y continuo de pornografía estaba creando circuitos neuronales en mi cerebro que allanaron el camino para lo que terminaría siendo una especie de adicción, que traería consigo una visión distorsionada no sólo del sexo, sino también de mi cuerpo y de cómo debía funcionar, y del cuerpo de las mujeres y de cómo debía funcionar. Todo empezó como una exploración curiosa e inocente en la época en que las escuelas daban sólo breves clases de educación sexual basadas en la abstinencia —si es que las daban— y los padres no tenían los recursos que tenemos ahora. En mi caso —y en el de muchos hombres—, la pornografía fue nuestra «educación sexual». Literalmente, no existía otro sitio seguro para hacer preguntas. A menudo, ni siquiera se trataba de fantasías, sino de entender qué aspecto tenía el sexo y cómo se hacía. A medida que crecía, especialmente, en la secundaria, el porno era algo a lo que acudir, algo en lo que «confiar» cuando necesitaba una vía de escape emocional. Cuando me sentía solo, inseguro, ansioso o incluso aburrido, acudía al porno para masturbarme, hasta que se convirtió en algo tan habitual, como un acto reflejo, que recurría a ello incluso para quedarme dormido. La pornografía era lo que buscaba cuando quería huir de mis sentimientos de insuficiencia y, sin embargo, el mismo mensaje que el porno dejó implícitamente en mi cerebro fue que era insuficiente, pues no tenía el pene lo suficientemente grande. No bastaba que un pene le diera placer a una mujer, sino que tenía que dolerle. Insuficiente, porque los penes tenían que provocarles orgasmos múltiples a las mujeres y hacerlas gritar de placer una y otra vez durante horas. Insuficiente porque no tenía ninguna experiencia sexual y no me juntaba con suficientes chicas (o más bien con ninguna) porque, obviamente, no era lo suficientemente hombre.

La primera vez

En la secundaria, aunque el resto de los chicos estaban empezando a mantener relaciones sexuales, yo quería respetar mis creencias espirituales, así que no lo hacía. Lo gracioso es que digo esto como si hubiese tenido alguna oportunidad de acostarme con alguien. Durante aquellos primeros años, no tuve ninguna. Muchos de mis amigos eran cristianos que repetían el mensaje *mainstream* de que el sexo sólo era la penetración vaginal, así que todo lo demás estaba permitido, incluido el sexo anal, lo que, para mí, tenía poco sentido.

Debía tener dieciséis años la primera vez que estuve en una situación con una chica remotamente parecida a lo que el resto de los chicos estaban haciendo (o, seamos claros, lo que decían que estaban haciendo, pues todos sabemos que la mayor parte de lo que dicen los chicos de esa edad es una combinación de mentiras y de exageraciones). Recuerdo estar asustado y nervioso por si me juzgaba, por si terminaba demasiado deprisa, por si no era suficiente. Estábamos en la parte de atrás del carro que conducían sus amigos y ella era dos años mayor que yo. Ni siquiera sabía por qué le gustaba, pero estaba buena y era mayor que yo, así que más me valía no cagarla. Íbamos de camino a una fiesta y recuerdo que me preguntó si quería sexo oral, a lo que le susurré: «Ah... ¡¿ahora?! ¡Si nuestros amigos están aquí al lado!». Tengamos en cuenta que, aunque hubiese visto muchísimas imágenes y vídeos de lo que me estaba ofreciendo, la única relación física que había tenido con el sexo era con mi propia mano. Así que, sí, me sentía incómodo y aterrado y, sin embargo, también me sentía como un campeón porque sabía que, si la dejaba hacerlo, tendría una historia real que contarles a los chicos que me haría parecer una leyenda.

Así que hice lo que había aprendido a hacer cuando me sentía inseguro y nervioso: sobrecompensé. Fingí sentirme seguro y empecé a interpretar un papel, actuando como había visto hacer en televisión y en el porno, proyectando confianza, aunque me sintiera tremendamente inseguro. Le dije que sí, así que me echó un suéter encima y empezó. Treinta segundos más tarde, todo había terminado. Me sentía como un rey, pero también como un niño pequeño totalmente fuera de su zona de confort. Me avergonzaba cuán rápido había terminado y me preocupaba que pensara que era un perdedor porque era un chico más joven que no podía controlarse. De todas formas, cuando les conté la historia a mis amigos, no dudes de que omití eso último.

Seguí interpretando ese papel durante el resto de la secundaria y en mi primera relación universitaria y, mientras, ahogué cualquier confusión, ansiedad e inseguridad que tuviese alrededor de la sexualidad. Aunque podría escribir un libro sólo con anécdotas sobre mi confusa relación con el sexo y mis, a menudo, vergonzosas y dolorosas experiencias en la secundaria, lo que he descubierto escribiendo este capítulo es que tengo una cantidad importante de trauma sin procesar alrededor de este tema que, la verdad, no sabía que tenía. Como hombre, me han socializado para no darme permiso para sentir mis sentimientos o para tener emociones en lo que respecta al sexo. Sólo se me permitía sentir que lo quería y que mi estatus social y mi valor como hombre dependían en parte de si lo tenía.

Avancemos hasta mi primer año de universidad. Tenía diecinueve años y mi novia —llamémosla Sofía— y yo estábamos en una relación seria, aunque disfuncional. Sabía que no quería llegar a la penetración, pero, en una ocasión en la que estábamos haciendo lo que vulgarmente se conoce como «todo menos eso», agarró mi pene y se lo metió. Inmediatamente, la aparté y le pregunté que qué carajo estaba haciendo. No le había dicho que pudiera hacerlo, ni habíamos hablado de si estaba listo y, de hecho, ya le había dicho que no lo estaba. Hubo un breve momento de pausa antes de que ella le quitara importancia, volviera a subirse sobre mí y me dijera: «Dale, si básicamente ya lo estamos haciendo. No es para tanto».

Hasta cierto punto, tenía razón. A ojos de Dios, en mi fe, aquello ya era sexo, pero eso no justificaba ir más allá. A pesar de sentir una reacción emocional instantánea, la voz en mi cabeza no tardó en acallarla con el mensaje y la expectativa de que los hombres de verdad siempre quieren sexo y que debería dar las gracias por estar por fin a punto de conseguirlo. Así que me tragué esa mierda porque, ¿con quién iba a hablar de ello? ¿Qué le iba a decir a mi compañero de cuarto, que era el típico macho? «Eh, mano, mi novia me ha metido dentro de ella y yo no estaba listo para mantener relaciones, así que me siento muy raro». ¡Él y todo el equipo de atletismo de la residencia se hubiesen reído de mí durante meses! Tampoco podía hablar con Sofía porque, aunque creía estar enamorado de ella, en aquel momento había encontrado la forma de hacerme sentir culpable e incluso menos válido que antes. Me recordó la paciencia que había tenido conmigo (seis meses) y reiteró que ya nos habíamos acercado tanto que había dejado de importar. Básicamente, me dijo lo que el resto de los hombres llevaban toda la vida diciéndome, que «me comportara como un hombre» y dejará de ser tan *pussy*. Estoy bastante seguro de que usó esas palabras exactas en varios momentos de la relación. Más adelante, me di cuenta de que, en aquel momento, aplicó la misma táctica para manipularme que utilizan los hombres para mantener a mujeres en relaciones abusivas. En cuanto le entregué mi virginidad —voluntaria o involuntariamente—, Sofía supo que haría lo que ella quisiera, que era un chico sensible, un cobarde, y que seguiría con ella incluso tras descubrir que me había engañado. Y lo hizo. Dos veces.

Me resulta incómodo compartirlo, pero saber que no estoy solo me da fuerzas para hablar de esto. En 2017, la socióloga Jessie Ford publicó un estudio en el que había entrevistado a hombres universitarios sobre sus experiencias con el sexo no consentido. Se dio cuenta de que la academia se estaba centrando en el abuso sexual a mujeres y no tenía en cuenta que los hombres también denunciaban sexo no consentido, así que decidió investigarlo ella. Durante las entrevistas, estos hombres revelaron que las expectativas de género sobre su comportamiento —qué se espera que quieran y qué acciones podrían hacerlos quedar mal ante sus parejas o ante los demás— son el motivo por el que se acuestan con alguien en contra de su voluntad. Un estudiante dijo: «Creo que, como telón de fondo de mis pensamientos, está la idea de que los hombres debemos disfrutar las relaciones sexuales en cualquier circunstancia». Otro estudiante expresó lo mismo diciendo que «la idea de que a los hombres les encanta el sexo y que las mujeres pueden decidir si lo quieren o no es una presión social. Como hombre, decir que no quieres mantener relaciones sexuales te hace menos hombre».

En su libro, *Boys & Sex*, Peggy Orenstein reproduce una entrevista con Dylan, un estudiante universitario de segundo año, en la que revela que, cuando tenía catorce años, asistió a su primera fiesta de secundaria y una chica de diecisiete lo llevó a una habitación y le realizó sexo oral contra su voluntad. Otro entrevistado, Leo, un estudiante de último año de secundaria, contó que, en un encuentro con una chica, mientras ella le practicaba sexo oral, de golpe se sentó a horcajadas sobre él y «puso mi verga dentro de ella». Tanto Dylan como Leo pasaron por una depresión y por episodios de agresividad como resultado de estos encuentros. Leo dijo: «Sabía que estaba relacionado con lo que había ocurrido, pero no quería admitirlo».

Como estos jóvenes, y los del estudio de Ford, quería cumplir con las expectativas de la masculinidad. Quería demostrar que era lo suficientemente hombre, por muy alto que fuera el precio: cortar la conexión conmigo mismo y con mis sentimientos. Fue un golpe tan duro que perturbó mi sexualidad emergente, mi fe y cualquier sentido del yo que hubiese desarrollado. Me dejó una cicatriz similar a la que me quedó después de romperme el isquiotibial, que me perseguiría durante más de una década e incluso en la década siguiente. Lo más raro de todo esto es que no me he dado cuenta hasta ahora de que tengo esta herida. Nunca le había contado esto a nadie. Creo que lo había enterrado tan profundamente que incluso lo había olvidado. Supongo que no puedes sanar algo si no sabes que está roto.

La ansiedad de la insuficiencia

Durante el resto de mi relación con Sofía, me volví más inseguro y cada vez me costaba más interpretar el papel que me había impuesto en un intento de demostrar mi masculinidad, pues, por mucho que intentara enterrarla, esta inseguridad estaba a flor de piel. Tras esta primera experiencia no consentida, seguimos acostándonos, pero era incapaz de aguantar más de un minuto o dos porque, sin darme cuenta, estaba viviendo un conflicto interno. No importaba qué dijera, cómo actuara o mis propios deseos; no estaba emocionalmente preparado para mantener relaciones sexuales, especialmente con ella. Llevé conmigo el insoportable peso de la ansiedad que acompaña al aprender cómo debería ser el sexo a través de la lente distorsionada de la pornografía, los incontables recuerdos de las veces que sentí que no daba la talla y el trauma subconsciente de que mi primera vez fuese técnicamente no consentida. Ahora tiene todo el sentido del mundo que aquello me causara tanta ansiedad, que me preguntara constantemente qué pensaba ella, que me sintiera incapaz de controlar las reacciones de mi cuerpo y que internalizara su abierta decepción cuando era incapaz de aguantar más tiempo.

Más adelante, cuando descubrí que me había estado engañando con otros hombres, estos sentimientos se multiplicaron. El mensaje estaba claro: no soy suficiente. No satisfago a mi novia y ha tenido que encontrar a alguien más hombre que yo, alguien con más experiencia capaz de darle todo lo que yo no puedo. Y, por supuesto, me dije que ella necesitaba encontrar a alguien con un pene más grande, pues esto es lo que hacen estos mensajes. No importa si estás en la media, por encima o incluso si la tienes grande. Ni siquiera importa si tu pareja está contenta y satisfecha con tu talla. No importa cuánto ganes, cuán anchos sean tus hombros o qué clase de carro conduzcas. Siempre hay un hombre con un carro más nuevo, con unos hombros más anchos, con una cuenta bancaria con un cero más… con un pene más grande. Siempre habrá alguien con quien compararse. Y las comparaciones siempre, siempre llevan al sufrimiento.

Avancemos dos años más. He empezado a actuar, he triunfado, tengo dinero, algo de fama y estoy en muy buena forma. Ah, y también conduzco un Bronco bien cabrón. Aquí entra Jessica.

Jessica sería mi novia durante cuatro años y terminaría dejándome por otro hombre al que conoció en el rodaje de una película de terror de bajo presupuesto. Por aquel entonces, vivíamos juntos y, aunque sabía instintivamente que era una relación terrible, no era lo suficientemente fuerte como para terminarla. Así que lo hizo ella. Nunca olvidaré estar tirado en nuestra cama, sollozando, abrazando al perro que compartíamos y viendo cómo aquel tipo tuiteaba fotos de ellos juntos en la iglesia, comiendo fuera con su familia, yendo a cenas, etc., mientras, técnicamente, seguíamos juntos. La ola de depresión llegó como un tsunami mientras cedía a la ansiedad de la insuficiencia, la inferioridad y la inseguridad. No era suficiente.

Incluso si sabía instintivamente que no era una buena relación para ninguno de los dos, no era lo suficientemente hombre como para dejarla. El final de aquella relación fue una de las primeras invitaciones al lento, doloroso, empoderado, valiente y gratificante viaje en el que me encuentro ahora. Uno que durará el resto de mi vida. Uno para descubrir y personificar mi ser más auténtico y genuino, para confiar en mi intuición y conocer mi valía y para honrar tanto los buenos como los dolorosos momentos de mi vida cuando llegan, en lugar de enterrarlos tan profundamente que termino por olvidarlos.

Si fuera a rodar una película inspirada en mi vida, podría optar por mostrar aquella ruptura como un evento que desencadena un viaje espiritual dentro de mí. Algo que me hace superar muchísimos desafíos, salir con mucha gente con la que no conecto, sufrir alguna terrible pérdida y terminar encontrando a mi alma gemela esperándome, alguien que, probablemente, estuvo ahí desde el principio. Podría hacerlo parecer así de fácil, o al menos así de atractivo, pero sería una basura poco auténtica, como muchas de las películas que hablan de amor y romance. Aunque, sí, me zambullí en mi espiritualidad y empecé a cultivar amistades significativas con otros hombres y conmigo mismo, nada de aquello fue fácil. De hecho, todo lo contrario. E, incluso cuando conocí a la mujer que acabaría convirtiéndose en mi esposa, nuestra historia de amor tampoco fue fácil. Profundizaré en esto en el próximo capítulo, pero por ahora, quiero contar qué empezó a ocurrir cuando me abrí a compartir, poco a poco, mis inseguridades, cuando dejé espacio en una relación —y en mi propia percepción de mí mismo— para ser algo más que un hombre sexual, para ser una persona emotiva, intelectual, que piensa, siente y vive. Quiero compartir qué ocurre cuando, como hombres, empezamos a aprender cómo dejar de medirnos según la talla de nuestros penes y nos centramos en el tamaño de nuestro corazón.

La dosis de dopamina

El sexo es complicado. Tiende a incluir a dos personas, cada una con su propia historia, experiencias, gustos y traumas emocionales, juntándose para conectar de una forma emocionalmente pura y vulnerable. Creo que el sexo debería crear una conexión e, idealmente, no brindar sólo una experiencia física, sino también emocional y espiritual. Puede ser sanador, alegre, divertido, serio e incluso furioso, pero, al fin y al cabo, es importante subrayar que existen muchísimos tipos de sexo e, incluso, más tipos de motivos por los que la gente lo practica. Es imposible resumir o capturar la experiencia total del sexo entre seres humanos de forma que todo el mundo esté de acuerdo. Al mismo tiempo, es una necesidad básica y, para algunos, un medio para un fin. Por eso, es quizá una de las experiencias más personales y vulnerables que se pueden tener y se ha usado durante miles de años para manipular, reprimir y explotar a grupos enteros de personas. Pero, aunque el sexo puede ser extremadamente complicado, por su parte, el porno parece algo sencillo. O, al menos, eso es lo que nos han enseñado.

El porno nos ofrece un bufé de posibilidades para cumplir fantasías, liberar estrés, automedicarnos y tener orgasmos sin necesidad de

la participación de otro complicado ser humano. Pero ¿es realmente
bueno para nosotros? Éste es un debate en el que no tengo ningún
interés en participar porque, depende de cómo se use, el veneno puede convertirse en el remedio y viceversa. No estoy aquí para denunciar a quienes trabajan en la industria del porno o para decir que los
trabajadores sexuales deberían ser juzgados o humillados. Todo el
mundo tiene sus motivos y sus historias. No estoy denunciado al
conjunto de la pornografía, sino a mi relación con ella. Aunque pueda haber personas que mantengan una relación sana con el porno,
mucha gente es incapaz. Yo soy una de esas personas. Por eso, sólo
puedo hablar desde mi propia experiencia, desde la investigación que
valida mi problema y desde la opinión, muy personal, de que no es
bueno para mí ni para las decenas, si no cientos, de millones de hombres que luchan en secreto contra su relación insana o su adicción al
porno. Esta adicción no sólo contribuye al aumento de la depresión,
sino también a la disfunción sexual, a la soledad, a la infidelidad, a la
violencia sexual, al abuso y al tráfico humano. Pero ya existen otros
libros que pueden hablar de eso. Esto es personal.

Mi experiencia me dice que, en realidad, a poca gente le gusta
cómo se siente después de consumir porno *mainstream*. Claro que
hay un subidón que acompaña a la excitación sexual y una liberación
tras el orgasmo, pero el sentimiento al que me refiero es el que sigue a
esto. Es el bajón tras el subidón. Y, en general, si de por sí no me gusta
cómo me siento mientras veo porno, me gusta mucho menos después,
así que mi atracción y ansia por consumirlo me resultan todavía más
confusas y preocupantes.

Quiero subrayar que utilizo la palabra «consumir» para describir el acto de ver porno de manera intencional, pues creo que eso es
precisamente lo que estoy haciendo: consumir. Hay un motivo por el
que las páginas porno y los pornógrafos a menudo utilizan trucos y
tácticas, como la teoría de la recompensa variable, para fomentar que
la gente esté en sus páginas web durante horas. Y por lo que también

producen páginas y porno que les resultan atractivos a grupos de hombres y chicos cada vez más jóvenes. La exposición al porno de niños menores de trece años pasó de un 14% en 2008 a un 49% en 2011, y estas cifras siguen subiendo a medida que ponemos teléfonos y tabletas en las manos de niños cada vez más pequeños. Es como lo que le hemos visto hacer a la industria del tabaco una y otra vez con los cigarrillos y ahora con el vapeo. Cuanto más joven consigan captar al consumidor, más beneficios a largo plazo obtendrán. Como con el tabaco, el alcohol, las drogas, el juego e, incluso, los videojuegos, el consumo de porno desencadena una descarga de dopamina en el cerebro que crea caminos neuronales.

Entiendo que esto funciona de la siguiente manera: básicamente, nuestros cerebros son como supercomputadoras que procesan información constantemente a la velocidad de la luz. El cerebro tiene algo llamado «sistema de recompensa», un mecanismo complejo que libera químicos que te hacen sentir bien o mal según lo que te esté pasando. Es como si te diera una galleta o una golosina cada vez que hicieras algo genial. Los perros también lo tienen y, por eso, la forma más fácil de entrenarlos es dándoles un premio cuando hacen algo bien. Es la forma en que Pavlov enseñó a sus perros a salivar cada vez que escuchaban una campana. A esto se lo llama «respuesta condicionada». Nuestros cerebros también hacen esto, pero, para nosotros, el premio es un compuesto químico llamado dopamina. La dopamina es genial, pues da un subidón rápido que te hace querer repetir lo que sea que acabes de hacer. Como una golosina canina, pero para el cerebro. El verdadero motivo por el que tenemos este sistema es para ayudarnos a sobrevivir y a tomar decisiones positivas, idealmente, para que la especie humana pueda seguir existiendo. Precisamente por esto, el sexo es un desencadenante tan potente para el sistema de recompensa del cerebro.

Una analogía utilizada habitualmente para describir la relación entre la dopamina y nuestros caminos neuronales es un sendero en el bosque. Antes de que tu cerebro te recompense por algo, no existe un sendero por el que puedas transitar. Pero en cuanto le das a probar algo que le gusta, te recompensa con dopamina, lo que hace que quieras volver a probarlo. La dopamina es como si tu cerebro cortara la maleza con un machete para que puedas sentir más de las cosas buenas que le gustan. Quiere facilitarte el sentir placer, así que te incentiva a seguir recorriendo ese sendero. Pero los científicos han descubierto que no todas las descargas de dopamina son iguales para los sistemas de recompensa del cerebro: algunas son más grandes que otras. ¿Cuál es uno de los mayores liberadores de dopamina del cerebro? El sexo.

Piensa en los caminos neuronales como en el sendero en el bosque. Las investigaciones han demostrado que los caminos que creamos alrededor del sexo se parecen menos a despejar un sendero en el bosque con un machete y más a alguien conduciendo un tractor gigantesco y arrasando con todo a su paso. Cuanto más grande es el camino, más ganas tendrá el cerebro de recorrerlo y explorarlo, y más difícil será dejar de explorar. Es también por esto que los traumas sexuales son tan incapacitantes y difíciles de superar. Para quien ha sufrido un trauma sexual, violencia o abuso, este ancho sendero se asocia con el dolor, la rabia y la vergüenza, y, cuanto más grande el sendero, más difícil y lento es que la naturaleza sane y vuelva a crecer.

En un artículo titulado «How Porn Affects the Brain Like a Drug» (Cómo el porno afecta al cerebro como una droga), Nora Volkow, directora del National Institute on Drug Abuse, explica que «Las células de dopamina dejan de activarse tras el consumo reiterado de una "recompensa natural" (por ejemplo, la comida o el sexo), pero las drogas adictivas siguen incrementando los niveles de dopamina sin dejar descansar al cerebro. Cuantas más dosis consume un drogadicto, más dopamina inunda su cerebro y más fuerte es su impulso por seguir consumiendo. Por eso, a los drogadictos les cuesta tanto dejarlo tras su primera dosis. Una dosis puede convertirse en muchas, o incluso en todo un fin de semana perdido».

Así que, básicamente, cuanto más porno vemos, más pasa el *bull-dozer* por los caminos neuronales de nuestro cerebro, inundándolos de dopamina, y más difícil es parar. Aquí la cosa se complica. Cuanta más dopamina produce el cerebro, más se acostumbra, más necesita y más la ansía. Se convierte en la nueva normalidad cerebral, así que los hombres que sufren de adicción a la pornografía dejan de poder sentir-se normales sin su dosis de dopamina, así que siguen consumiendo y viendo cada vez más. En este punto, los hombres declaran que el sexo se vuelve menos placentero, las amistades y las relaciones menos plenas y que desarrollan una sensación general de apatía, que en muchos casos se asienta como depresión. Es también en este punto que todas estas ansias y deseos entran en juego y, en nuestra sociedad hípersexualiza-da, cualquier cosa puede activar un cerebro adicto al porno.

¿Dónde entro yo en todo esto? Desde que descubrí el porno a los diez años, y con mi consumo bastante regular durante la intermedia y la secundaria, una de las épocas más dolorosas y solitarias de mi vida, entrené a mi cerebro para asociar las imágenes sexuales con sentimientos de soledad, tristeza, enfado, dolor y ansiedad. A medi-da que mi cuerpo crecía y se desarrollaba, mi consumo de porno, que empezó como una inocente curiosidad, se convirtió en algo a lo que recurría para huir de la realidad. Al hacer esto, mi cerebro creó nuevos caminos que relacionaban las descargas de dopamina con aquellos sentimientos de inferioridad. Con los años, me di cuenta de que mi consumo de porno se reducía o incrementaba en base a cómo me sentía. Había épocas en las que no sentía ningún deseo de verlo, e incluso me asqueaba, y otras en que lo veía cada día. Cuando pasaba por una época emocionalmente extrema, mi consumo iba acorde. En definitiva, el porno se convirtió en mi medicación.

Soltero y con veintipico, lo utilizaba para regular mi apetito sexual y asegurarme de no acostarme con ninguna de las chicas a las que veía. Como canta Andy Grammer en su canción «Holding Out», a menu-do me descubría (por muy hipócrita que suene) usando «un poco de oración y un poco de porno» para evitar mantener relaciones sexuales.

Durante aquellos años, me encontraba en lo que he terminado viendo como un conflicto interno. Sentía como si hubiese una guerra entre el bien y el mal en mi interior, ocurriendo bajo la superficie, donde nadie podía verla, donde, lleno de vergüenza y confusión, me ponía mi armadura, salía a la batalla y perdía. Estaba desesperado por dejar de ver porno, pero como no lo consumía cada día ni cada semana, y lo que consumía no desembocaba en cosas más intensas o extremas, justificaba mi consumo y lo atribuía a ser un tipo de veintipico normal con un fuerte apetito sexual. En un momento dado, tras una ruptura, tomé la decisión de dejar de ver porno porque no me gustaba cómo me sentía y quería ganar mi batalla interior.

Pero seguiría haciéndolo, incluso tras conocer a Emily y enamorarme perdidamente de ella. Tampoco importa cuánto haya profundizado en mi espiritualidad, cuánto haya rezado o cuántos actos de servicio haya realizado. No importa lo que haya aprendido sobre el porno y sobre cuán destructivo es o puede ser. Mi atracción por él no era racional. Así que, en lugar de resistirme a esa atracción, terminé por intentar entenderla. Y en esas estoy ahora.

Si eres hombre y estás leyendo esto, quiero que sepas que, si tienes problemas con el porno, no estás solo. De hecho, muchos investigadores creen que, como el consumo de porno y las adicciones son tan secretas y a muchos hombres les avergüenza hablar de ellas con nadie (incluidos sus propios terapeutas), el número de afectados es mucho mayor de lo que creemos. No sé cuántos mensajes privados he recibido de chicos y hombres en las redes sociales pidiéndome ayuda y recursos. Aunque no puedo leerlos todos, cuando me cruzo con uno que habla de esto, me asombra el valor y la confianza que depositan en mí para compartir su problema y pedir ayuda. También he recibido un buen número de mensajes de mujeres pidiéndome consejo o ayuda para los hombres en sus vidas que tienen problemas con el porno. Todo esto para que todos los chicos y hombres ahí fuera sepan que no están solos, sino que incluso diría que son mayoría. Piensa en esto un momento. Ya no tienes por qué sufrir en silencio. No debes odiarte o pensar que hay algún problema contigo porque no sabes parar. No tienes que pensar que Dios te odia o que eres un mal cristiano, musulmán, judío, bahá'í, monje, etc. Eres una persona que ha sido expuesta a algo que su cerebro no sabe gestionar porque no fue diseñado para tener acceso a dosis de dopamina instantáneas y disponibles a voluntad las veinticuatro horas del día. Éste es un problema nuevo creado por la aparición de la tecnología que necesita de soluciones novedosas para arreglarse. No debemos sufrir en soledad. Estamos juntos en esto. Y creo que hay esperanza.

Si eres mujer y has sufrido alguna vez problemas de autoestima porque un hombre en tu vida es adicto al porno, si alguna vez un hombre ha escogido el porno sobre ti o sigue consumiéndolo mientras tiene una relación contigo, quiero que sepas que no estás rota o eres inferior. Y, aunque puedo imaginarme que debe ser difícil no compararte con las imágenes que está consumiendo, quiero decir que hay una alta probabilidad de que tu compañero, si es un consumidor de porno parecido a mí, no lo haga porque está insatisfecho con su relación. No lo consume porque no eres suficiente o porque no te encuentra bella o sexy. No lo consume porque siente sus deseos sexuales insatisfechos. Digo esto porque Emily es todo lo que siempre he querido en una compañera y esto no ha hecho desaparecer mi ansia de porno, especialmente en los momentos emotivos o turbulentos de mi vida. Aunque cada caso y cada hombre es diferente, es muy probable que él, como yo, lo consuma porque su cerebro le dice que lo necesita para sentirse seguro, visto, deseado o incluso amado. Mucho antes de que hubiese una pareja en su vida, tenía una relación con el porno y con el sexo, y esos caminos ya habían sido formados.

En una entrevista con Truthaboutporn.org («La verdad sobre el porno»), el doctor John D. Foubert mencionó una reciente investigación que escaneó el cerebro de hombres mientras veían porno para ver qué partes se activaban. Resulta que la parte del cerebro que se activa al ver porno es la que se ocupa de los objetos... no de las personas. Así que no tiene nada que ver con tu amor o relación, sino con lo que hacen nuestros cerebros. Sería negligente no mencionar que es este aspecto del porno —el hecho de que las imágenes se interpreten como objetos en nuestro cerebro— lo que deshumaniza a las personas, creando un sólido vínculo entre el porno y la cultura de la violación. Cuanto más deshumanizamos a alguien o a todo un género, más posible es que cometamos violencia contra ellos.

La clave ahora, tanto para hombres como para mujeres, tanto para la persona con problemas con el porno como para la persona afectada por este problema, es ser capaz de hablar abiertamente de ello sin juicios de valor, reconocer que hay un problema y empezar a hacer el duro y profundo trabajo de revertir algunas de estas profundas conexiones emocionales con el porno y la vergüenza asociada a él y sanar el problema subyacente. Para ser claros, no estoy diciendo que el porno sea malo y que todo el mundo pueda o incluso deba trabajar la adicción al porno de su pareja, pues cada situación es diferente y algunas son mucho peores que otras. Mi esperanza es que esto pueda convertirse en algo de lo que aprenda la sociedad en su conjunto y de lo que las parejas hablen abiertamente, haciéndose preguntas directas sobre sus inseguridades, sufrimiento interior y adicciones. No importa cuál sea tu género, si tu pareja o tú tienen problemas con el consumo de porno, espero que esta información y perspectiva pueda ayudarlos a empezar a crear un espacio seguro para tener conversaciones amorosas y, por encima de todo, radicalmente honestas sobre cómo se sienten, el impacto que el porno puede estar teniendo en su relación y qué límites son importantes para ustedes. Es aquí donde entran el amor, la comunicación, la paciencia, la autoaceptación y la bondad.

Para mí, es también aquí donde entra la terapia. A medida que aprendo sobre y sufro con mi consumo de porno, me ayuda tener el recurso y la responsabilidad de un terapeuta. Cada hombre que ha compartido su historia conmigo tiene una relación distinta con el porno y con el daño que ha provocado en su vida. Algunos tendrán que ir a reuniones de Sexo Adictos Anónimos (SAA), además de a terapia. Otros tendrán que ir a centros de rehabilitación y otros podrán limitarse a usar herramientas *online* como JoinFortify.com para superarlo. La clave es estar dispuesto a reconocer que tienes un problema y que necesitas ayuda. Sin importar cuál sea este problema, no creo que haya nada más «masculino» que un hombre dispuesto a mirar a su vergüenza a la cara y buscar y recibir ayuda.

La excitación de la intimidad

Antes de conocer a Emily (la segunda vez), y después del viaje espiritual de un año que me devolvió la fe, llevaba varios meses asistiendo a reuniones semanales que mis amigos y yo llamábamos «La charla espiritual». Nos juntábamos cada domingo por la tarde para hablar de cosas importantes: cómo sufríamos, qué pasaba en nuestras vidas, cómo sentíamos la pena, cómo encontrábamos la felicidad y cómo podíamos servir. La velada se basaba en las enseñanzas bahá'í y en la idea de que no importaba quién fueras o en qué creyeras, eras bienvenido y tus ideas y sentimientos importaban. Queríamos, y ansiábamos, aquella sustancia que sentíamos que faltaba en nuestras relaciones en la comunidad de Hollywood y en el mundo. Como éramos tan vulnerables respecto a nuestro sufrimiento y nuestras historias, estas reuniones me calaron hondo y me abrieron a hacer el esfuerzo de entender mi condicionamiento, además de descubrirme el poder de las conexiones relacionales y la intimidad fuera del escenario sexual. Antes de poder ponerle nombre a todo aquello, lo que sabía era que esas reuniones me hacían sentir que no estaba solo. Ése es el poder de la fe y de las conexiones humanas. Para mí, esto es básico para sanar y crecer, y un aspecto fundamental de por qué este libro es tan importante para mí. Quiero que la gente sepa, especialmente los hombres, que no está sola.

Como hombres, ¿cómo podemos tener relaciones profundas y plenas cuando se nos ha condicionado para separarnos de nuestros corazones y se nos ha dicho que sólo somos capaces de pensar con una de nuestras cabezas a la vez? La respuesta será distinta para cada uno de nosotros, pero sigo ofreciendo mi historia como invitación para que descubras la tuya. Lo primero, y a lo que vuelvo una y otra vez, es la conciencia de que no estamos solos en nuestros pensamientos, experiencias, condicionamiento o vergüenza. No somos el único chico de la intermedia que se sentía inseguro en su cuerpo prepúber. No somos el único hombre que se siente insuficiente en su cuerpo postpúber. No somos el único que sacó su educación sexual de la pornografía y después la usó para cosificar y hacer daño a otras personas y a sí mismo.

Creo firmemente que, si entendiésemos nuestras historias sexuales y las experiencias y mensajes que les dieron forma, si tuviésemos las herramientas para ser honestos con nosotros mismos, para conocer nuestro condicionamiento y nuestras heridas, descubriríamos que todos nos acostamos cada día con esa carga.

Gracias a nuestras reuniones semanales, empecé a cultivar la honestidad y una transparencia visceral en mis amistades y, como resultado, empecé a sentir la libertad que acompaña a la vulnerabilidad y a la intimidad. Empecé a aprender cómo apoyarme en mi vergüenza, sabiendo que su peso se aligeraría si rompía el silencio que la rodeaba. Empecé a descubrir prácticas de comunicación, responsabilidad, escucha y apertura. Al aprender cómo ser serio en estas amistades y experimentar el poder de la conexión que esto entraña, obtuve una experiencia valiosa para cuando volviera a estar en una relación. De hecho, incluso recuerdo sentir cierto orgullo inocente por ello, pensando que estaba mucho más listo para tener una relación de lo que nunca lo había estado. Aunque tenía el conocimiento suficiente como para saber que siempre tendría espacio para seguir creciendo, sentía que había logrado crecer de forma significativa y que podía liberarme del dolor que había sentido durante mi infancia y de mis inseguridades adolescentes. (Te oigo reír...).

Pero, claro, cuando conocí a Emily y me enamoré perdidamente de ella, la libertad que creía haber encontrado demostró no ser definitiva en absoluto, pues todos mis problemas volvieron tan escandalosamente que podrían haber sido un cartel con luces de neón exigiéndome que los siguiera mirando, que siguiera trabajándolos, que siguiera reconociéndolos. Sus luces brillaban tanto que Emily no tardó en verlos. De hecho, la primera vez que nos disponíamos a ponernos físicamente íntimos, frenó de golpe y, antes de que pudiera pararme a preguntarle qué estaba sintiendo, mi mente se inundó de todos los viejos mensajes. Mi cerebro le dio al *play* a la vieja cantinela: no le gusta lo que ha visto o sentido; no soy suficiente; necesita a alguien más grande, más exitoso, más seguro de sí mismo; necesita a alguien más listo, más sexy; necesita a alguien más hombre que yo. Hemos terminado.

La realidad resultó no tener nada que ver con eso. Emily paró porque sabía lo que había en mi corazón y conocía mis creencias. Me estaba honrando, algo totalmente opuesto a lo que había vivido con mi primera novia. Habíamos tenido previamente conversaciones íntimas sobre sexo y fe y, aunque ella no lo entendía del todo, sabía que quería intentar esperar hasta el matrimonio para tener sexo con penetración. Emily paró porque me respetaba a mí, a mi cuerpo y a mi corazón. La historia, claro, es algo más compleja, pero eso quizá es para otro libro o para que Emily lo comparta algún día si así lo decide. Hasta aquel momento, estas cosas habían sido el epicentro de mi inseguridad y, en mis anteriores relaciones, habían sido utilizadas como arma contra mí, mi masculinidad y, a la postre, mi valor como pareja y como hombre. Pero Emily las utilizó para conocerme mejor, para respetarme y, al final, para amarme como el hombre que era y aspiraba a ser. Como el hombre que soy.

Su amor me ayudó a crear un entorno en el que me sentía seguro para exponer partes de mí que antes había enterrado para que nadie las viera. Tardé cuatro años de matrimonio en sentirme lo suficientemente cómodo como para contarle a Emily que, cuando estaba estresado, inseguro o triste, a veces me refugiaba en el porno y que me avergonzaba no haberlo hablado antes con ella. Le dije que sentía que esto me estaba impidiendo —y, por lo tanto, nos estaba impidiendo— profundizar todavía más en nuestra intimidad y que ansiaba poder mostrarle mi completo, abierto, roto y vulnerable yo. Me preocupaba mucho cómo iba a reaccionar y que pudiera interiorizar mi problema como un mensaje sobre su propia valía, que pudiera no sentirse lo suficientemente buena, o inferior, porque, en mis momentos más bajos, o, curiosamente, en los más altos, sentía la necesidad de ver porno. Teniendo en cuenta que gran parte de mi trabajo en el mundo es ser un aliado de las mujeres, temía todavía más cómo reaccionaría. Es decir, ¿cómo puedo aceptar la etiqueta de feminista cuando oculto un problema respecto a mi relación compulsiva con algo que creo que hace daño y explota a muchas mujeres?

Pero, llegados a ese punto en nuestra relación, también sabía que llevábamos años practicando una comunicación abierta y honesta, sin contar las incontables sesiones proactivas de terapia, tanto individuales como de pareja. Cuando, por fin, me senté con ella y le conté que había algo que necesitaba compartir porque me pesaba en la conciencia, escuchó atentamente y me contestó diciéndome cuán profundamente me amaba, cuán difícil debía haber sido para mí hablarle de ello y cuán orgullosa estaba de que lo hubiese compartido con ella. Y, deja que te diga, no hay nada más sexy que una pareja que te mira y te sujeta en tu momento de mayor vulnerabilidad, dolor y humanidad. Cuando sientes que no vales y que eres inferior. Por eso, Emily y yo nos decimos a menudo «Beso la tierra que pisas». Porque eso es el amor. Si lo dejamos, nos permitirá amar hasta lo más bajo del otro.

Ésta es precisamente la excitación de la intimidad, de la unión, de la vulnerabilidad y de la conexión. Y, si piensas que soy el único hombre que desea intimidad emocional además de la física, créeme, he hablado con miles de hombres a lo largo y ancho del país y del mundo. Incluso los chicos de la secundaria —aquellos que tendemos a representar incorrectamente como erecciones con patas— desean esta intimidad emocional. Le dijeron a Andrew Smiler, un psicólogo especializado en el comportamiento masculino adolescente, que su mayor incentivo para el sexo no era físico, sino emocional. Siempre temía que, si ablandaba mi armadura —la dura protección con la que me cubría el pecho— también ablandaría mi pene, mi desempeño y mi virilidad. Pero puedo decir con firmeza (el doble sentido es intencional) que, tras casi nueve años de relación, Emily y yo nos comunicamos más abierta y efectivamente y, gracias a ello, estamos más cerca que nunca, física y emocionalmente. Pero eso no significa que haya sido fácil.

La inclusividad de la conexión

Desde aquel espacio de intimidad, he descubierto la inclusividad de la conexión y lo liberador y emocionante que es expandir la estrecha definición del sexo que tiene nuestra sociedad mientras trabajo para expandir su estrecha definición de masculinidad. Cuando limitamos nuestra concepción del sexo a la penetración, desestimamos la multitud de motivos por los que ésta puede no ser una opción (piensa en enfermedades, minusvalías o partos, y ya no hablemos de las épocas absolutamente normales de la vida que causan fluctuaciones en la frecuencia con la que podemos ponernos físicamente íntimos).

Además de hacer estas conversaciones más inclusivas, he descubierto que me llena más expandir la definición de sexo para que el objetivo sea la conexión, en lugar de la penetración y el orgasmo. De hecho, uso el mismo principio que en el camino de los porqués del que ya he hablado en este libro para ayudarme a reenfocar continuamente mis patrones de pensamiento respecto al sexo, pero en lugar de preguntarme por qué, me pregunto *¿Cómo puedo conectar con mi esposa hoy?* Esto no siempre funciona, ni me acuerdo siempre de hacerlo, y no significa que ella siempre se dé cuenta, pero hacerme la pregunta sigue siendo importante.

La conexión es tan importante para mí porque gran parte de mi identidad sexual se formó en base a la desconexión. He utilizado la pornografía para desconectarme de cualquiera que fuera el dolor o la emoción incómoda que estuviese sintiendo y he utilizado los orgasmos para aliviar temporalmente la presión de todo lo que mantenía enterrado. Así que esta cuestión es también una invitación a frenar y poner intención en las formas en las que tejemos la intimidad a lo largo de nuestro día. A lo mejor, consiste en agarrarla de la mano, en tener su café preparado cuando se levanta, en mirarla a los ojos a través del salón cubierto por los juguetes de nuestros hijos, en decirle que la veo y nombrar algo que aprecio sobre quién es y lo que hace, en darle un abrazo más largo de lo normal, en acariciarle las nalgas para que sepa que pienso que es sexy, en darle un beso en la nuca cuando no se lo espera o en acariciarle el brazo cuando nos cruzamos en mitad de la noche como un equipo de relevos mientras intentamos que nuestros hijos se duerman. Todos estos gestos forman parte del sexo porque forman parte de la conexión y, cuando nos centramos en la conexión, dejamos espacio para algo más que nuestros penes erectos. Para la totalidad de nuestros cuerpos, de nuestros corazones, de nuestra masculinidad y, lo más importante, de nuestra humanidad.

CAPÍTULO OCHO

LO SUFICIENTEMENTE AMADO

El verdadero trabajo de las relaciones

El amor.

¿Por dónde empezar?

¿Dónde aprendemos a amar? ¿Nos lo enseñan nuestros padres? ¿Nuestros amigos? ¿Las películas?

¿Nos perdemos en él o lo escogemos?

En lo que se refiere al amor, soy de los afortunados. Tanto mis abuelos paternos como maternos estuvieron casados más de cincuenta años. Mis padres llevan casados treinta y seis y no son sólo compañeros que siguen casados por no divorciarse. Estos son ejemplos de matrimonios generalmente felices, comunicativos y sanos. ¿Cómo lo sé? Porque también he podido ver, especialmente en mis padres, cuán difícil, y a veces incómodo, puede llegar a ser un matrimonio duradero y que se ame. Aprendí a amar siendo testigo de las estaciones del amor, de los altibajos, de los problemas y, a veces, de los fallos de comunicación de mis padres, junto al romance al estilo de *El cuaderno de Noah* de mis abuelos. Todavía no he conocido a un hombre tan profundamente comprometido, tan locamente enamorado, como lo estaba mi abuelo Danny de mi abuela Blanche. Incluso en la muerte, ella aguantó lo suficiente como para que yo pudiera traerlo, literalmente, hasta su cama y que, sentado a su lado, le leyera a su alma oraciones de la Torá, la agarrara de la mano y le dijera cuánto la quería. Nunca olvidaré salir con él del hospital y ver un gigantesco arcoíris doble justo sobre la casa en la que habían vivido durante cincuenta años. Incluso antes de que mi madre me llamara, supe que ella había fallecido cuando salimos por la puerta de aquella habitación. Lo esperó para que él pudiera despedirse y, después, ella se despidió con el arcoíris. Nunca dejó de amarla y, lo que es más importante, nunca dejó de respetarla. Creo que por eso su muerte me resultó algo más fácil: no dejaba de decir que quería irse a casa y que su bella esposa, mi abuela Blanche, era su casa.

Desafortunadamente, con la tercera tasa más alta de divorcio del mundo, éste no es el caso para muchos estadounidenses. Por eso, no puedo escribir sobre cómo se ve el amor para la mayoría de los hombres, sino sobre cómo se ve para mí. Espero que este atisbo de mi relación y de mi matrimonio con mi esposa, junto a lo que he aprendido de mi familia y lo que el mundo me enseñó que es el amor, pueda serte útil. Así que, independientemente de tu género u orientación sexual, espero que podamos desentrañar el amor y, como dice Rumi, «todas las barreras que has construido contra él».

Cuando se trata un concepto tan enorme y universal como el amor, me resulta muy útil desmontarlo y pensar en él en porciones más pequeñas. En mi fe, se nos enseña que, por cada ley espiritual que Dios nos dio, existe una contraparte física para ayudarnos a entenderla. Así que, en lo que se refiere al amor, un concepto sobre el que se ha construido la fe de cada religión de la historia y que es tan importante en nuestras escrituras que nos dicen que «el amor revela con infalible e ilimitado poder los misterios latentes del universo», es útil pensar en él en un lenguaje tangible y corriente. No podemos ir por la vida cubiertos de logos en nuestra ropa que nos piden que amemos sin entender realmente qué significa.

Simplifiquemos. Aunque creo que existen infinitos tipos de amor y formas de amar, este capítulo trata del amor en lo que respecta a las relaciones románticas y, aún más específicamente, al matrimonio. Me gusta pensar en el matrimonio como en una casa (aunque esto también puede aplicarse a cualquier tipo de relación). Y, como cualquier casa, debe construirse ladrillo a ladrillo, viga a viga. Pero no se puede construir una casa si no empiezas por los cimientos. Una casa sin cimientos no es una casa. Sólo lo parece. La primera tormenta o ráfaga de viento se la llevará volando como los sets con los que trabajamos en el cine y la televisión. Los departamentos de producción son increíbles y pueden construir en pocos días casas a tamaño real con el mismo aspecto que casas de verdad levantadas en años. Pero, cuando entras y te apoyas en la pared equivocada, descubres que no puede soportar tu peso, puesto que sólo está diseñada para verse bien ante la cámara. Los sets de cine y televisión están hechos para aparentar, no para ser funcionales. Sus casas carecen de unos cimientos que, en el mundo real, los obreros tardan semanas, si no meses, en asentar. No tienen instalación eléctrica y nada cumple con la normativa. Las paredes son móviles para dejar que las cámaras se coloquen en varios ángulos y nada está hecho para pasar la prueba del tiempo. Se construyen para ser usadas, desmontadas lo más rápido posible y reutilizadas en otros sets o producciones.

Precisamente, así veo el panorama actual de las relaciones. Con la cultura del *swipe* y nuestras actitudes colectivas de «a la carta» y «quiero el atajo a la felicidad», estamos construyendo literalmente millones de relaciones sin cimientos. Estamos empezando cosas que se ven bien desde fuera y que, mientras cumplan con nuestras necesidades, vamos utilizando para construir nuestros cimientos. De nuevo, esto es una generalización, pues han salido cosas maravillosas de aplicaciones de citas a la carta como Tinder o Bumble. De hecho, mi cuñada conoció a su marido en Tinder tras un duro divorcio y ahora no podrían ser más felices. Pero también son dos adultos de cuarenta años, ambos han pasado por separaciones difíciles, sabían exactamente lo que buscaban y trabajaron y se esforzaron en construir unos cimientos sólidos.

Siempre hay excepciones a la norma, pues cada persona en el planeta merece amor, pero uno de los efectos que tiene la cultura del *swipe* es que nos está condicionando y, a menudo, animando a construir varias casas al mismo tiempo. Hoy en día, lo más fácil y aceptado es ser emocional y físicamente íntimo con varias personas a la vez. Debemos entender que cada uno de estos movimientos o instituciones viene con sus propios mensajes sociales y presiones, y que debemos decidir lo que es mejor para nosotros. Personalmente, creo que, a lo largo del día, cada uno dispone de una cantidad dada de tiempo y energía y que sólo crece lo que decidimos regar. Sólo es construido lo que decidimos construir. ¿Alguna vez has contratado a obreros que están trabajando en cuatro o cinco casas a la vez? Yo sí. Es una mierda porque su atención hacia ti disminuye con cada casa que añaden. Siempre empieza genial. Los empleados llegan a su hora y trabajan de maravilla durante unas cuantas semanas, pero después, poco a poco, a medida que llenan sus horarios con otras casas, se vuelve cada vez más difícil que lleguen puntuales o que se presenten en absoluto. Se reduce la calidad de su trabajo y, a menudo, tardan el doble en hacer cualquier cosa mientras también te cobran por dos. Pero, al fin y al cabo, todos tenemos casas distintas y la forma en que decidimos construirlas depende de nosotros. Sólo deseo que, con el tiempo, haya muchas más casas fuertes y resistentes a los elementos.

Tengo una idea radical: ¿y si, en lugar de construir las relaciones desde fuera, las construimos desde dentro e invertimos nuestro tiempo en «investigar el carácter» y en descubrir de qué está hecha la otra persona?

No tenemos conversaciones, al menos los hombres, que nos ayuden a aprender qué significa de verdad investigar el carácter de alguien. Desde que nacemos, las viejas películas de Disney y, básicamente, todos los éxitos de taquilla de la historia ideados para hombres, refuerzan la idea de que, para encontrar el amor, primero debemos salvar a una damisela en apuros. Por su parte, al menos hasta hace poco, la mayoría de las comedias románticas han enseñado a las mujeres que deben sanar y «salvar» a su disfuncional pero adorable hombre para que pueda, por fin, convertirse en su verdadero yo. Es una receta para el desastre: dos salvadores buscando a quien salvar sin ni siquiera conocerse a sí mismos. Es algo problemático en muchos sentidos y, aunque se ha escrito y hablado mucho sobre cómo esto daña a las mujeres, creo que también es importante señalar cómo daña a los hombres.

Hay bibliotecas enteras llenas de investigaciones sobre las distintas formas en que las mujeres y los hombres experimentan y entienden el amor. Pero pocas nos ayudan a entender lo que es el amor. Parece que sólo lo entendemos a través de las imágenes que hemos consumido en los medios. Y lo definimos usando los términos creados por y para mujeres. Es casi como si «el amor» fuera femenino en sí mismo. Pero sabemos que existen claramente una forma de amor de «él» y una de «ella».

En los ochenta, la socióloga Cathy Greenblat preguntó a hombres y mujeres universitarios en relaciones serias (pero no casados), «¿Cómo aman a esta persona?» y «¿Cómo saben que esta persona los ama?». Antes del matrimonio, las respuestas diferían entre sí. Los hombres «sabían» que amaban a sus novias porque estaban dispuestos a hacer mucho por ellas, a sacrificarse, a hacer un esfuerzo activo por hacerlas felices; estaban dispuestos, dijo uno de ellos, a «dejarlo todo en mitad de la noche para conducir tres horas a través de una tormenta de nieve porque una araña en el baño la ha asustado». Y las mujeres «sabían» que amaban a sus novios porque «querían cuidarlos».

La cosa mejora. Los hombres «sabían» que sus novias los querían porque se sentían cuidados y podían expresar sus sentimientos. Y las mujeres «sabían» que sus novios las querían porque estaban dispuestos a hacer grandes sacrificios heroicos por ellas. Una simetría perfecta: las mujeres sabían que eran amadas exactamente por lo mismo por lo que los hombres sabían que las amaban, y viceversa.

Avancemos. La investigadora también les preguntó lo mismo a veinticinco parejas que llevaban casadas al menos diez años, pero también añadió otra pregunta: «¿Te preguntas a veces si tu marido/mujer te quiere o si tú lo/la quieres?». En este caso, las respuestas variaron de una forma muy interesante. Las mujeres no dudaban de que quisieran a sus maridos, pero no estaban tan seguras de si sus maridos todavía las querían a ellas. Y los hombres estaban seguros de que sus mujeres los querían a ellos, pero tampoco estaban tan seguros de si todavía querían a sus mujeres.

Increíble. Y algo aterrador. ¿Por qué pasa esto? Bien, pensemos un momento en el matrimonio. Éste, en cierto sentido, «domestica» el amor. Lo interioriza y lo hace más «pragmático». Le quita la emoción de la caza y, además, es bastante difícil levantarte y conducir tres horas en una tormenta de nieve para tranquilizar a tu pareja cuando estás durmiendo a su lado. Así que, en una relación heterosexual como la mía, el matrimonio y la domesticidad tienden a acentuar la forma de amar de «ella» y reducir la de «él». ¿Cuántas veces se ha derrumbado una relación o un matrimonio porque había desaparecido «la pasión»? ¿Porque el sexo se había vuelto aburrido y había terminado por desaparecer o porque la pareja parecía más compañeros de cuarto que amantes? Tras siete años de matrimonio, puedo decir sin lugar a duda que, por supuesto, a veces, echo de menos la emoción de la caza, la distancia y el anhelo que sentía por mi esposa cuando sólo salíamos y no estábamos comprometidos del todo. Echo de menos la sensación que tenía cuando me escribía, o cuando me llamaba, o cuando sabía que iba a tener una cita con ella. Cómo la extrañaba cuando estábamos separados o cuando estaba demasiado ocupada para verme. Recuerdo la descarga de endorfinas del amor joven y la forma en que reaccionaban a su olor y a su tacto los químicos en mi cuerpo y cerebro cuando nuestro amor era nuevo. Es fácil centrarme en la pérdida de algunas de estas cosas en lugar de ver todo lo que he ganado al casarme con ella. Es fácil distraerse y sólo ver todo lo que no tenemos. Así que, con millones de cuentas en redes sociales mostrándonos imágenes y vídeos de gente que parece tenerlo todo, que es más feliz que nosotros, que tiene más sexo que nosotros y que vive la vida que querríamos para nosotros, es normal que los matrimonios sean más vulnerables que nunca. Sólo hay que pensar en aquellos primeros seis meses de confinamiento por la pandemia. ¿Cuántas parejas cercanas o de personajes públicos rompieron? Parecía que cada semana terminaba otra querida pareja. Cuanto más débiles sean los cimientos, más fácil es que los vientos de la vida derrumben nuestra casa.

Es evidente que tenemos que cambiar algunas cosas. A lo mejor, debemos centrar menos el amor en una interpretación dramática y más en la experiencia interna de conexión e intimidad, que es revelada menos por el sacrificio heroico y más por actos mundanos, por las acciones prácticas del día a día. Es eso lo que deberíamos romantizar. Después de todo, ¿no es cierto que los pequeños detalles son los que de verdad importan? El problema es que los hombres estamos siendo bombardeados constantemente con imágenes que nos engañan y nos hacen pensar que queremos algo que en realidad no nos interesa. La casa construida en una semana para una película no tiene cimientos.

El entorno actual ofrece una ilusión: la ilusión del lujo de la elección, de las posibilidades infinitas y de la felicidad perpetua. Me alegro sinceramente de haberme perdido el auge global de las citas *online*, aunque puedo imaginar que las aplicaciones de citas «ludificadas» me hubiesen ofrecido una buena cantidad de diversión vacía y pasajera, activando mis receptores de dopamina gracias a la teoría de la recompensa variable (¿te suena?). Básicamente, las aplicaciones como Tinder utilizan la ciencia para atraparnos de la misma forma que el juego o las páginas porno. De hecho, es la misma ciencia que utilizan los casinos para que la gente siga tirando de la palanca de las máquinas tragamonedas día y noche a la espera de un triple siete. Es también la misma técnica que utilizan las redes para que desperdiciemos horas de nuestras vidas navegando mecánicamente por Facebook, Instagram y TikTok. Con las aplicaciones de citas, puedes estar con alguien y, al mismo tiempo, buscar otras opciones en la palma de tu mano, lo que facilita salir corriendo —terminar con la relación— cuando las mariposas se dispersan y la cosa se pone dura. Conozco a demasiada gente que me ha contado historias así. Incluso he llegado a oír cuán normal se ha vuelto ir al baño durante una primera cita para buscar nuevas opciones. Se pone peor: una psicóloga amiga mía me contó hace poco que, en su trabajo, estaban llegando clientes que experimentaban un nuevo fenómeno —el *swiping* mental— cuando conocían a una persona, o incluso cuando se cruzaban a alguien por la calle. ¡La relación dedo-cerebro ha creado un vínculo tan fuerte que la gente está haciendo *swipe* a la izquierda o a la derecha en su cabeza cuando conoce a alguien! Por otro lado, varios estudios se han centrado en lo que ahora se conoce como parálisis de la elección, que ocurre cuando se presenta a un ser humano con demasiadas opciones entre las que escoger. En cuanto alguien se ve en esta situación, lo más probable es que, una vez haya tomado la decisión, la cuestione y sienta remordimientos, o incluso se arrepienta de lo que ha escogido. Nunca estará satisfecho con su elección porque, en el fondo, siempre se preguntará si podría haber escogido mejor.

Pero creo que hay esperanza, pues hay una relación de la que es imposible escapar, una que cada uno puede escoger sin arrepentimiento ni remordimientos, una de la que no nos librará un *swipe*: la relación con uno mismo. Éste es el punto de partida y, como con los cimientos de una casa, te interesa ser capaz de soportar la prueba del tiempo, es la parte de la casa a la que menos atención se le presta, escondida del resto del mundo, la que sostiene la relación que tendrás con tu pareja.

Sentar las bases

En 2008, formé parte del reparto de una pésima y casi cómica película de terror en la que mi personaje, su novia y su grupo de amigos naufragaban en una isla en la que, por supuesto, nos devoraban salvajemente unas criaturas caníbales medio humanas, medio simios. Fue un fracaso total. Ocurrió que el productor acordó vender la película a un estudio (mostrándoles sólo el tráiler) que, cuando finalmente vio el producto terminado, se arrepintió, diciendo básicamente que la película era una basura y que los actores eran terribles (no puedo decir lo contrario). El mismo productor, en lugar de arreglar la película o volver a rodar alguna escena, decidió deshacerse de todo y volver a empezarla con la misma premisa y prácticamente la misma línea argumental.

Así que llegó el momento de volver a rodar la película con un nuevo director, un nuevo equipo, algunos actores nuevos y un nuevo título, y corrió el rumor de que le habían dado el papel protagonista a una joven y bella actriz sueca que, casualmente, era también la novia de mi personaje. La actriz era Emily Foxler, mi futura esposa. ¿Casualidad? ¿Destino?

Ninguno de los dos. Había rechazado la oferta para participar en el *remake* cuando me dijeron que tendrían que pagarme en negro, que no podía decirle nada al Gremio de Actores de Cine y que grabaríamos en la playa privada de un narcotraficante en Panamá. Sin embargo, Emily y yo nos cruzaríamos brevemente en un evento organizado por el productor de nuestras excelentes películas. Aunque no hicieron más que presentármela, junto a su novio de entonces (que resultó haber sido contratado para hacer de mi personaje), el momento en que nos conocimos sigue grabado en mi memoria como si fuera ayer. Pero el destino terminaría por ganar y volveríamos a vernos unas cuantas veces, así que saldría algo bueno de esas dos terribles películas.

En agosto de 2011, estaba hecho un desastre. Acababan de dejarme, dormía en el sofá de mis amigos y estaba teniendo una crisis del cuarto de siglo en toda regla. Aquella semana me habían llamado para la audición de un anunció de Navidad de JCPenney. Raramente iba a audiciones para anuncios porque odiaba sentirme como ganado cuando me tocaba sentarme en una habitación con otros cincuenta tipos iguales a mí. Nunca me hacía sentir bien y, además, casi nunca me llevaba el papel. Pero acepté ir a aquella porque, ¿qué puede ser mejor cuando te sientes mal contigo mismo que ver a unos cuantos tipos a los que podrían contratar para hacer de ti en la película de tu vida? Así que fui (y llegué tardísimo porque, no te equivoques, quería perdérmela) y ahí estaba ella: aquella mujer bellísima que había visto por ahí unas cuantas veces durante los últimos años y a la que había conocido en la fiesta de aquel productor. ¿El destino hizo que nos volviéramos a encontrar? ¿Saltarían chispas esta vez?

No a ambas. Fue más bien un «Ei, ¿cómo estás?», «Ah, hola. Todo bien. ¿Y tú?», «Sí, todo bien. Mucha suerte», «Gracias. Igualmente». Más adelante, sabría que la relación de Emily había terminado hacía una semana, como la mía, y que ninguno de los dos estaba pasando por un buen momento aquel día. Así que, después de cruzarnos en la audición y de haber puesto mi cara de felicidad más convincente (que, como hombre, se me da bastante bien), cada uno se fue por su lado. No conseguí el trabajo. Ella sí. Y no volveríamos a vernos por un año. Casi exactamente.

Durante el año que medió entre aquel encuentro y el siguiente, fui básicamente una contradicción con patas. Por un lado, pasé aquel tiempo zambulléndome en mi fe y mis creencias y viviendo momentos increíblemente espirituales a medida que empezaba a conectar con Dios de maneras en que nunca había hecho. Por otro lado, también me zambulliría casi tan profundamente en el guión de la masculinidad y en intentar encajar en distintos papeles de hombre para ver si alguno me valía. Estaba perdido e intentaba encontrarme a mí mismo. Era el anfitrión de increíbles reuniones espirituales y, al mismo tiempo, veía a mujeres y después me anestesiaba con porno. Aquel año, que terminaría siendo el periodo más profundamente espiritual de mi vida, empezó con una evidente disonancia cognitiva entre quién soy en el fondo, en quién me estaba convirtiendo gracias a mi fe y quién fingía ser como hombre.

De hecho, la mejor manera de resumir aquel momento de mi vida es hablar un poco del viaje de mochilero por Europa al que fui con mi amigo Travis. Unos seis meses después de mi ruptura, decidí que estaba harto de ser el «buen tipo» y que quería ser como el resto de los hombres de mi edad (o, al menos, como creía que eran los hombres de mi edad). Quería hacer lo mismo que ellos: practicar sexo casual, beber, fumar hierba, salir con varias mujeres a la vez y, en general, que todo me importara una mierda. El problema era que muchas de aquellas cosas me hacían sentir incómodo. Nunca he sido capaz de salir con varias personas a la vez, ni me he emborrachado o colocado. Pero ahí estaba yo, con veintiséis años y listo para darlo todo.

Aquel verano, Travis estaba rodando su propia modesta película de terror en Tiflis, Georgia (el país, no el estado). Travis era uno de aquellos tipos a los que tanto quería parecerme. Rubio, guapo, cuadrado y despreocupado. En serio, búscalo en Google —su apellido es Van Winkle— y verás a qué me refiero. Hacía lo que quería, donde quería y las mujeres lo querían por ello. Así que, ¿qué mejor compañero de aventuras que él? Decidimos que nos encontraríamos ahí e iríamos de mochileros por toda Europa y nos dejaríamos llevar. El día antes de su partida a Tiflis, estábamos mirando el mapa para decidir una ruta preliminar y me inspiré. Le dije: «Mano, Tiflis está muy cerca de Israel y siempre he querido visitar el Santuario del Báb en Haifa. ¿Qué te parece si empezamos por ahí y luego vamos hacia Grecia y, desde ahí, avanzamos por Europa?». Travis también había estado leyendo las Escrituras conmigo y en aquel momento estaba en su propio viaje espiritual en busca de una conexión más profunda con Dios. ¿Qué mejor manera de empezar un viaje de chicos? Es decir, el centro espiritual de mi fe parecía el lugar perfecto para empezar un viaje en el que todo lo que íbamos a hacer era, indiscutiblemente, no espiritual.

Antes de reservar nuestro viaje, hicimos un importante pacto porque ambos éramos jóvenes actores y, económicamente, vivíamos al día. El pacto decía que lo único que podía impedirnos realizar esta excursión de cuatro semanas era que uno de los dos consiguiera un trabajo como actor. Pero no podía ser un trabajo cualquiera: el sueldo debía superar los diez mil dólares, una cifra muy superior a lo que el viaje iba a costarnos a cada uno. Las posibilidades de que aquello ocurriera eran casi nulas porque, bueno, como actor sólo consigues un trabajo de cada cien para los que haces una audición y las únicas audiciones que podríamos hacer serían en vídeo desde Europa, e ir al estudio si les gustábamos no era una opción. Así que estrechamos las manos, sabiendo que era muy poco probable que aquello ocurriera, y fijamos nuestros planes, empezando por encontrarnos en Israel.

Podría decirse que el Santuario de Báb en Haifa, Israel, es uno de los lugares más bellos del planeta. Además de ser considerado por algunos como la octava maravilla del mundo, también es uno de los destinos turísticos más visitados de Israel. Con diecinueve terrazas con vistas al océano a lo largo de la pendiente del monte Carmelo, transmite una sensación sobrenatural, sagrada y de paz, como si Dios lo hubiese construido para ser la calma en la tormenta, la luz en la oscuridad. Habiéndome criado bahá'í, siempre había querido ir a verlo. Pero, quizá incluso más especial para mí, era que teníamos la oportunidad de ir a ver el lugar de descanso de Bahá'u'lláh (el profeta fundador de nuestra fe), situado a veinte minutos de Acre. Durante años, había oído historias que describían el poder y el efecto espiritual que ejercía sobre muchos de sus visitantes. También estaba algo nervioso porque empezaba a darme cuenta de que aquél podía no ser el mejor lugar para empezar el viaje.

Cuando llegamos a Acre, Travis estaba cansado y decidió echarse una siesta mientras yo visitaba el santuario. Recuerdo que primero me molestó, pues para mí fue como si un cristiano visitara Jerusalén y decidiera dormir durante el *tour*. Pero mi frustración no tardó en convertirse en gratitud cuando me di cuenta de que tenía la oportunidad de estar a solas en un lugar tan sagrado y mágico. Pronto experimentaría por primera vez en la vida cómo se sentía pedirle pura y sinceramente a Dios que tocara mi vida.

Estaba sentado en un banco orientado hacia el este. El sol quemaba y me rodeaba el olor a rosas. Un pequeño grupo de turistas alemanes estaban terminando su *tour* y tomando las últimas fotos de los jardines. Cuando cerré los ojos, sentí el ansia, la incitación, de pedirle a Dios que me usara de la forma en que ella/él/ello quisiera para poder ser de utilidad. Le recé a Dios para que hiciera de mí un instrumento. Le recé para que me guiara, me diera claridad y me usara de cualquier forma que pudiera serle útil y benéfico a la humanidad. Fue quizá la oración más sincera de mi vida y, a menudo, he recordado aquel momento y me he preguntado por qué tardé tanto en rezar así. Mientras meditaba, me sentí empujado a recorrer los 150 metros del camino para entrar en el Santuario de Bahá'u'lláh, el lugar más sagrado de la Tierra para los bahá'ís, el lugar hacia el que nos orientamos y en el que pensamos en nuestros rezos diarios.

Durante años, había oído hablar de la energía y el poder que rodeaban al santuario. Había escuchado que, a menudo, aquellos que cruzaban el umbral rompían a llorar incluso cuando creían que no lo harían. Mi madre me había contado que, cuando entró en el santuario de joven, tuvo una visión durante sus oraciones que le dijo que pronto conocería a mi padre (lo que ocurriría pocos años más tarde). A medida que avanzaba hacia aquella modesta estructura en forma de casa, empecé a ponerme nervioso. Súbitamente, me embargaba la duda, como si yo no fuera suficiente, o quizá no fuera lo suficientemente puro como para entrar. *¿Qué se supone que debo hacer o decir? ¿Y si no tengo una experiencia trascendental? ¿Significaría eso que no soy lo suficientemente espiritual?* Cuando me quité los zapatos y entré en el edificio, sentí un raro y casi imperceptible cambio en la calidad física del aire. Como si fuese más denso o algo así. La única forma que tengo de describirlo es comparar la diferencia entre cómo se siente estar rodeado de aire respecto a estar rodeado de agua. Era como si el aire me envolviera. Un aire del que, en mi día a día, ni siquiera soy consciente. En aquella habitación, era grueso, como si me sostuviera. Como si me amara. Como si me estuviera recordando que no sólo soy suficiente, sino que soy más que suficiente. En aquel momento, casi como si estuviera escrito, como si mis pulmones hubiesen tomado aquel denso aire y hubiesen llenado cada célula de mi cuerpo con el conocimiento de que soy amado, rompí a llorar. Me fallaron las piernas y necesité de toda mi voluntad para no derrumbarme y echarme al suelo a sollozar. Me puse de rodillas y recé. Le di las gracias a la inconmensurable entidad que es Dios por mi vida, por mis fuerzas, por mis debilidades, por mis desafíos, por traerme al mundo, por nunca dejarme solo y, sobre todo, por amarme. Por amar las partes más oscuras y feas de mí que yo no puedo amar. Por amar todo lo que soy.

Nunca volvería a ser el mismo.

Después de aquello, no importó cuánto intentara rebelarme, mi corazón había vuelto a nacer. Eso no significa que me volviera perfecto, o que, de golpe, tuviera una paciencia, bondad y gracia sobrehumanas, o que dejara de decir estupideces y portarme mal, o que dejara de consumir porno, o que me sobrepusiera a mi ego o a mi trauma. Significa más bien que, desde aquel momento, mi alma, e incluso mi cuerpo, sabrían instintivamente cuándo vivía en mi naturaleza inferior en lugar de en la superior, cuándo mis acciones no iban acordes con quien en el fondo sabía que era. En resumen, la idea de que soy más de lo que la sociedad me dice que soy, más que mi cuerpo, más que mi carrera, incluso más que quien creo ser, está ahora grabada en mi corazón de una forma que me ayuda a recuperarme más deprisa cuando me quedo atrapado en el pantano de la superficialidad. Cuento esto como una especie de prefacio porque, aunque sé que viví una experiencia profunda, a menudo he evitado mencionarla porque he escuchado a mucha gente hablar de su propio «despertar espiritual» sólo para después vivir una vida que parece de todo menos espiritual. Pero ahora entiendo que todo momento de despertar o iluminación espiritual sólo te da un atisbo del entendimiento de que eres más que lo que creías ser. De que formas parte de algo bello y más grande que tú. De que eres suficiente. No significa que vayas a actuar o a ser diferente cada hora de cada día. De la misma forma en que sabemos que algunas comidas no son lo mejor para nuestros cuerpos y las comemos de todas formas. Pero este conocimiento nos da perspectiva para saber que, cuando lo hagamos, no nos sentiremos en nuestra mejor forma. Al final, sólo podemos ser responsables de lo que sabemos.

Tiendo a pensar en aquella oración de rodillas como en uno de los momentos de abandono más cruciales de mi vida. Fue como si el núcleo de mi identidad estuviese agotado de intentar ser quien no soy, quien yo creía que el mundo quería que fuese. Fue el momento más profundo y auténtico de una parte de mí pidiendo ayuda, suplicándola, porque, a pesar de lo que me había enseñado la masculinidad, sabía que no podía hacer aquello solo. Echando la vista atrás, creo que quizá fue el primer momento en el que, subconscientemente, renuncié a mi deseo de ser lo suficientemente hombre y lo cambié por el de ser sencillamente suficiente (lo que, más tarde, me llevaría a darme cuenta de que, quizá, ya soy suficiente).

La tensión nunca desaparece del todo, pero mi perspectiva de ella cambió. La única diferencia entre «suficientemente hombre» y «suficiente» es, por supuesto, una palabra: «hombre». ¿Quizá, si era capaz de cuestionar aquello, el camino hacia el otro me sería revelado? Creo que todos tenemos dos naturalezas, una superior y una inferior, y que el objetivo de nuestro tiempo en la Tierra es ganar más batallas de las que perdemos con ellas, y ahí es donde entra la espiritualidad.

Tras haber pasado tres días en Haifa, y menos de una semana de viaje, me llamaron para ofrecerme un trabajo en una pequeña película de Hallmark que más adelante titularían *Bulletproof Bride*. Resulta que el vídeo que había hecho para una audición en el tren de camino a Haifa, rodeado de adolescentes vestidos de camuflaje sujetando rifles de asalto, me había valido un trabajo por casi la cantidad exacta de dinero que Travis y yo habíamos quedado que terminaría nuestro viaje juntos. Precisamente, ésta era la clase de providencia que necesitaba. Sólo que no era la que quería.

Tomé un vuelo de regreso a Estados Unidos y viví desde lejos la experiencia de Travis, quien se lo pasó bien por los dos. Rodé aquella película para televisión durante tres semanas y, poco después, empecé con la Charla Espiritual que sentaría en mí las bases para este viaje en el que estaré el resto de mi vida, el viaje de *desdefinir* lo que significa para mí ser un hombre en este mundo y darme espacio para ser humano. Para ser. Como dijo el filósofo francés Pierre Teilhard de

Chardin, ser «un ser espiritual teniendo una experiencia humana». También quiero mencionar que Travis ha estado a mi lado todos estos años. Él también se ha zambullido en la fe y en su propio camino para *desdefinir* aspectos de su masculinidad. No era consciente de que el tipo al que quería emular estaba sufriendo tanto como yo. No lo sabíamos porque ninguno de los dos era lo suficientemente hombre como para compartirlo.

Exactamente un año después de que Emily y yo intercambiáramos saludos con el corazón roto en la audición para el anuncio de Navidad de JCPenney, recibí una llamada inesperada para otro anuncio. Había ido a dos o tres audiciones de esas en todo el año, pero estaba pasando por un muy buen momento, así que pensé: *¿Por qué no?* Resulta que era, por supuesto, para el anuncio anual de Navidad de JCPenney. Esta vez, por misteriosos motivos, llegué cuatro horas antes en lugar de llegar tarde y, por fin, el destino tuvo lo que quería. ¿Quién fue la primera persona a la que vi ahí? El ser más radiante de todo el lugar, una mujer que, año y medio más tarde, se convertiría en mi esposa, Emily Foxler. Así que ahí estábamos, en la misma audición, exactamente en la misma semana del año siguiente. Me senté a rellenar el papeleo y sentí un impulso casi gravitatorio por alzar la mirada. Y la vi. En un primer momento, no se dio cuenta de que estaba ahí, pero créeme que yo sí. Dije su nombre suavemente para llamar su atención. Se giró hacia mí y nuestras miradas se cruzaron. Sonríe. Sonrío. El tiempo se ralentiza por un instante. Empezamos a hablar. Me cuenta que este año ha pasado por un intenso viaje. Me habla de algunas cosas que ha estado pensando, de un mentor que ha tenido y menciona que ha estado en un viaje espiritual bastante profundo. Me da un vuelco el corazón. Me agarro a cada una de sus palabras y siento lo que sólo puedo describir como una certeza. La certeza de que esta oportunidad es más importante de lo que parece, de que esta luz resplandeciente, esta poderosa mujer, podría ser para mí, y yo para ella. Antes de separarnos para ir a la audición, la invito a la

Charla Espiritual. Asiste a la siguiente que organizo. Así, empieza el precioso e incómodo viaje de nuestra historia de amor.

Si esto fuera una película, terminaría aquí y le dejaría entender al espectador que tuvimos todos aquellos encuentros fallidos porque cada uno necesitaba recorrer su propio camino de autodescubrimiento antes de poder reconectar, enamorarnos y vivir felices para siempre. ¿La realidad? Encontraríamos la felicidad en el trabajo que tuvimos que hacer. En la incomodidad. En las dificultades. Una felicidad que no sólo ocurre, sino que se gana y debe escogerse cada día.

Los años de novios

Desde fuera, nuestra relación parecía magnética, saltaban chispas y, a menudo, la gente nos decía cuán perfectos éramos el uno para el otro. Desde dentro, era verdad; saltaban chispas porque nuestras historias personales de inseguridad, trauma y condicionamiento eran como dos rocas chocando constantemente. Como individuos, el verdadero trabajo de estar en una relación y las contradicciones entre nuestros verdaderos yoes y nuestras versiones condicionadas nos hacían detonar.

Al principio de nuestra relación, muy al principio, cuando la vi en aquella audición para el anuncio, tuve la certeza de que Emily era para mí, que era con quien quería casarme y construir una vida. No puedo explicar cómo lo supe, pero así fue. Era algo distinto a cualquier otro sentimiento que hubiese tenido nunca y ella era distinta a cualquier otra mujer con la que hubiese salido. En cierta forma, porque éramos polos opuestos, pero también porque me desafiaba y porque me activaba de una forma en que nunca lo había estado. Es como cuando descubres un nuevo ejercicio de musculación en el gimnasio. Cuanto más te duela al día siguiente, más sabes que ese movimiento ha funcionado. Así es como me hacía sentir Emily. No importa cuán difícil fuera al principio, o cuánto me desafiara, se sentía bien. Se sentía como crecer y, aunque fuera incómodo, creo que el crecimiento siempre, absolutamente siempre, es bueno. No creo que pueda nombrar una sola cosa en mi vida que quiera, o una experiencia que haya tenido, que no viniera acompañada de cierto crecimiento o incomodidad. Ambos están inexorablemente ligados de la mejor manera y nunca es eso tan cierto como en nuestra relación. En muchos sentidos, fueron estos desafíos los que confirmaron mi certeza inicial de que era para mí.

El problema fue que somos dos personas completamente distintas y que mi experiencia no era la suya. En resumidas cuentas, ella no se sentía igual respecto a mí. Al menos, no al principio. Emily era cauta, iba poco a poco y no siempre sabía qué pensar de mí y de un supuesto «nosotros», a pesar de lo que el mundo exterior nos dijera. De hecho, nuestra cita y el primer beso que la siguió son ejemplos perfectos de cómo fueron para cada uno de nosotros aquellos primeros meses de relación. En nuestra primera cita, la llevé de excursión a buscar cataratas. Queríamos encontrar una, pero ambos nos conformábamos simplemente con perdernos juntos. Estaba nervioso, pero emocionado. Quería hacerla reír, pero aquella mañana, sencillamente, no me sentía gracioso. Me intimidaba su confianza en sí misma y su elegante poder. Quería comportarme como si estuviese cómodo de excursión y en la naturaleza, pero, en el fondo, sabía que no era más que un chico de ciudad y que ella podía oler cualquier rastro de falsedad o inseguridad que sintiera. Recuerdo querer ser mucho más de lo que era, porque creía que ella necesitaba mucho más de lo que era, y, al mismo tiempo, intentar convencerme sobre la marcha de que era suficiente para ella. El sol brillaba cuando empezamos la excursión, pero no tardó en empezar a llover. Para mí, la lluvia fue como la carta de «salir de la cárcel gratis» caída del cielo. Creo que nos tranquilizó a ambos. En un momento dado, nos sentamos juntos en un tronco cerca de un riachuelo. El silencio era incómodo. Le había estado dando vueltas a cómo sobreponerme a mi nerviosismo y besarla. *¿Debería pedirle permiso o sólo encontrar el momento y hacerlo? ¿Tengo que pedirle consentimiento? ¿Es el tipo de persona que quiere que me comporte como un hombre y tome la iniciativa o respetaría que le pidiera permiso?* Aquellos pensamientos me atacaban como un enjambre de abejas furiosas y, al final, hice lo que a mi alma le parecía mejor y le pedí permiso. Me miró, dudó un instante y, con una sonrisa tímida, me dijo que sí. *¿Por qué ha dudado? ¿Me estaba juzgando? ¿Ha pensado que era débil? Mierda, debería haberlo hecho sin pensar y haberme arriesgado al rechazo. ¿Me ha dicho que sí sólo por ser agradable y porque llevamos una hora de excursión y hubiese sido superraro si me dijera que no? ¡Mierda! ¡Cállate, Justin! ¡Sólo hazlo!* Así que me incliné, la besé y me devolvió el beso. Fue mágico. *¿Lo fue?* Podría jurar que sentí la corriente entre nosotros. Claro, no fue perfecto, pero fue dulce y estoy seguro de que sentí algo mágico. Más adelante, descubriría que ella no sintió absolutamente nada.

Como he dicho antes, en mi fe, se nos anima a investigar el carácter de la persona con la que salimos y a no depender sólo de una salvaje y apasionada relación física, pues sabemos que la química de nuestro cerebro a menudo nos hace confundir lo que sentimos en un momento dado con la verdad duradera. Con Emily, lo curioso es que, a pesar de cuán «atractivos» nos consideraran desde el exterior, tanto a nivel individual como de pareja, nuestra conexión física era casi inexistente. Tuvimos dificultades en ese aspecto. Muchas. Llámalo «problema de polaridad» o, como lo llamaban los hombres de los talleres hipermasculinos a los que empecé a asistir por desesperación, un desequilibrio entre nuestras energías masculina y femenina. Leí cada libro que encontré sobre el tema y fui al taller obligatorio del grupo de hombres de David Deida para intentar encontrar a mi guerrero masculino interior. Nada parecía funcionar. Daba igual lo que hiciera. Si soy totalmente sincero, lo que pasaba era que Emily no se sentía atraída por mí. Incluso ahora, mientras escribo esto, una parte de mí quiere escribirlo todo en mayúsculas y decir algo así como... ¿POR MÍ? ¿EN SERIO? ¡DEBERÍA SENTIRSE AFORTUNADA! Pero ahí quien habla es mi ego, escondiendo la inseguridad que me produce una mujer fuerte. La verdad es que el problema no era sólo la atracción física, sino que tenía un origen más profundo. Era algo que hacía, una energía que transmitía que, mezclada con las heridas y los traumas de Emily —que muchas mujeres comparten—, creaba un gigantesco problema de polaridad. No era tan sencillo como la dinámica masculina/femenina, no era algo que pudiera arreglar con libros y talleres y conectándome con mi alfa interior. Lo intenté todo. Lo hice todo. Era algo más profundo. Así que, sí, amigo, así es: mi novia, la mujer para la que creía estar destinado, no se sentía físicamente atraída por mí.

Genial. El mero hecho de haber escrito ese último párrafo hace que quiera retroceder y borrarlo. Que quiera contar el cuento de hadas, no la historia real. Pero no puedo, porque sacar esta parte de la historia no sólo perjudicaría a las personas que espero que lean este libro, sino también a mí mismo. Forma parte de nuestra historia y no debería avergonzarme. Ni a ella tampoco. Lo importante es donde estamos ahora. Hemos superado y conquistado tantos problemas así que sería una pena no hablar de ellos para beneficiar a otras parejas que podrían, muy probablemente, estar pasando por cosas parecidas.

Por si todavía no lo has notado, soy una persona pasional. Cuando algo atrae mi atención, me obsesiono. Se trate de un dispositivo, de equipamiento deportivo o, incluso, de una idea, aprendo todo lo que puedo sobre ello y trato de convertirme en un experto en la materia. Tanto que, a veces, puedo parecer obsesivo (y, a menudo, lo soy). Es tanto una de mis mayores debilidades como fortalezas, pues es uno de los motivos por los que he podido alcanzar el éxito en varias áreas creativas y negocios. (Hace poco, también he descubierto que soy Acuario con la Luna en Escorpio, lo que, evidentemente, lo explica todo, aunque no tenga ni idea de lo que significa). Pero esta pasión también puede sentirse de una intensidad agobiante cuando se transfiere de una cosa o un *hobby* a una persona. He aquí un pequeño ejemplo que contribuyó a nuestros problemas de polaridad. Al principio, si Emily y yo íbamos a una fiesta, no tenía casi ningún interés por estar con nadie más en el lugar. Sólo quería pasar tiempo con Emily. Estaba totalmente embelesado y, daba igual con quién estuviese hablando, siempre miraba a mi alrededor para ver dónde estaba y buscaba la manera de irme con ella. Nuestra relación era nueva y emocionante, así que nunca era suficiente. Lo que no sabía era que muchas mujeres viven esto como un comportamiento asfixiante y dependiente. Dos cosas que no sientan bien, especialmente cuando estás con una mujer fuerte e independiente que no está acostumbrada a salir con un hombre sensible y emotivo.

Entonces, aunque pensaba que estaba siendo encantador y haciendo que se sintiera segura de mi atracción y deseo por ella, más adelante supe que estaba teniendo el efecto contrario. A menudo, Emily se refiere a mí como un cachorrito durante aquella fase de nuestra relación. Sentía que era incapaz de estar solo y que, si salía de mi campo visual, podía sentirme buscándola entre la multitud, lo que hacía que quisiera esconderse de mí. Aunque los cachorros son lindos, también son pesados. Estaba muy confundido. Mi entusiasmo y pasión por ella y la nueva relación me hacían quererla y, a veces, necesitarla, lo que la hacía sentirse claustrofóbica y confusa. Esto la alejó de mí y desencadenó mis inseguridades de no ser suficiente. Todo esto provocó una crisis de trauma y ansiedad en toda regla.

Cuanto más profundicé en esto más adelante, más me di cuenta de que me estaban ocurriendo dos cosas. En primer lugar, siempre había pensado que, como hombre emocionalmente disponible, debía asegurarme —especialmente en una fiesta— de que la mujer con la que estaba sintiera mi atracción por ella, y que querría que la demostrara públicamente. Ya había estado en relaciones en las que me había pasado al revés: mis dos novias anteriores me habían gritado por no hacerles el suficiente caso o por interesarme más por otra gente de la fiesta (lo que era absolutamente cierto). Esto es algo que sé que confunde a muchos otros hombres. Una mujer puede querer que nos comportemos o interactuemos de una forma que a otra puede molestarle. Ambas son absolutamente válidas y, de la misma manera en que no podemos poner a todos los hombres en un mismo saco, tampoco podemos hacerlo con las mujeres. Por eso, es importante que los hombres no interpretemos un papel y nos vayamos cambiando de máscara, sino que debemos ser fieles a nosotros mismos y escuchar a nuestra intuición y a las personas en nuestras vidas cuando nos dicen lo que piensan. Si no lo hacemos, terminamos no teniendo cimientos y, en cuanto una mujer fuerte se huela esto, huirá en la dirección contraria porque sabe que no actuamos por amor, sino por miedo. El miedo a nuestros instintos que nos dicen que, como hombres, no somos suficiente. En el caso de mi comportamiento en aquellas fiestas, si pienso en ello, además de haber hecho lo que asumía que querían todas las mujeres, parte de aquel comportamiento también nacía de mi inseguridad. Quería, como hombre, «reclamarla» públicamente, pues, en cierta forma, sabía que me haría sentir más hombre. Es decir, a mis ojos era un diez y, ¿qué hombre no quiere tener a un diez agarrado del brazo? Como hombre, quería asegurarme de que el resto de los hombres en la sala siempre supieran que estaba conmigo. Tampoco quería rendirme a esa mierda del chico malo y fingir distancia emocional o que no quería estar cerca de ella y darle espacio para que me deseara. Yo también he leído todos esos libros para ligar y, aunque una parte de lo que dicen puede que funcione, nada de eso crea un terreno fértil para una relación sana y duradera. Ella era mi persona, no un ligue o alguien a quien tratara de conquistar. Si iba a rechazarme, quería que me rechazara a mí, no al tipo que fingiera ser. Así que me la jugué, corrí el riesgo y fui por ello. Pero está claro que no lo hice a la perfección, pues daba igual cuánto me esforzara por mostrarme como mi auténtico, vulnerable y apasionado yo, seguía sintiéndome invadido por sentimientos de insuficiencia, miedo y duda. Ninguno de ellos es un buen fertilizante.

Aviso: el escenario opuesto también es posible y ocurre constantemente. Hay hombres que salen a fiestas, ignoran a sus parejas y hablan con otras personas para mostrar que son libres e independientes. Aunque eso, en ciertos aspectos, pueda manipular a una mujer para desear temporalmente más a un hombre, sólo es eso: una manipulación. Al final, el efecto se pasa y la relación vuelve a quedarse sin cimientos sobre los que construir. Nada bueno sale de manipular intencionalmente nada ni a nadie.

Otra cosa que hice, y que muchos de mis amigos han hecho también, es esto: tomar lo que no funcionó en nuestras relaciones anteriores (las que, para empezar, no eran relaciones adecuadas para nosotros) y aplicar en la nueva relación lo que creemos haber aprendido con la esperanza de que sea la persona indicada. Pero lo que olvidamos es que cada relación, como cada persona, es totalmente única. El único denominador común eres tú y es muy probable que cometas los mismos errores una y otra vez sin importar cuánto intentes convencerte de que no lo harás. Esto se debe a que eres un ser humano y que, como yo, independientemente de tu género, estás reviviendo la historia de tu infancia (incluidos los traumas) en tus relaciones. En mi caso, algo que parecía tan sencillo como esforzarme por estar cerca de mi nueva novia en una fiesta y asegurarme de que supiera que estaba orgulloso de ser su hombre, terminó por ser uno de los muchos ingredientes que, con el tiempo, se mezclaron para crear la receta de la pérdida de atracción física.

Dejando de lado esta atracción física, nuestra conexión espiritual y nuestra fe fueron el pegamento que nos mantuvo unidos. Teníamos momentos de felicidad en los que nuestra química era innegable y momentos que, vistos desde fuera, eran señales de que era hora de terminar. Pero, como con cualquier relación íntima y cercana, había muchas heridas, muchas narrativas en nuestras mentes de experiencias y traumas pasados que iban subiendo a la superficie. Éstas nos impedían alcanzar una conexión libre y profunda. Cuando salíamos, ambos sentíamos que desencadenábamos continuamente las inseguridades del otro, hasta tal punto, que algunas personas cercanas nos dijeron que una relación no debería ser tan difícil, que deberíamos seguir en la fase de la luna de miel. De hecho, tanto sus mejores amigos como algunos de los míos, en varios momentos de la relación, nos dijeron que lo mejor sería que fuésemos sólo amigos porque aquello no iba a funcionar.

Quiero detenerme un momento a hablar del mito cultural al que llamamos «la fase de la luna de miel». Para empezar, creo que ésta es una idea moderna; después de todo, durante gran parte de la historia de la humanidad, la norma eran los matrimonios concertados. Además, el objetivo del matrimonio durante aquellos tiempos no era el amor, sino los hijos. El reproducirse para tener a quien transmitirle tu propiedad y activos. Así que, sí, para una pareja que nunca se ha acostado, que está repentinamente casada y a la que se le pide que produzca bebés, la «fase de la luna de miel» debía ser un tiempo de pasión, pero con un objetivo en mente.

¿Te has parado a pensar alguna vez en cómo mostramos las relaciones en el cine y la televisión? Como cineasta, sé que existe una fórmula probada para asegurar el éxito. Empieza con un «encuentro significativo» en el que dos personas opuestas se enamoran contra todo pronóstico. El sexo es increíble, todos los amigos solteros tienen envidia y los casados desearían volver a cuando su relación era nueva y sexy. Entonces, se rompe la magia. Algo va mal. Se revela un secreto, alguien sabotea algo. Aparecen el trauma y el dolor y la pareja rompe. Uno de ellos se da cuenta del error del otro y cómo su pasado ha causado todo este embrollo, así que intenta recuperarlo. Normalmente, es demasiado tarde. No se dan cuenta de lo que han perdido hasta que se separan. Entra la música triste y el montaje emotivo. Pero no ha terminado. Vale la pena luchar por algo bueno. La otra persona también es desgraciada. Quizá uno ya está en otra relación, pero no es feliz. Todo les recuerda a quien han perdido. Ambos piensan en el otro. ¿Valía la pena salvar su relación? Las rupturas nunca son fáciles, puesto que el corazón no se rompe limpiamente. Al final, en un emocionante acto de amor, una persona se lo juega todo por la otra y terminan juntos y felices para siempre. Pero ¿lo hacen? ¿O, sencillamente, es ahí cuando termina la película?

La fase de la luna de miel está pensada para significar lo contrario de lo que interpretamos. Está para enseñar a la gente que, aunque las relaciones empiezan emocionantes, apasionadas y sexys, al final, llega el verdadero trabajo y gran parte de esta pasión y emoción desaparece. Así que, en realidad, el concepto de la fase de la luna de miel sirve para señalar esta ilusión y no para sugerir que una relación debería empezar con arcoíris y mariposas. Diría que el problema es que muchos de nosotros hemos sido socializados para pensar que la fase de la luna de miel es algo normal, esperado. Por lo tanto, si una relación no empieza maravillosa, entonces es que algo va mal. Por eso, creo que da igual con qué intención se use, esta idea está haciendo más mal que bien. Sería mucho mejor si le diéramos la vuelta. ¿Y si se esperara lo contrario del principio de una relación? ¿Y si esperáramos que fuera terrible? ¿Si los principios debieran ser complicados e incómodos? ¿Y si reemplazáramos el sexo con conversación? ¿Y si, en lugar de salir y beber, nos esforzáramos por conocer las heridas y los traumas de la otra persona? ¿Y si una buena cita fuera una profunda sesión de terapia en la que ambas partes descubrieran un desencadenante subyacente que los mantenía atrapados en el mismo ciclo que sus padres? ¿Y si reemplazáramos *Netflix and chill* con conversaciones incómodas sobre criar a los hijos, la religión, la posición política y las finanzas?

Una de mis citas favoritas sobre el noviazgo y el matrimonio es de 'Abdu'l-Bahá, respondiendo a un hombre que le preguntaba si debía casarse con una mujer en particular. Dijo algo tan sencillo, pero tan profundo, que creo que puede aplicar a todo el mundo, sea cual sea su género o su orientación sexual. Dijo: «Antes de escoger a una esposa, el hombre debe pensar con sobriedad». Con sobriedad. Piénsalo. En la sociedad moderna, durante el noviazgo, estamos, en muchos sentidos, borrachos de amor. Borrachos de químicos y endorfinas. Somos adictos a la persona con la que estamos. Éste es uno de los motivos por los que las rupturas son tan difíciles y a menudo salen tan mal. No sabemos vivir sin esa persona porque la hemos convertido en nuestro mundo. En lugar de ser personas plenas y encontrar una pareja que nos complemente, buscamos a una que nos complete. En nuestras citas, buscamos activamente llenar los vacíos de nuestra vida con otra persona imperfecta en busca de lo mismo. No pensamos con sobriedad en absoluto, sino todo lo contrario. Entonces, tras unos años de matrimonio y, a menudo antes, se nos pasa la borrachera y todo parece derrumbarse. Pero ¿y si pudiéramos pasar sobrios el noviazgo? ¿Cómo sería? Claro que no tiene por qué ser algo tan extremo como convertir las citas en terapia, pero creo que la vulnerabilidad, la transparencia y la honestidad tienen algo que las hace sinónimos de sobriedad en lo que se refiere a ver a alguien e investigar el carácter de la persona que quieres que sea tu compañera de vida.

Digo esto porque todo lo que acabo de enumerar terminará por ocurrir en un momento u otro en cualquier matrimonio o relación duradera. Deberán darse todas esas conversaciones incómodas. El sexo será más esporádico. Los cuerpos cambiarán. Ambas personas envejecerán (a menos que seas Paul Rudd, porque Paul Rudd no envejece). Habrá pérdidas o dificultades económicas y se pondrá a prueba la relación. Si sólo tenemos una casa hecha para verse bien en televisión, cuando todo se vaya a la mierda y empiecen las conversaciones difíciles, poca cosa habrá para evitar que la casa salga volando. Piensa en esto como en el lobo feroz soplando y soplando y derribando con facilidad las dos primeras casas. No se enfrentó a alguien de su tamaño hasta que llegó a la casa de ladrillo. Debemos ser conscientes de qué materiales estamos utilizando para construir nuestras relaciones —nuestras casas—, especialmente en esta cultura del *swipe* a la carta donde la ilusión de la felicidad y la mentalidad de que la hierba es más verde en casa del vecino están sólo a unos clics de distancia.

Así que, aunque Emily y yo no hayamos tenido la estereotípica fase de la luna de miel, me siento eternamente agradecido porque pudimos construir unos cimientos que nos han sostenido a lo largo de nueve años juntos, siete y medio de matrimonio (en la fecha en la que escribo esto), y nos ha llevado a ser padres de dos hijos. Hablando de casas, hace unos años, Emily y yo nos compramos nuestra primera casa juntos y la reformamos de arriba abajo. La desmotamos hasta los cimientos. Dejamos algo de la estructura y las vigas del tejado, reforzamos los cimientos que ya había y construimos desde ahí. Mirando hacia atrás, ahora veo cómo nuestro noviazgo se parece mucho a empezar a reformar nuestro hogar. Consistió en observar los muros que ya había y descubrir cuáles había que derribar para crear el espacio que necesitábamos. En ponerse manos a la obra y hacer el trabajo duro de desmontarlos y, cuando aparecían problemas, trabajar en equipo para encontrar una solución. En repasar minuciosamente el diseño y ver dónde podía abrirse más. Si necesitábamos algo en lo que no habíamos pensado o hacía falta maximizar el espacio, consistía en bajar hasta los cimientos y llamar a expertos que nos ayudaran a tapar las grietas. Y en reafirmar continua y constantemente que nuestro hogar tenía una buena base y que sería hermoso. Que ya era hermoso incluso antes de ponerle un dedo encima, cuando estaba cubierto de un papel pintado horrible y los baños no funcionaban. Incluso cuando ya no quedaba nada excepto vigas. (De hecho, cuando llegamos al punto en que todas las vigas estaban a la vista, pedimos a algunos de nuestros mejores amigos y a nuestras familias que escribieran oraciones y afirmaciones en ellas para que sus palabras vivieran para siempre en los cimientos de nuestro hogar). Ah, y si de verdad quieren poner a prueba su matrimonio, compren una casa para reformar y hagan lo que hicimos. Descubrirán que, en las varias fases de la reforma, su matrimonio empieza a parecerse a la casa. Pero, si aguantan, el resultado, como la casa, será hermoso. Es también ahí donde empieza el trabajo. Nunca dejas de trabajar en tu casa y tampoco en tu matrimonio.

Cuando logramos superar nuestro condicionamiento, nuestros egos, nuestros comportamientos aprendidos que nos hacen reaccionar desde el dolor, lo que teníamos y tenemos es jodidamente hermoso. Claro, no todo han sido fuegos artificiales y cuentos de hadas constantemente, pero ¿qué matrimonio lo es? Nuestro matrimonio se sigue estabilizando, conectando y tranquilizando. Es una cooperativa. Fue y sigue siendo duro, pero, amigo, vale la pena. Nuestro noviazgo nos dio muchas oportunidades para practicar el escoger nuestro verdadero yo sobre nuestras versiones condicionadas e, incluso cuando fracasábamos, había espacio para volver a intentarlo. Y, al ejercitar los músculos de la elección —al darnos cuenta de que teníamos el poder de elegir el amor, no sólo de estar enamorados— también aprendimos cómo escogernos continuamente el uno al otro. Digo esto desde la consciencia de que sólo llevamos siete años casados y estamos lejos de ser expertos y de saber cómo se hace esto. Está claro que todavía no lo hemos logrado. No somos perfectos y nuestra forma de hacer las cosas sólo es una de muchas. El amor y el matrimonio son infinitamente profundos y tan únicos como las dos almas que se juntan. Es inconmensurable, pero poco a poco y día a día, nos esforzamos sabiendo que lo importante es el viaje, no el destino.

Al carajo con los cuentos de hadas

No te equivoques, me encantan los cuentos de hadas. Soy un romántico empedernido y, si los grandes gestos fueran un lenguaje del amor, serían claramente uno de los míos. Hay una parte muy inocente y pura de mí a la que le encanta hacer que la gente a la que quiero, especialmente Emily, se sienta especial. También hay una parte condicionada de mí que sabe que soy muy bueno creando estas experiencias mágicas y que debo tener cuidado de no aprovecharme o depender de ello cuando me siento inseguro y necesito una victoria. Sé cómo ser el Príncipe Encantador porque ése es uno de los papeles que la sociedad me dijo que debía interpretar. Y, aunque levantar en volandas a una mujer en la pista de baile no se me dé precisamente bien (aunque lo haya fingido muchas veces en televisión), no dudo de que podría organizar un desfile coreografiado para ella sin la ayuda de un genio.

Los cuentos de hadas, como la masculinidad, como los constructos de género en general, nos han enseñado que el amor se ve y se siente de una forma determinada. Como he subrayado antes, las antiguas películas de Disney, todas basadas en el folklore popular, nos enseñaron que hay damiselas en apuros, mujeres que necesitan ser salvadas, y caballeros de brillante armadura, hombres que acuden a salvarlas. Todo esto para decir que, gracias a nuestros hijos, probablemente haya visto las dos películas de *Frozen* al menos quinientas veces y que me alegro mucho de que se hayan alejado de esta fórmula. Por otro lado, ¿se puede saber por qué cada película infantil de la historia empieza con la muerte de los padres? Entiendo que es algo sobre encontrar nuestro camino en la vida y sanar las heridas de la pérdida de los padres, pero ya está bien. Denme algún padre vivo, por favor. ¡Padres testarudos, desordenados y vivos! A veces, estas relaciones pueden parecer más difíciles de sanar, pero empezar a hacerlo es la mejor sensación del mundo.

En la mayoría de los cuentos de hadas, el hombre tiende a tenerlo todo bajo control y la mujer normalmente no; sólo, claro está, hasta que aparece el hombre tranquilo, frío y sereno para rescatarla de la malvada bruja que intenta aprovecharse de su belleza virginal y su inocencia. ¿El resultado? ¡La dicha conyugal y el felices para siempre!

También puede ir exactamente al revés: el hombre sólo PARECE tenerlo todo bajo control, pero interiormente es un desastre, y la mujer, gracias a su paciente devoción y a no darlo nunca por perdido, puede terminar sanando su dolor y convirtiéndolo en el hombre que siempre supo que podía llegar a ser. Para muchas mujeres, en los cuentos de hadas, ella lo salva y él sólo CREE haberla salvado.

Sabemos que estas son estupideces, que las cosas no funcionan así, que las películas y las comedias románticas no son la vida real. Pero inspiran la vida real, y el arte, a menudo, imita a la vida. Entonces, ¿qué ocurre cuando nos encontramos con la realidad de las relaciones matrimoniales? Antes de conocer a Emily, creía que quería casarme porque estaba enamorado de la idea de estar casado. Estaba enamorado del guión de los matrimonios que había visto en las series de televisión, en las películas e incluso en mi vida. Quería lo que habían tenido mis padres y mis abuelos sin darme cuenta del esfuerzo que implica eso. Pero estos guiones sólo dejan espacio para ciertas emociones, ciertas tramas y unos personajes condicionados. Cuando vives por el felices para siempre, no te queda espacio para tu humanidad, y menos para la de tu pareja. Es precisamente este conflicto el que me llevó a pedir en matrimonio a Emily de la forma en que lo hice. (Sé cuán poco romántico suena que utilice un conflicto como motivación para una pedida de mano, pero ten paciencia).

Como me encantan los grandes gestos, cuando sentimos que estábamos listos para casarnos, quise hacer algo espectacular y extravagante. Pero, si me soy sincero, no todo salía necesariamente de una intención pura. Sí, quería mostrar y demostrar cuánto la quería, pero creo que una parte de mí también quería mostrarle, y a todos nuestros conocidos, cuánto amor tenía en mi interior para dar. Ésta es la parte que es importante reconocer y honrar. Creo que todos tenemos esta doble intención en lo que se refiere a los grandes gestos y a los grandes eventos en general. Fíjate en las bodas: tienden a ser eventos gigantescos y carísimos que las parejas se pasan años planeando. Millones de parejas retrasan el casarse sólo para poder vivir un día así. A menudo, las chicas crecen soñando más en el día de su boda que en el hombre con el que se casarán. Se convierte en una fantasía esperando a cumplirse. Pedimos préstamos y gastamos más de lo que tenemos, a menudo sólo para que la novia, el novio, o sus padres estén satisfechos. Pero, en realidad, las bodas nunca son para la pareja, sino para presumir ante los invitados. Mucha gente cuenta que apenas recuerda su boda porque, con toda la presión previa para crear el día perfecto, olvidan pararse a disfrutarla. He aquí una opinión impopular, pura y sencilla: el amor no necesita ser un espectáculo. No necesita a doscientas personas como público. No necesita la comida de un cáterin o el fondo perfecto para las fotos, ni tampoco el estrés de un organizador de bodas gritándole a todo el mundo para asegurarse de que las flores hagan juego con las servilletas. El amor no necesita nada de eso, pero, a veces, nosotros sí. Y eso está bien. No nos hace malas personas y no significa que el amor no sea real, pero conocernos y saber por qué queremos las cosas es un paso importante para entendernos. La verdad es que creo que las futuras generaciones verán nuestras tradiciones culturales actuales para el matrimonio y les parecerán algo ridículas. No creo que nuestros hijos vayan a necesitar un día que cueste decenas (y, a veces, cientos) de miles de dólares para empezar sus vidas juntos. En su lugar, utilizarán ese dinero para empezar de verdad una vida en pareja y se limitarán a celebrar con sus amigos de una forma que sientan acorde consigo mismos y con su historia de amor particular. No estoy intentando acabar con las bodas, pero creo que, cuantos más divorcios veamos con el tiempo, más empezaremos a darnos cuenta de que, quizá, debemos replantearnos no sólo cómo nos casamos, sino cómo tenemos relaciones románticas y por qué. Y, aunque cueste admitirlo, es importante hacerlo. Como mínimo, pensar y reconciliar en cada uno de nosotros por qué queremos o necesitamos las cosas que queremos o necesitamos. Esta necesidad, o su ausencia, de «demostrar» o no nuestro amor es uno de los motivos por los que estoy, todavía ahora, perdidamente enamorado de mi esposa.

Emily nunca ha necesitado declaraciones públicas de amor. Es el tipo de persona a la que le hubiese parecido bien casarse en secreto o que le pidiera la mano en privado sin cámaras, sin decírselo a nadie y sin tener ninguna prueba en vídeo para demostrarlo. No necesita colgar nada en sus redes sociales para demostrar que ha ocurrido y está satisfecha con validar sus experiencias interiormente sin necesidad de exteriorizarlas. Sólo que resulta que se ha casado con alguien que, durante años, funcionó desde el exterior, buscando constantemente la validación desde fuera sin saber encontrarla dentro. Cuando llevábamos tres meses saliendo, decidí ir por todo y decirles a todos nuestros amigos cuán perdidamente enamorado estaba de Emily. Así que, como un verdadero romántico, pasé varios días escribiendo el poema perfecto, y demasiado serio, para recitárselo. La sorprendí y lo leí en un evento al que habían asistido unos cuantos cientos de personas. Nunca había escrito o leído poesía, así que pensé que estaba exponiéndome, siendo vulnerable y arriesgándome a la humillación, pero que el riesgo de ser pésimo era superado por la alegría de verla derretirse con mis palabras de amor.

Eso no fue lo que ocurrió. De hecho, provocó la reacción opuesta. Aunque muchas mujeres de la audiencia «se derritieron» y le dijeron a Emily cuán «afortunada» era (algo que todavía ahora sigue odiando que le digan, pues niega su autonomía sobre el trabajo que hizo antes de conocerme y el hecho de que soy con quien ELLA escogió estar), ella vio la intención tras la intención. Vio que intentaba conquistarla con una proclamación pública y no iba a tolerarlo. Por eso, casi un año y medio más tarde, cuando llegó el momento de tener un gran gesto con ella, sabía que, aunque quería hacer algo «grande» para la pedida de mano, tendría que ser honesto y pensado para ella, pues todo lo que ella quería era a mí. No la versión pública y afectada de mí que creía que debía ser para ella. A mí.

Por aquel entonces, las pedidas virales se estaban poniendo de moda. La gente hacía increíbles y locas declaraciones con *flash mobs* y falsos tráileres de películas que grababan con cámaras ocultas. Como director de videoclips, ésta era evidentemente mi especialidad. Pero, aunque tenía muchas ideas, ninguna de ellas era para Emily, sino para mí. No le interesaban los gestos exagerados o cuánta gente estuviese implicada, ni lo que nadie pensara de su pedida de mano. No necesitaba, o quería, que le organizara un desfile para demostrarle que la amaba lo suficiente, pues eso, en el fondo, hubiese sido yo intentando demostrarme a mí mismo que era suficiente. Pero la necesidad es la madre de la creatividad, y creo que el motivo por el que nuestra pedida de veintisiete minutos fue tan bien recibida y se volvió tan viral fue que fue algo único. Fue distinta a cualquier otra pedida porque era la nuestra. Nuestra historia. Nuestros problemas, nuestro dolor, nuestras bromas personales y nuestras experiencias mezcladas en una explosión de amor gigante y cursi.

Al final, honré la parte de mí que quería expresar mi amor de forma espectacular, haciendo las paces con mis motivos y asegurándome de que no fuera a costa de ella. ¿Qué hice? Sencillamente, le di forma a algunas de las cosas que has leído en este capítulo en una experiencia interactiva que le llegaría al corazón y satisfaría la parte de mí que anhelaba aquel momento desde que era niño. Básicamente, con la ayuda de muchísimos de nuestros amigos (y, especialmente, de uno de mis mejores amigos, hermanos y socio, Ahmed Musiol), le di todas las típicas experiencias virales de pedida de mano en las que había pensado desde mucho antes de conocerla y me aseguré de fracasar en todas ellas. La idea era llevarla en un viaje por mi corazón. Quería mostrarme totalmente obcecado en darle la «pedida perfecta» y fallar cada vez porque no estaba pensando en la forma en la que ELLA quería que me declarara, sino que estaba enganchado en cómo pensaba que DEBERÍA declararme: desde una entrevista en la radio fallida por culpa de problemas técnicos justo antes de pedirle que se casara conmigo, pasando por videoclips de *boy bands* ligeramente homoeróticos, hasta un *flash mob* convertido en tráiler de película de acción que terminaba con su hermana recordándome quién era Emily y lo que de verdad querría. ¿Y qué querría de verdad? Que fuera en nuestro restaurante favorito, el lugar al que habíamos ido en nuestra primera cita no oficial, el lugar en el que habíamos hablado por primera vez durante horas de amor y de pérdida, sobre su padre fallecido, sobre Dios y el universo. El lugar al que seguiríamos yendo durante años tanto en fechas señaladas como en días normales. Y querría que estuviésemos sólo nosotros dos y, a ser posible, nuestras familias. Así que la película de mis intentos fallidos me llevó en tiempo real hasta la puerta del Blu Jam Cafe, donde ella estaba sentada en nuestra mesa de siempre. La tomé de la mano, le pedí a mi familia que estuviese presente y la sorprendí trayendo a su madre desde Suecia para que también pudiera acompañarnos.

Para terminar, le mostré un vídeo que había grabado en Suecia en la tumba de su padre. Para mí era importante que él también formara parte de aquello porque sabía que, en el fondo, era una parte importante de nuestro matrimonio, que Emily había emprendido su propio viaje gracias a él. Estaba sanando y nuestro amor era la crisálida en donde se había refugiado para hacerlo, tanto de su experiencia con él como conmigo. A menudo, le decía a Emily que desearía haber tenido la oportunidad de conocerlo, de darle un enorme abrazo de oso y de agradecérselo. De mostrarle que amaba a su hija más de lo que nunca había amado a nadie en la vida y que iba a pasar el resto de mis días respetándola y haciendo todo lo posible por hacerla feliz. Que los honraría a ambos evitando repetir los patrones y el sufrimiento que él había experimentado y que a ella le habían causado tantos problemas de niña. También desearía haberle dado las gracias en persona porque, a pesar del dolor que pudiera haber causado mientras transitaba su propio trauma sin sanar, también hizo mucho bien. La mujer fuerte, creativa, poderosa, sensible y sanadora a la que amo es el resultado de sus luces y sombras. Como hombre y como padre, aunque batallaba con su propia versión de la masculinidad, la amó profundamente hasta el día de su muerte. Y fue a través del fuego de aquella batalla, a través del dolor y la alegría que acompañan a todas las épocas de la vida, que ayudó a darle forma como la bella y dinámica persona que es hoy. Por eso, era imposible que le pidiera que se casara conmigo sin pedirle permiso primero a él y darle las gracias al hacerlo. ÉSTA era la pedida de mano que mi futura esposa querría. Y, aunque, por supuesto, tenía a mis amigos grabando escondidos detrás de las plantas de la sala, creo que resume lo mejor que he aprendido de estar con Emily: conócete a ti mismo, conoce tu lenguaje del amor, pero no ames a tu pareja como querrías ser amado, ámala como quiere ser amada.

La pedida representaba mucho más de lo que aparentaba. Representaba el viaje que habíamos emprendido tanto por nuestra cuenta como juntos, el de escoger ver y amar a la persona por quien es, el de dejarnos ser vistos como realmente somos, no como quien el mundo nos había dicho que debíamos ser. Representaba permitir a nuestra relación ser lo que era y no lo que los guiones de los cuentos de hadas nos decían que debía ser. La dicha conyugal obvia el hecho de que la vida se pone dura, de que el matrimonio se pone duro, de que tener hijos se pone duro, de que criar niños se pone todavía más duro y de que, si nunca vemos qué ocurre en el mundo real, huimos tan pronto como desaparecen las famosas mariposas.

Claro que todavía hay momentos en los que Emily me deja sin aliento y sin habla, pero no son los momentos que hubiese creído. No es cuando se baja de su carroza de caballos y la estoy esperando en esmoquin en lo alto de la escalera para acompañarla a su castillo. No es cuando nos estamos arreglando para ir al estreno de una película o a algún lujoso evento de la industria y se ha vestido de gala. No: es cuando baja la guardia y, con el corazón en la mano, muestra sus heridas ante mí para que las vea —para que la vea— y la conozca mejor.

Es cuando hace un avance importante en terapia y sale de la habitación con los ojos bañados en lágrimas, sintiéndose como si cargara con una tonelada sobre los hombros y, sin embargo, saca energía y voluntad para jugar a alguna tontería con nuestros hijos. Es cuando se despierta por la mañana y no se le entiende al hablar porque tiene puesto el Invisalign. Es cuando se frustra con la tecnología de nuestra casa porque nada le funciona y empieza a maldecir, lo que siempre me hace reír porque se le escapa el acento sueco. Es cuando está empapada en sudor, sangre y, literalmente, mierda (lo siento, amor), pidiéndole ayuda a Dios para dar a luz a nuestros hijos. Es cuando está haciendo de madre y se da un descanso porque, en ese instante, no puede con nuestros hijos. Y cuando vuelve del descanso pidiendo perdón y con más paciencia y elegancia de las que yo nunca podría tener.

Los guiones de los cuentos de hadas no dejan espacio a la realidad de dos personas juntas y, por mucho que disfrute de una buena película, apenas hay grandes éxitos comerciales que se acerquen a hacerle justicia al amor. Supongo que, por eso, hago películas que lo intentan. Antes de casarme, una de mis mejores amigas, Noelle, me dijo que el matrimonio consiste en tomar toda tu mierda y dejarla frente a la puerta de casa, y que tu pareja haga lo mismo. Ahora tienes una montaña de mierda y, al comprometerte con el matrimonio, también te comprometes a excavar esa mierda, mezclarla y dejar que se convierta en el fertilizante que ayude a crecer a las cosas bellas.

Así que, al carajo con el cuento de hadas. Quiero ese guión de película.

De nuevo, por eso Emily y yo nos decimos tanto «beso la tierra que pisas». Hasta lo pusimos en nuestros votos. Porque eso es lo que hacemos: somos el fertilizante de nuestro suelo. Pero no te equivoques, hay que esforzarse mucho. Y el primer paso consiste en reconocer que tienes mierda, y luego en estar dispuesto a dejarla salir y después en amar a la otra persona cuando está cubierta de mierda, la tuya y la suya. Probablemente estés pensando «eso es mucha mierda». Y tienes razón. Lo es. Y no es bonito de ver —no tiene nada de cuento de hadas—, pero es real. Y siempre escogeré lo real sobre algo inventado y con filtros.

El remordimiento del comprador

Parecido al concepto de la parálisis de la elección, existe un término que se ha utilizado durante años: «el remordimiento del comprador». El concepto es sencillo. Cuanto mayor sea una decisión financiera, más investiga y se cuestiona uno si fue una buena decisión. La trampa es que esto normalmente ocurre DESPUÉS de haber hecho la compra. Mucha gente lo experimenta cuando se compra una casa o un carro nuevo. De golpe, ves una mejor oferta en otro lado y, entonces, aparecen los ataques de culpabilidad y remordimientos. Te sientes como si hubieses cometido un grave error del que no podrás recuperarte. Empiezas a cuestionarte el proceso por el que tomas las decisiones y te preguntas si el instinto que te llevó a hacer la compra estaba equivocado. Lo curioso es que, incluso en compras que has meditado y planeado y con las que estás encantado, sigues siendo susceptible de experimentar algún tipo de remordimiento del comprador en algún momento de tu vida. Esto es particularmente evidente en la relación de los hombres con el matrimonio. La diferencia es que a ellos también les ocurre ANTES de decidirse a hacer la pedida de mano, o entre ese momento y la boda. A eso se lo llama ACOBARDARSE. ¿Alguna vez has visto una película o una serie donde dejan a la novia plantada en el altar, humillada ante toda su familia y amigos? El arte imita a la vida. Esto ocurre mucho más a menudo de lo que creemos.

En mi caso, llegó como un terremoto en mitad de la noche. Me sorprendió y no tenía ni idea de dónde salía aquello o por qué había aparecido. Alrededor de un mes antes de la ceremonia, me contrataron como director para una campaña publicitaria relativamente grande. Por aquel entonces, íbamos bastante justos de dinero y todavía no habíamos juntado nuestras cuentas, así que aquel trabajo fue como un regalo del cielo. Había estado viviendo de las migajas que me dejaba hacer documentales y unos cuantos anuncios al año, pero ese encargo no sólo iba a pagar nuestra boda, sino también la luna de miel y nos ayudaría a pasar los primeros seis meses de matrimonio. ¿El problema? Debía irme a grabar a Nueva York y no volvería hasta una semana antes de la boda. Al final, acepté el trabajo porque nos hacía falta y Emily accedió a ocuparse de la mayoría de la planificación del evento. Tras la pedida de mano, decidimos que nuestro tiempo como prometidos fuera corto —tres meses— porque el trabajo previo ya estaba hecho. Sabíamos que habíamos encontrado a nuestra persona y, la verdad, ¿por qué esperar? No necesitábamos una boda grande y lujosa y habíamos decidido tirarnos a la piscina, mudarnos juntos y empezar nuestras vidas. Además, ninguno de nuestros padres podía ayudarnos económicamente, así que habíamos optado por hacernos cargo nosotros mismos de la boda, limitar nuestro presupuesto y ponernos creativos. Entonces, poco más de un mes antes del gran día, despegué hacia Nueva York.

¿Alguna vez has estado en Nueva York a principios de verano? Es justo cuando empieza a hacer calor y humedad y la gente lleva la menor cantidad de ropa posible porque han estado encerrados en enormes abrigos durante los últimos seis meses. Pues bien, es bastante espectacular y te hace entender por qué parece que toda la gente de la ciudad está soltera. Sólo hace falta salir a tomarse un café por la mañana para que te recuerden todos los motivos por los que un tipo de menos de treinta años debería mantenerse en el mercado. De verdad, es una locura. Me sentía como si estuviese viviendo en un universo paralelo o como si me hubiesen puesto una cámara oculta. Fuera adonde fuera, ¡sentía como si, literalmente, todo el mundo estuviera bueno y nadie llevara ropa! No sólo estaba a punto de casarme con una mujer por la que llevaba un año y medio luchando, sino que también había intentado practicar la abstinencia mientras mantenía una guerra abierta contra la atracción de mi naturaleza inferior hacia el porno. Esto era una combinación letal.

Cuanto más tiempo pasamos separados aquellas semanas, más estresante era. Me estresaba intentar hacer que el anuncio saliera bien para poder permitirnos casarnos y me estresaba gestionar lo que faltaba por planificar de la boda (gracias a Dios que teníamos una comunidad de amigos ayudándonos con eso). Aunque, en teoría, deberían ser mágicas y felices, generalmente las últimas semanas de soltero son bastante terribles para la pareja. La presión y el estrés de organizar un evento te pasan factura y las conversaciones cariñosas se convierten en discusiones sobre la planificación, los detalles y toda la mierda de la que no quieres hablar... especialmente cuando tu trabajo también requiere planificar y tener en cuenta los detalles. Todo esto, para decir que ni Emily ni yo teníamos ni idea de que esta situación sería un presagio de cómo es un matrimonio cuando tienes hijos.

Cuando por fin regresé a casa agotado del rodaje, mi mente era un caos. Me hacía todas las preguntas imaginables y me sentía como si estuviera solo en una isla sin nadie con quien hablar. ¿A quién podía contárselo? La mitad de mis amigos habían presenciado mi casi obsesión con Emily durante el último año. Todo el mundo la adoraba y estoy bastante seguro de que mis mejores amigos la querían más que a mí. No podía dormir y pensaba en ello las veinticuatro horas. ¿Estaba tomando la decisión adecuada? ¿Era ella la mujer para mí? ¿Tenían razón aquellos amigos que decían que todo debería haber sido más fácil? ¿Nos cansaremos sexualmente el uno del otro? ¿Soy suficiente para ella? ¿Es ella suficiente para mí? ¿Seguiré sintiéndome atraído por ella dentro de diez años? ¿Estoy tan siquiera preparado para comprometerme? ¡Todavía soy joven! Cualquier cosa que se te ocurra, me lo pregunté. Y, siendo alguien que había estado tan seguro durante los últimos dieciocho meses, me estaba volviendo loco. Nunca creí que me ocurriría algo así. Pensaba que era inmune a los mensajes de la masculinidad que me decían que la vida de soltero era lo mejor. Pensaba que era diferente. No lo era. Me estaba acobardando.

Pero ¿por qué? No era alguien que se acobardara. Estaba seguro de mis decisiones, especialmente respecto al amor. Pero, ahora, en el final de la prórroga, durante el tiempo de descuento, antes de tirar a puerta, estaba poniendo en duda mi decisión. Lo que no sabía era que, a pesar de mi madurez emocional, en lo que respectaba al matrimonio, no estaba exento de la socialización a la que se nos somete a los hombres. Piensa en cómo vemos el matrimonio y en cómo lo muestran las películas. Cuando una pareja anuncia que se casa, para las mujeres es algo así como: ¡BIEEEEEN! ¡Ha ganado! Es feliz, van a cuidar de ella y sus amigas le van a organizar una despedida de soltera llena de la atractiva anticipación de lo bien que lo va a pasar. ¡Ha domado a la bestia! ¿Y el hombre? Ha perdido. Está atrapado. Es la analogía de las esposas. Bromean sobre cómo la vida termina con el matrimonio o, para el hombre, cómo el sexo termina con el matrimonio. Se junta con sus amigos para llorar su última noche de «libertad». Bromean sobre que los hombres no están hechos para la monogamia. Sobre que fueron creados para plantar su semilla en tantas mujeres como pudieran. Sobre que siempre pensarán en sexo y sobre que, si no nos casamos con la mujer adecuada, la engañaremos. ¿Y cómo celebran su última noche de «libertad»? Yendo a un club de *striptease*, por supuesto, para poder ver toda la carne que el novio no volverá a probar. Sentí que toda esa programación subconsciente apareció de la nada en todo su esplendor. Una programación a la que ni siquiera era consciente de haber sido expuesto. Aquí empezó un profundo e intenso trabajo emocional. Y también es donde mi voluntad de ser vulnerable y exponerme a mis mejores amigos no sólo me salvó a mí, sino también a mi matrimonio.

Recuerdo perfectamente dónde estaba y qué hacía. Emily había querido ir a ver a su mánager a una cena la semana antes de la boda. Yo acababa de volver de Nueva York y estaba siendo claramente distante con ella, pues me sentía como acabo de contar. Emily sabía que pasaba algo, pero me estaba dando espacio, como acostumbra a hacer porque, de alguna forma, va siempre un paso por delante de mí con su intuición mágica. Salí a la calle bajo el duro sol del verano y llamé a mi amigo Rainn. Quizá lo conozcas como Dwight de *The Office*. Sí, en mi momento más bajo, mi comodín de la llamada no es otro que Dwight. Pero el hombre que conozco no tiene nada que ver con su personaje en la serie. Un alcohólico rehabilitado, gánster espiritual, gurú, amigo y compañero bahá'í, Rainn es alguien a quien sé que puedo llamar y soltárselo todo porque sé que me dirá la verdad. Siempre ha sido abierto sobre sus problemas y, en muchos aspectos, ha sido mi mentor. Cuando le conté a Rainn qué me pasaba y todo lo que tenía en la cabeza, me escuchó y validó mis sentimientos. «Ya, mano, es una mierda».

Normalmente, me hubiese hecho alguna broma ingeniosa e incómoda para romper el hielo, pero se dio cuenta de que estaba sufriendo de verdad, así que me recordó una cita de Bahá'u'lláh que básicamente habla sobre nuestra naturaleza inferior con un concepto llamado «el insistente yo», lo que, en realidad, no es más que nuestro ego diciéndonos que debemos ser «mejores que» o «distintos a» los demás. Me explicó que Bahá'u'lláh llamaba al ego «el malvado susurrante» que «susurraba en el pecho de los hombres». Validó la sensación de que mi ego y mi naturaleza inferior estaban atacándome y, aunque por un lado sentía compasión por lo que estaba pasando, no se contuvo a la hora de decirme toda la verdad, que es, precisamente, lo que necesitaba. Me dijo cuán genial era Emily y me recordó cuán raro es encontrar a alguien como ella. Después me ayudó a ver cómo estaba dándole demasiadas vueltas y dudando de mí mismo y de lo que sabía que era cierto. Se lo agradecí y le dije que lo vería en la boda. Y eso fue todo. Me caló hondo. Definitiva-mente, se trataba de mi naturaleza inferior y de mi ego atacándome. De alguna forma, mi subconsciente entendió que casarme iba a ser el primer paso de la muerte de una versión de mi masculinidad. Aunque, llegado el momento, la mayoría de los hombres se casan, es casi como si el sistema estuviera amañado contra nosotros para hacernos fracasar. Tuve la suerte de tener amigos que me apoyaron, me recordaron mi propósito espiritual y estuvieron dispuestos a decirme la verdad. A menudo, otros hombres sin estos sistemas de apoyo se encuentran en situaciones de las que sienten que deben escapar —ya sea literalmente, echándose atrás en su compromiso, o con drogas, alcohol, porno o, incluso, sexo fuera del matrimonio—.

Como hombres, durante años nos han taladrado la idea de que debemos ir solos por la vida. Es el mayor mito de la masculinidad. Así que, en lo que respecta al matrimonio y a comprometernos con una persona por el resto de nuestras vidas, incluso si es alguien de quien estamos perdidamente enamorados, es importante recordar que ninguno de nosotros es inmune a la presión social subconsciente con la que nos han programado desde niños. No pasa nada si apare-cen estos sentimientos. No pasa nada si nos asustamos y el miedo entra en nuestras mentes y corazones. No significa que estemos con la persona equivocada. De hecho, puede significar que estamos con la persona adecuada. Y la única forma de asegurarse de que el miedo no gana es quitarle su poder, y sólo podemos hacerlo hablando de él. Por eso, tras hablar con Rainn, y después con otros buenos amigos e incluso mi propio padre, reuní el valor de hablar de ello con Emily. Si iba a casarse conmigo y convertirse en mi compañera, pensé que debía saber por qué podía haberme notado algo distante. Merecía saber la verdad.

Una noche, le pedí que se sentara conmigo y le dije que había tenido dudas, pero que estaba trabajando en ellas. Le dije que iba a superarlas y que trabajaría para entender de dónde venían. Le aseguré que ninguna tenía nada que ver con ella, que eran sobre mí y mi viaje como hombre, y que sólo necesitaba poder procesarlas. Le pedí perdón por haber estado distante porque sabía que se había dado cuenta, y le prometí que nada había cambiado. Seguía perdidamente enamorado de ella, pero había un dragón al que debía derrotar. ¿Cómo lo encaró? De la misma forma en que encararía treinta y seis horas de parto unos años más tarde. Y de la misma forma en que, más adelante, encararía mi confesión de que llevaba veinte años luchando con mi adicción al porno. Como una jodida maestra *jedi*. Me miró con muchísimo amor, compasión y empatía, me recordó cuánto me quería y me dio las gracias por haber estado dispuesto a compartir aquello con ella. Me dijo que estaba conmigo y me dio espacio para trabajar en mis dudas sin ninguna presión ni vergüenza. No se hizo la víctima ni me hizo sentir mal. Lo sostuvo conmigo. Y eso era todo cuanto necesitaba. A la mierda con la idea de las esposas. Pero, si tiene que ser así y ella es una esposa, puede contar conmigo para ser el esposo. Voy con todo.

El espejo del matrimonio

Estar casado con Emily es como estar siempre frente a un espejo, pues me refleja tal como soy. Y yo hago lo mismo por ella. En nuestro matrimonio, no hay filtros de Instagram ni Photoshop que oculten nuestras imperfecciones. En mis mejores momentos, cuando me siento conectado y feliz, cuando vamos al compás y la vida fluye, no me importa mirar el reflejo, mi reflejo. Pero se vuelve mucho más duro enfrentarse al espejo cuando me exige que vea cómo me comporto cuando estoy estresado, cuando mi inseguridad me lleva a cerrarme o a perderme en el trabajo, o cómo mi deseo de ser útil al mundo se confunde con mi deseo de mantener económicamente a nuestra familia y la voluntad que prioriza mi carrera profesional puede impedirme estar presente tanto como quisiera en casa y con nuestros hijos. Podría seguir con la lista, pero, si quiero disfrutar de los beneficios de una pareja, de pasar la vida con alguien, debo estar dispuesto a mirarme al espejo; debo estar dispuesto a esforzarme en trabajar en mí mismo, no desde el egoísmo, sino desde una verdadera humildad, desde la voluntad de querer verme tal como soy para conocerme y ser capaz de mostrarme tal como soy ante otra persona. Ante Emily.

Mi fe dice que el matrimonio es «una fortaleza de bienestar y salvación» y, sin embargo, los mensajes sociales sobre las relaciones se centran demasiado a menudo en la parte del bienestar. Adoro la idea del matrimonio como fortaleza. A menudo, se asocian las fortalezas con la guerra o con la protección ante las calamidades o las situaciones extremas. Una fortaleza es lo que se construye para esconderse o para protegerse de un ataque, así que, en cierto sentido, es una forma apropiada de referirse al matrimonio. Cuando pienso en una fortaleza, pienso en cómo debe construirse de dentro hacia afuera, junto a tu pareja, mano a mano, para protegerlos de sí mismos y del mundo exterior. Porque, en nuestro mundo, tan centrado en lo exterior y lo material, el matrimonio está siendo literalmente atacado; no de forma explícita o voluntaria, sino de una forma que enfatiza cómo se presenta el matrimonio en lugar de la realidad de cómo es. Uno de los mejores consejos que me dio mi padre cuando tuvimos problemas en nuestro segundo o tercer año de casados fue recordarme que «amar» es un verbo. Es una elección que debe tomarse cada día. Me contó que hubo momentos en su matrimonio con mi madre en los que, literalmente, tuvo que escoger amarla, especialmente, cuando no le apetecía. Nutrir su matrimonio fue una elección que les ha permitido seguir casados y enamorados. Y, conociendo a mi madre, te garantizo que tuvo que hacer lo mismo con mi padre. Es una carretera de doble sentido y, como todas las épocas de la vida, es de naturaleza cíclica. No es una mezcla de reacciones químicas y feromonas. No es sexo. Ni siquiera es conexión. Es una elección, y en ella está el trabajo.

Como hombres, se nos enseña a ser valientes, fuertes y duros. Se nos enseña a no rendirnos nunca, sino a ser exploradores centrados en la misión de buscar sin descanso la verdad. Se nos dice que «sin sacrificio, no hay victoria», así que rompemos voluntariamente nuestra fibra muscular para hacerla crecer. ¿Y si pudiéramos tomar estos mensajes y aplicarlos a nuestras relaciones, matrimonios y hasta a nuestras emociones? ¿Y si pudiéramos usar estos atributos que nos han inculcado para mirar hacia adentro y buscar quién somos en realidad? ¿Y si viésemos las relaciones como el gimnasio, en el sentido en que, cuando vamos a hacer deporte, entrenamos *con* las pesas y buscamos la incomodidad porque sabemos que es buena para nuestro crecimiento físico y nuestra salud? Debemos tomar la decisión de ir al gimnasio porque, da igual qué nueva pastilla o máquina de entrenamiento intenten vendernos como atajo, nada nos conseguirá el cuerpo que queremos más rápido que tomar la decisión de trabajar bien como se ha hecho toda la vida. Esto mismo aplica también al matrimonio y a las relaciones en general. Lo que riegas, crece. Así de sencillo.

Nada volvió a ser lo mismo cuando cambié la perspectiva con la que enfocaba el crecimiento emocional y relacional, encarándolos con la misma ferocidad y tenacidad que mi crecimiento físico. En lugar de ponerme a la defensiva por las acciones y reacciones de Emily, empecé a utilizar aquellas situaciones para descubrir de qué quería defenderme. Aunque fracaso constantemente y estoy lejos de ser perfecto en esto, estoy practicando el ver estos momentos como invitaciones a mirarme al espejo, como oportunidades para crecer, para construir la fortaleza. Una fortaleza no dura eternamente sin ayuda. Necesita que la mantengan constantemente y, sí, también que la reconstruyan. A veces, los vientos y la guerra del mundo exterior la pondrán a prueba y la dejarán en ruinas. Pero, mientras siga en pie, puede ser reconstruida. En nuestro matrimonio, tanto Emily como yo escogemos continuamente construir esta fortaleza. Se mira al espejo que le pongo enfrente y también se esfuerza por trabajar en sí misma, lo que, francamente, es una de las cosas más sexys que existen. A la mierda con que tu esposa sólo esté buena y se limite a cuidar de su cuerpo. Los abdominales no duran para siempre. No hay nada más sexy que alguien con la madurez emocional de saber que su corazón y su mente necesitan la misma atención —si no más— que su cuerpo. Por todo esto, planeamos juntos seguir construyendo continuamente nuestra fortaleza; no sólo para protegernos del exterior, sino también de nosotros mismos. Y, gracias a estos resplandecientes espejos que sostenemos el uno frente al otro, estamos comprometidos a crecer y capear las pruebas, los desafíos y los temporales que, sin duda, la vida interpondrá en nuestro camino.

CAPÍTULO NUEVE

LO SUFICIENTEMENTE PADRE

Criar a mis hijos cuando todavía no he terminado de crecer

En 1982, mi abuelo Loui, el padre de mi padre, falleció repentinamente de un ataque al corazón con setenta y siete años. Unos años más tarde, en el aniversario de bodas de Nana Grace y el abuelo Loui, nací yo. Creo que haber nacido aquel día es uno de los motivos por los que éramos tan cercanos con Nana Grace que, a pesar de haber fallecido hace años, seguirá siendo para siempre una de las personas más importantes de mi vida. Cuando nací, mi padre no tenía un padre que lo ayudara a navegar el proceso de la paternidad y, la verdad, no ha sido hasta ahora mismo, escribiendo estas líneas, que me he dado cuenta de cuán solo y aterrado debió sentirse, igual que todo hombre que haya tomado este rol sin haber tenido el privilegio del ejemplo sano, o incluso la presencia, de su propio padre o de una figura paterna para guiarlo.

Uno de los momentos más memorables de mi vida fue cuando sorprendimos a mi familia con la noticia de que Emily estaba embarazada. Ver la cara de mi padre cuando le dije que iba a ser abuelo y que su niño iba a tener un hijo es algo que quedará grabado para siempre en mi mente y mi corazón. Poco después, cuando le confesé que estaba aterrado y que no me sentía preparado para ser padre, me dijo que recordaba sentirse igual cuando supo que mi madre estaba embarazada de mí. Espera... ¿así que él tampoco sabía lo que hacía?

Para nada.

Incluso me dijo que desearía que alguien le hubiese dado un manual de cómo ser padre. En aquel momento me reí, pero, cuanto más lo pienso, más respeto su honestidad. Además, me hizo sentirme mucho mejor respecto a lo nervioso que estaba de ir a convertirme en padre. Si mi padre se había sentido igual, yo no estaba solo.

Como con la masculinidad, no hay una única manera de ser padre. No hay un libro que pueda prepararte para todas las formas en que tu vida está a punto de cambiar. Hay miles de libros, blogs, charlas TED y pódcast, cada uno con su propia perspectiva. No importa cuántos libros leas o cuántos vídeos de YouTube o documentales veas, es imposible entender lo que pasa realmente dentro de un hombre cuando se convierte en padre hasta que ocurre.

Lo que nos pasa a cada uno cuando nos identificamos como padres es increíblemente variado. Conozco a hombres que no cambiaron en absoluto y que siguieron con sus vidas exactamente igual que antes y a otros que se zambulleron de cabeza en la paternidad y parecieron hacer todo lo posible para prepararse. Hay hombres que no quieren que sus vidas cambien y nunca llegan a verse como padres. Hay hombres infelices en su matrimonio o en su relación que creen que tener un hijo «arreglará» las cosas, sólo para no tardar en descubrir que la cosa no funciona así. Hay hombres que se convierten en los padres de los hijos de otros y están para ellos como no pudieron estarlo sus propios padres, criándolos como si fueran suyos.

Y, por supuesto, hay hombres que creían que querían ser padres y que descubren, cuando su hijo llega al mundo, que, en realidad, no están listos, que están aterrados. Este último ejemplo es mucho más habitual de lo que pensamos, lo que dice mucho de lo que en realidad significa «estar listo» para ser padre. Desafortunadamente, el método que usamos para medir el nivel de preparación para la paternidad es el mismo que usamos para medir la masculinidad. ¿Hemos hecho lo suficiente? ¿Hemos ganado el dinero suficiente? ¿Tenemos la suficiente seguridad? ¿Podemos dar lo suficiente? ¿Somos lo suficientemente hombres? De hecho, tuve esta conversación hace unas semanas con un buen amigo que, a pesar de que su esposa está lista y quiere un hijo, tiene cuarenta años y todavía no se siente preparado porque su carrera está en el aire y no tiene una casa propia ni un colchón económico. Como hombres, nos han socializado para pensar que, si no podemos mantener a nuestras familias, ¿somos acaso hombres? La mera posibilidad de tener dificultades económicas y de no poder mantener a nuestras parejas e hijos es suficiente para paralizar a muchos hombres y hacerlos decidir no tenerlos. Pero, como ya hemos comentado, estas falsas varas de medir exteriores no tienen necesariamente las respuestas.

La prueba de embarazo positiva

Fue el 24 de octubre de 2014. Siempre había querido ser padre, pero, con treinta años recién cumplidos, estaba mucho más centrado en estabilizar mi carrera que en traer nueva vida al mundo. Emily y yo sólo llevábamos un año casados y todavía nos estábamos adaptando el uno al otro y a este nuevo mundo del matrimonio. Acabábamos de alquilar un pequeño apartamento cerca de la playa para introducir algo más de diversión despreocupada en nuestros días, yo acababa de volver a actuar y, gracias a *Jane the Virgin*, estaba a punto de alcanzar un «éxito repentino» por el que había estado trabajando durante una década. Estábamos grabando el sexto capítulo y yo no tenía ni idea de que la serie iba a convertirse en un fenómeno global y me daría trabajo y una entrada de dinero regular durante los siguientes cinco años. Me tomaba las cosas día a día, intentando encontrar la manera de construir algo más grande, pues mis años en la industria del entretenimiento me habían enseñado cuán rápido puede venir y desaparecer el éxito. Pero ahora estaba casado y no sólo quería dejar mi huella en el mundo como hombre, sino que también me sentía presionado para construir y mantener un nido para cuando llegara el día en que decidiéramos crecer juntos y tener hijos, el día en que me convertiría en padre. Así que, sí, estaba claro que la paternidad estaba planeada, pero pensábamos que sería más adelante… mucho, mucho, mucho más adelante.

Aparentemente, mi esposa y yo no teníamos ni idea de cómo se hacen los niños, porque, de golpe, apareció una prueba de embarazo positiva que nos cambió la vida. Nunca olvidaré cómo me lo dijo. Desde entonces, he visto muchísimos vídeos preciosos para anunciar el embarazo, donde la mujer le dice al hombre que está embarazada y ambos se echan a llorar y lo celebran. Eso no fue lo que ocurrió.

Acababa de llegar a casa de un largo día de rodaje y, hacía un rato, me habían pedido por primera vez que fuera de invitado a *Entertainment Tonight*. Sentía que era un hito en mi carrera. Entré entusiasmado en nuestro pequeño apartamento. Emily estaba sentada en el sofá. Me senté y la besé. Empezamos a hablar de cualquier cosa y estaba tan distraído con mis noticias que no me di cuenta de que no estaba siendo ella misma. Le conté emocionado que *ET* me había llamado y que me querían en el programa. Pensé que éste sería un momento de celebración para nosotros, pero cuando la miré, me di cuenta de que ni siquiera me estaba mirando. Algo no iba bien. Entonces, sin previo aviso, en mitad de una frase, me miró y me espetó: «Tengo que decirte algo». Parecía aterrada y, con el corazón en un puño, respondí nervioso «Dime». Sin pausa ni vacilación, murmuró: «Creo que estoy embarazada». Y, después, silencio. Nada. Sólo silencio. Ninguno de los dos dijo nada. Evitábamos nuestras miradas como dos niños demasiado avergonzados o incómodos consigo mismos como para dejarse ver. «Espera... ¿cómo?» le pregunté como un idiota. «¿Estás segura?». Me miró: «Me he hecho dos pruebas, así que, sí... Estoy bastante segura». (Si hubiera recordado el episodio piloto de *Jane the Virgin*, hubiese sabido que los falsos positivos en las pruebas de embarazo son extremadamente raros). Sin duda, estábamos embarazados.

Entonces llegaron las lágrimas, pero no de felicidad. Estábamos en estado de *shock*... pero también de duelo. Estábamos de luto por la vida que creíamos que íbamos a tener. Y por Emily, porque, como mujer que ya había cumplido los treinta en la industria del entretenimiento, esto se sentía como el golpe de gracia no sólo para su carrera, sino para uno de los sueños de su vida. ¿Sabes? Como la ginecología, la industria del entretenimiento tiene la capacidad de hacer sentir geriátricas a las mujeres después de los treinta y cinco. Seguimos dejando que llegaran las emociones, dándonos espacio para sentir lo que sentíamos, sabiendo que, a pesar del *shock*, en el fondo (muy, muy en el fondo) ambos estábamos emocionados. Habíamos hablado mucho sobre la paternidad durante nuestro tiempo como novios y en el primer año de casados. Ambos queríamos ser padres. Sólo que lo queríamos más tarde y en nuestros términos. Ya sabes, cuando estuviéramos algo más «listos». Siempre me ha gustado el dicho: «La forma más rápida de hacer reír a Dios es hacer planes». O, en nuestro caso, no usar protección.

Tras el primer terremoto, las réplicas fueron llegando. Hasta que descubrimos que Emily estaba embarazada, no había tenido prisa por hacer mi trabajo interior. No sentía ninguna urgencia por poner mis mierdas en orden. Era casi como si, subconscientemente, me estuviera diciendo que «mis mierdas» era una casilla que no tenía por qué tachar hasta que tuviéramos hijos. Lo que más me importaba en aquel punto de mi vida era asegurarme de que llenaba todas las casillas necesarias como hombre, las que el mundo y otros hombres y mujeres querían ver tachadas. Una vez que hubiese cumplido con eso, entonces podía empezar a trabajar en mí. Así que, en mi mente, todavía tenía tiempo para crecer, convertirme en un hombre y prepararme para ser el padre que siempre he querido ser.

Pero, repentinamente, había llegado el momento y me había quedado paralizado porque no estaba listo. ¿Cómo carajo iba a criar a un hijo sin joderlo cuando todavía me sentía jodido yo mismo? ¿Cómo carajo iba a criar a un hijo cuando, en muchos aspectos, todavía me sentía como un niño? ¿Cómo carajo iba a ser lo suficientemente padre cuando ni siquiera me sentía lo suficientemente hombre?

En el momento en que descubrimos que Emily estaba embarazada, lo que antes había sido una invitación para emprender el viaje entre mi cabeza y mi corazón no tardó en convertirse en una orden. Claro, podría haber seguido como si nada porque la vida que estaba a punto de cambiar era la de ella. Después de todo, el bebé estaba en su cuerpo y, a menudo, los hombres pueden librarse de sentir los efectos de la paternidad hasta que nace el bebé. Pero no quiero esa vida, ni la he querido nunca, y no es el tipo de hombre que quiero ser.

Unos días antes de descubrir que Emily estaba embarazada, estaba en el carro y sentí el fuerte deseo de rezar. Esto no era habitual en mí, pues, normalmente, estoy hablando por teléfono o escuchando música o un pódcast, o lo que sea, pero recuerdo sentirme muy raro. Había estado reflexionando sobre mi vida y había percibido un enorme desequilibrio: sentía que el resto del mundo me consideraba generoso, pero, en realidad, creía que nada de lo que hacía era suficiente y que, hasta aquel momento, había sido más egoísta que otra cosa. Así que recé. Recé intensamente. Con mucha más intensidad de la habitual. Fue una oración extraña, pues aquel día no había pasado nada fuera de lo normal para desencadenar esto. Pero ahí estaba yo, conduciendo por el tráfico de la tarde de Los Ángeles, suplicándole a Dios fuerza y ayuda para ser generoso. Bien, ¿qué mejor manera de aprender a ser verdaderamente generoso que ser padre? Oración contestada. Un consejo: cuidado con lo que deseas.

Como cualquier otro aspecto de este viaje, me sorprende dónde me ha llevado. Al principio, pensé que centraría este capítulo en la realidad de ser padre, en el impacto de la paternidad y, quizá, en ofrecer algunos consejos, trucos y atajos que he aprendido durante mi relativamente reciente camino como padre. Pero el viaje me ha traído por una ruta distinta. Me ha hecho recordar mi propia infancia con mi padre y, desde ahí, me ha llevado a su infancia con su padre. Si hubiésemos podido retroceder más en el tiempo, seguro que hubiese seguido ascendiendo por el árbol genealógico porque, de la misma manera en que los guiones de la masculinidad se transmiten de generación en generación, también lo hacen las presiones y las heridas de la paternidad.

Mi padre el superhéroe

En lo que respecta a la paternidad, en muchos sentidos, mi padre fue un adelantado a su tiempo. Me mostró sus emociones, nos consentía constantemente a mi hermana y a mí y siempre estuvo intensamente presente en nuestras vidas. Se acurrucaba conmigo cada noche hasta que tuve unos diez años y, probablemente, sólo paró porque sentía que era demasiado *cool* como para acurrucarme con él. O, quizá, sencillamente, descubrí que mis amigos no se acurrucaban con sus padres. No recuerdo exactamente por qué dejamos de darnos cariño físico, pero sé que, en algún momento, se erigió un muro entre nosotros y que ahora, con treinta y seis años, todavía anhelo el contacto físico con él y su afecto. No sé si es por miedo a ser juzgado o porque no es masculino o algo, pero sé con seguridad que llegará el día en que querré dar lo que sea por la oportunidad de abrazarlo y que me abrace de nuevo. Por eso me resulta tan confuso descubrirme interponiendo este extraño muro invisible entre nosotros y no permitiendo que lo atraviese del todo cuando sé cuántas ganas tiene de hacerlo. Es una especie de barrera invisible de la masculinidad que nunca pedí, que sé que él no quiere que esté ahí y que, de alguna forma, nos ha atrapado a uno a cada lado. Es algo que, ahora mismo, estoy tratando activamente de derribar porque lo último que creo que necesitamos en este mundo son más muros. En su lugar, construyamos puentes. Especialmente, entre padres e hijos.

Empecé a jugar al fútbol con cinco años y, a lo largo de los siguientes trece, mi padre apenas se perdió ninguno de mis partidos, si es que lo hizo alguna vez. No sólo venía siempre a verme jugar, sino que, a veces, incluso asistía a los entrenamientos. Era mi mayor fan, grababa cada momento, me animaba tras las victorias, les gritaba a los árbitros desde las gradas cuando tomaban una mala decisión y me levantaba después de una derrota. Como he dicho antes, mi padre estaba en la vanguardia de la industria del emplazamiento publicitario, pero lo que nadie sabe es que, a menudo, representaba a empresas que me gustaban sólo para poder traer a casa la nueva *NERF Gun* antes de que saliera o conseguir que Diadora le diera a mi equipo de fútbol uniformes nuevos.

Hacía cualquier cosa para demostrarme que me quería. Era algo mágico. Y sigue siéndolo. Mi padre es afectivo, bueno, sensible y está presente (especialmente, cuando no tiene la cabeza enterrada en el celular, igual que su hijo). Tuvimos y tenemos una relación tan hermosa, especialmente vista desde fuera, que es fácil olvidar que, como muchos superhéroes, mi padre es, y sigue siendo, humano.

Kryptonita generacional

Mi padre, Samuel Victor Baldoni, nació en 1948 en South Bend, Indiana. Su padre, mi abuelo Loui, era un respetado senador estatal y murió unos pocos años antes de que yo naciera. El segundo nombre de mi padre es Victor porque el día de las elecciones de noviembre de

1948 mi abuelo salió electo para el Senado y ese mismo viernes nació mi padre. Era el bebé de la victoria. Mi abuelo llegó con ocho años a Estados Unidos desde Italia en 1912, desembarcando en Ellis Island con su hermano y hermana pequeños y su madre. Su padre, mi bisabuelo, había llegado antes y encontrado un trabajo con el que enviar dinero a Italia para traerse a su familia. Por aquel entonces, en Estados Unidos, los inmigrantes italianos estaban sufriendo una discriminación generalizada, prejuicios y hasta violencia. Por eso, mi abuelo creció con la presión de tener mucho que demostrar a la gente a su alrededor. Era trabajador, buen orador y seguro de sí mismo. Se preocupaba mucho de que todas las personas en su vida se sintieran bien y cuidadas y siempre intentaba mantener la imagen de su familia como feliz y unida. Me encantaría poder preguntarle ahora cómo se sentía esa presión. Cuánto de aquello era su verdadero yo y cuánto era el papel que sentía que debía representar para cumplir con lo que la sociedad le había dicho que podía, o no podía, ser como inmigrante italiano.

Creo que la presión que mi abuelo sentía siendo un inmigrante metido en política, junto a los guiones tradicionales de lo que implicaba ser un hombre por aquel entonces, se manifestaron en la forma en que educó a mi padre y al resto de sus hijos. Mi abuelo se esforzó mucho para mantener a su familia. Por eso, trabajaba muchas horas y apenas, si alguna vez, pudo ir a uno solo de los combates de lucha libre de mi padre. No creo que fuera porque no le parecía importante, sino porque, probablemente, creía que, con todo lo que debía hacer como proveedor, protector y político, ir a los combates de mi padre no era una prioridad. También supongo que su propio padre nunca asistió a nada suyo porque estaba a un océano de distancia intentando construir una nueva vida para su familia, así que, quién sabe si tan siquiera se planteó que su ausencia le haría daño a mi padre.

No será una sorpresa descubrir que mi abuelo quería que mi padre y sus hermanos se asimilaran y crecieran como estadounidenses, no como inmigrantes italoamericanos. No quería que tuvieran que enfrentarse a la misma discriminación y a los mismos estereotipos que él. Debían ser estadounidenses «de verdad» y asumo que vio que estos expresaban mucho menos sus emociones que aquellos italianos «étnicos». A esto, añádele que mi abuelo era senador, así que la presión de proteger su imagen —la imagen de la familia y la imagen positiva que se habían forjado como inmigrantes— se duplicaba.

Proteger la imagen se hizo más difícil cuando mi padre creció y, como me han contado mis tías y tíos, se convirtió en un «joven rebelde». De hecho, he sabido que, en más de una ocasión, los agentes de policía amigos de mi abuelo tuvieron que acompañar a mi padre a casa por los problemas en los que se metía. Las historias que he escuchado hacen que parezca más un Kennedy que un Baldoni, pero supongo que es lo que tiene ser el hijo de un hombre tan respetado en una ciudad pequeña. Si no hubiese sido el hijo de un senador, supongo que no se lo hubiesen llevado a casa. Fue un privilegio que perpetuó el mensaje de que la imagen es más importante que la realidad: no podemos revelar los problemas de la familia, nuestra humanidad, porque debemos ser vistos de una cierta manera para que nos acepten o para que reelijan a mi abuelo. Pero aquél no era sólo un mensaje que mi abuelo le transmitía a sus hijos, sino uno que le habían transmitido a él y que conservaría hasta el día de su muerte.

Cuando me preparaba para mi charla TED, decidí que quería saber más de mi abuelo para entender a mi padre y, con él, a mí mismo. Una noche, mi tía Susie me contó que, poco después de que mi abuelo perdiera la reelección para el Senado, tuvo problemas económicos. Tenía unos sesenta años y mi padre y mi tía seguían cursando la primaria. La fábrica de carros en la que había trabajado desde joven (Studebaker) se había declarado repentinamente en bancarrota y se trasladaba a Canadá. En el proceso, despidieron a cientos, si no a miles, de empleados, todos obreros trabajadores de la zona. Mi abuelo estaba en el equipo directivo y le ofrecieron un nuevo puesto si estaba dispuesto a mudarse con su familia a Canadá. Había superado tremendas adversidades para llegar donde estaba y, aunque llevaba cuarenta años trabajando para Studebaker, no podía justificar el daño que le haría a su familia si lo dejaba todo y se mudaba. Además, no sólo tenía a su familia en South Bend, sino también a sus amigos y votantes. Así que lo rechazó porque, para los Baldoni, la familia es lo primero. Lo que no sabía es que, al rechazar aquel puesto, iba a perder toda su jubilación porque no tenía protección federal. Fue trágico y se quedó sin nada. Llegó incluso a hacer turnos de noche como conserje para llegar a fin de mes y pagar las facturas para su familia. Así es: de senador a conserje. Aunque mi abuelo tuvo problemas económicos durante aquella época, y a pesar de haber ayudado a un sinnúmero de personas en la ciudad, fue demasiado orgulloso como para pedir ayuda, así que este pequeño desvío en su recorrido ha quedado fuera de nuestros libros de historia familiares. No puedo imaginar el peso en el corazón y la soledad que debió sentir mientras sufría en silencio sin tener a nadie con quien hablar o a quien acudir. ¿Cómo un gigante entre los hombres pide ayuda a las mismas personas que ha dedicado su vida a ayudar? No sé si mi familia pensó que sería vergonzoso o insultante hablar de esto cuando pensara en él y en todo lo que logró en la vida, o si, sencillamente, lo olvidó convenientemente. En todo caso, a mis ojos, siendo alguien que nunca lo conoció ni habló con él para que le contara su historia, descubrir esto no sólo me hizo respetar más a mi abuelo, sino que también me ayudó a entenderme mejor a mí mismo y a algunos de los problemas que sufro hoy en día.

En la generación de mi abuelo, era típico sufrir en silencio. Nunca pedir ayuda. Nunca mostrar debilidad. Es decir, que mi abuelo —y, virtualmente, todos los hombres de su generación— lo pasaban tremendamente mal para ser «lo suficientemente hombres» en base a todos los estándares tradicionales. Por aquel entonces, probablemente lo llamaran su «deber» de proveer y proteger, de picar piedra y todo eso. Esto tiene sus cosas buenas, claro, pero me choca cuán tremendamente solitarias debieron de ser sus vidas como para sentir que tenían que hacerlo todo solos. Daría lo que fuera por poder ver a mi abuelo Loui. Por abrazarlo y hablar con él. Por darle las gracias por todo lo que hizo por nuestra familia y por tener el valor de empezar de cero en un país nuevo y formar una familia. Pero también por decirle que lo quiero, independientemente de todo eso. Lo quiero por ser quien fue para mi padre, para mi abuela, para mis tías y mi tío y para la comunidad. Quisiera que supiera que, como hombre, no sólo fue suficiente, sino más que suficiente... sin importar cuál fuera su trabajo o qué tuviera en la cuenta bancaria al final de su vida.

Hace poco, le envié un mensaje a mi padre preguntándole si el abuelo Loui le decía «te quiero» tan a menudo como él me lo dice a mí. Su respuesta me dejó anonadado. Me dijo que no recordaba que su padre le hubiera dicho nunca que lo quería. Mi abuelo le decía que estaba orgulloso de él y le decía a mi abuela que sabía que mi padre triunfaría en la vida, pero nunca le dijo que lo quería. Auch. Eso dolió.

De golpe, muchísimos comportamientos de mi padre cobraron sentido para mí. Su intenso deseo de éxito. El trabajar sin parar y su búsqueda de ideas. El picar piedra. Es incansable en su empeño de mantener su seguridad económica y en seguir siendo relevante, incluso ahora, con más de setenta años, pues es precisamente lo que debía sentir que mi abuelo no era a su edad. Ahora todo tiene sentido. Mi padre ha vivido su vida para ganarse el amor no correspondido de mi abuelo y darme también todo lo que él no le dio. No había podido verlo hasta ahora.

Gran parte de mi crianza consistió en que mi padre hiciera lo contrario a lo que había vivido de niño. Por un lado, esto es genial. Es como cada generación se vuelve mejor que la anterior. Es como se detiene el ciclo del abuso y del trauma y progresamos como especie. Pero creo que la sanación debe llegar primero porque, si no, aunque estemos tomando decisiones distintas a las de nuestros padres, nuestras heridas de la infancia se deslizarán entre las grietas que no vemos o que ni siquiera conocemos. Por ejemplo, mi abuelo nunca le dijo a mi padre que lo quería, así que mi padre me lo dijo cada día. Su padre nunca fue a sus eventos deportivos, así que mi padre vino a todos y cada uno de los míos. Por muy maravilloso que fuera saber que siempre podía mirar hacia las gradas y verlo, siento que, en el fondo, mi padre estaba intentando sanar una herida de su infancia sobrecompensando en la mía. Intentaba sanar la tristeza que sintió de niño haciendo un sobresfuerzo para asegurarse de que nunca me sintiera igual. De lo contrario, nunca se hubiese presionado tantísimo para estar literalmente en cada maldita cosa que hiciera. Si se perdía algo, se sentía fatal y se martirizaba por ello. Ahora, de adulto, me gustaría haber podido aliviar esa tensión. Intentaba convencerse de que él era suficiente haciendo todo lo posible para asegurarse de que yo supiera que era suficiente. Carajo. Ojalá mi padre hubiese sabido hasta qué punto él ya era suficiente. Hasta qué punto es suficiente.

A primera vista, esto no parece problemático. Pero el problema es que, al intentar sanar aquella herida de su infancia, se estaba hiriendo como adulto y, sin querer, hiriéndome a mí en el proceso.

Me pregunto cuántos de nosotros compartimos esta historia: la historia de un padre cariñoso que sobrecompensaba el no haber tenido un padre afectuoso, paciente y, sencillamente, «presente» en la vida de sus hijos que le dijera que le quería. O al revés. Como he dicho antes, soy uno de los afortunados. Mi padre estaba sanando sus heridas sobrecompensando, estando ahí para mí y diciéndome constantemente que me quería, pero, desafortunadamente, la gran mayoría de los hombres criados por padres que descienden de generaciones de hombres heridos y emocionalmente aislados terminan heredando estas heridas. Para muchos, especialmente los *baby boomers*, expresar amor y decir «te quiero» es como hablar una lengua extranjera. Pueden sentirlo, pero, por desgracia, a menudo no tienen las herramientas o la capacidad emocional de verbalizarlo. Así que lo demuestran como pueden: esforzándose, no quejándose, manteniendo a sus familias y dándoles seguridad, pues es así como se les enseñó a demostrar el amor. Y, aunque eso no tiene nada de malo, las personas podemos sentir, compartir y experimentar mucho más que eso. Así que, aunque mi padre tomara una decisión distinta, no era lo habitual. Pero las cosas están cambiando. Empiezo a ver cada vez a más hombres ser abiertos, cariñosos y expresivos con sus hijos. Está convirtiéndose en la nueva norma y hombres de todo el mundo están decidiendo ser quienes terminen con la tradición de la frialdad, quienes se quiten la asfixiante armadura masculina. Está pasando y no puedo esperar a ver qué sale de ahí.

Aunque hay esperanza, todavía conozco a muchos hombres que sufren y que quieren escuchar, aunque sólo sea una vez, salir esas palabras de los labios de sus padres. «Hijo, estoy orgulloso de ti». «Te quiero, hijo». O ser abrazados por ellos una última vez, sin que hagan falta palabras. ¿Cuántas relaciones dolorosas sin resolver entre padres e hijos siguen existiendo que nunca tendrán la oportunidad de sanar? ¿Cuántos hombres crecieron sin padres y darían lo que fuese por tener un momento así? Creo que, por eso, ver una relación padre-hijo complicada en pantalla es de las pocas situaciones en la vida en las que nos permitimos llorar en secreto.

Hablando de películas que hacen llorar a los hombres, ¿alguna vez has visto *Campo de sueños*, la película en la que Kevin Costner construye un campo de béisbol en su jardín trasero porque se lo pide una voz? «Si lo construyes, vendrán» se ha convertido en una de las frases más conocidas de la historia del cine. Y, aunque la premisa es bastante ridícula, la película es mágica y un festival de llantos asegurado para casi cualquier hombre. Trata del trauma generacional y de un hijo que, por fin, recibe una segunda oportunidad para sanar y, al mismo tiempo, sanar a su padre. Todo culmina en una hermosa escena final en la que nadie dice nada y sólo ves a esos dos hombres jugando juntos a pasarse la pelota mientras se pone el sol. La alquilé la otra noche porque no la había visto en un tiempo y, cuando llegó el final, me destrozó. Mientras lloraba, miré a Emily y vi que ella no lo hacía, aunque normalmente llora con cualquier cosa. Al principio no entendí por qué esto no le rompía el corazón como a mí, pero entonces me di cuenta de que por supuesto que no iba a llorar. Es una película para hombres y muestra una experiencia que viven exclusivamente éstos con sus padres. Me hace preguntarme cuántos hombres adultos todavía anhelan un momento de reconciliación con sus padres y darían lo que fuera por escuchar las palabras «te quiero» aunque sólo fuera una vez, incluso mientras sus padres yacen en su lecho de muerte. Demasiados hombres mueren con amor no expresado en sus corazones y creo que ver estas historias de redención nos da en un punto débil que nuestra armadura no puede proteger.

La caída en desgracia del superhéroe

Incluso cuando un hombre ha decidido por sí mismo cambiar las cosas, amar y demostrarlo de forma distinta a su padre, debe pagar un alto precio. Mi padre era progresista: presente, emocionalmente consciente y sin miedo al afecto. Y, sin embargo, estaba derrumbándose en silencio bajo el peso de mantener todo bajo control. Visto desde fuera, estaba muy presente, pero en su interior, sin apoyo, sin nadie con quien contar, aquel peso casi acaba con él.

Hubo momentos durante mi infancia en que las cosas se pusieron difíciles debido a las elecciones que habían hecho mis padres, y otros sólo por cómo funciona, o no funciona, la vida (como les ocurre a todas las familias). Hubo periodos en los que pasamos por serios problemas económicos, pero no hablábamos de ello porque no importaba qué ocurriera, siempre teníamos lo suficiente de lo que quisiéramos o necesitáramos. Nunca lo entendí de niño, pero cuando crecí y empecé a hacer preguntas, fue fácil ver que mi padre sólo estaba haciendo lo que le había enseñado el suyo: protegernos a nosotros y a nuestra imagen. De niño y de adolescente, sabía que las cosas no iban bien. A menudo intuía que algo no encajaba, pero nunca se verbalizaba. Mi padre era un héroe y, como todos los héroes, había algunas cosas de las que no hablaba.

Visto con distancia, era de manual: tenía que proteger la imagen de que no pasaba nada, de que era un padre que se ocupaba de todos, que se aseguraba de que todos se sintieran bien y fueran felices. Desde pequeño, pude sentir subconscientemente el conflicto entre la imagen que proyectaba nuestra familia y la realidad de lo que estábamos viviendo. Hubo varias ocasiones en las que mi padre tomó dos aviones tras tener reuniones en Los Ángeles sólo para llegar a tiempo de asistir a uno de mis partidos. Estaba agotado, sobreviviendo prácticamente sin dormir, pero venía. No porque necesitara que estuviese ahí. Aunque por supuesto que lo quería ahí, tengo que creer que una parte de mí hubiese aceptado que estaba en un viaje de trabajo sin dejar de estar seguro de que me quería. Pero, nevara o tronara, siempre estaba. Y creo que es porque se había impuesto aquella terrible presión de estar siempre presente porque su padre no lo estuvo.

Gran parte de la identidad de mi padre y de cómo nos educó a mi hermana y a mí se basa en dar apoyo y amor incondicionales, pero creo que es importante ver que también nos educaba desde la herida.

De niño, nunca supe de ninguna de sus heridas. Ojalá hubiese sabido de ellas. Ojalá hubiésemos tenido el tipo de conversación en el que se comparten los miedos y las preocupaciones. Ojalá hubiera conocido entonces sus partes imperfectas, lo hubiera escuchado hablar de sus debilidades o hubiera presenciado cómo asumía y aceptaba sus defectos. Así, hubiese crecido sabiendo que, como él y el resto del mundo, no pasa nada por tener defectos, que ser imperfecto es perfectamente humano. Pero ¿cómo iba él a poder hacer todo aquello? Todo lo que sabía de la paternidad lo había aprendido de su padre. Lo hizo lo mejor que supo con la información de la que disponía (y debo decir que hizo un muy buen trabajo). Pero, aunque fuéramos italianos que mostraban sus emociones, también éramos hombres que no sabían mostrar vulnerabilidad.

No obtuve algo más de información sobre los tiempos oscuros que atravesó mi familia hasta después de cumplir los treinta. No fue hasta que emprendí este viaje en mí mismo y quise entender mi propio comportamiento y tendencias, y empecé a hacer preguntas sobre su comportamiento y tendencias, que rasqué la superficie de la pesada carga que mi padre había soportado. Aunque quisiera poder decir que procesé esta nueva información con elegancia y comprensión, al principio, lo que sentí fue resentimiento. De hecho, es un problema en el que seguimos trabajando y al que seguimos aprendiendo a dejar espacio. Resentía que, aunque mi padre nunca me hubiera mentido, hiciera eso que hacemos los hombres de no decir toda la verdad.

Cuando era más joven, durante el tiempo en que tuvimos problemas económicos, aunque nunca habláramos de ello, a quien le guardaba resentimiento en silencio era a mi madre. En nuestra sociedad, la maternidad no está recompensada ni aporta ningún capital social. Así que, a los ojos de un joven adolescente, lo que veía era que mi padre trabajaba sin descanso y que mi madre no cargaba con ninguna responsabilidad económica. La culpaba subconscientemente de gastar el dinero que ganaba mi padre porque veía lo mucho que se esforzaba él sin ver cuánto lo hacía ella. Esto es complicado e injusto a muchos niveles, pero ahora me doy cuenta de que mi padre se ocupó de gestionar nuestras finanzas sin mantener a mi madre informada. Curiosamente, hace poco he sabido que mi hermana, una mujer de treinta años, guarda un resentimiento similar, lo que muestra cuál es su socialización como mujer y los efectos de ser criada por un padre que trabajaba y una madre que no (según los estándares de nuestra sociedad). Como muchos hombres, mi padre mantenía a mi madre al margen, no para hacerle daño, sino porque era lo que un hombre tenía que hacer: proveer y cargar con todo el peso para que su familia no tuviera que hacerlo. No quería que ella se viera obligada a trabajar y tampoco que se preocupara. Al mismo tiempo, incluso si la maternidad no es considerada como parte de nuestra producción económica, todo el trabajo que ella hacía en casa le permitió a mi padre trabajar todo lo necesario fuera. El capitalismo es un sistema imposible sin el trabajo no remunerado de las mujeres. Aunque la maternidad no tenga sueldo, es literalmente el trabajo que hace que el mundo siga girando. Es, al mismo tiempo, el trabajo más difícil y el menos agradecido del planeta y, sin embargo, también el más importante.

Creo que mi padre necesitaba mantener la imagen de ser el superhéroe, quien ganaba el pan, el hombre de la casa, quien el mundo le decía que debía ser. Ésa era la imagen de la que intentaba ser digno, y creo que también era la imagen que mi madre creía que quería en un marido por haber sido socializada de esa manera. Así que, como cientos de millones de otras mujeres y madres en Estados Unidos y en todo el mundo, mi madre acabó haciendo el duro y, a menudo infravalorado, trabajo de llevar la familia y, al mismo tiempo, de permitirse mantenerse ignorante de los problemas económicos de la familia. A su vez, esto perpetuó el problema, poniendo todavía más presión sobre mi padre, que continuó guardándoselo todo sin compartir con mi madre lo que estaba sufriendo. Y, si conectamos esto con lo que sabemos del matrimonio, creo que, durante aquella época, esto les impidió ser verdaderamente abiertos y vulnerables el uno con el otro.

Si lo pienso ahora, mi enfado estaba mal enfocado. El dinero no le pertenecía a él, sino a nuestra familia, pues tanto él como mi madre eran compañeros y padres. Eran codirectores ejecutivos de nuestra familia y, aunque sé que es una vía de dos direcciones, creo que, como hombres, podríamos hacer un mejor trabajo en ayudar a que las mujeres en nuestras vidas se sientan apoyadas y apreciadas como compañeras.

Gracias a la terapia, he descubierto que gran parte del resentimiento que le guardo a mi padre de adulto viene de creer que todo hubiese sido distinto si se hubiese abierto —a mí, a mi madre, a mi hermana, a su familia, a sus amigos— y nos hubiese permitido ver las partes de él ocultas tras el peso de su armadura. También, gracias a la terapia, he empezado a ver que estoy repitiendo estos mismos comportamientos y tendencias en mi propia vida y estoy desesperado por evitarlo. Nunca pensé que diría esto, pero, para bien o para mal, me he convertido en mi padre.

Si al menos él hubiese tenido entonces las herramientas para sentarse conmigo y bajarse del pedestal del padre-superhéroe para dejar que viera sus debilidades y errores, es muy probable que hubiese podido esquivar algunas de las minas que he pisado. Pero también estoy descubriendo otra verdad: el resentimiento en el que estoy trabajando apareció cuando me convertí en padre y me descubrí culpable de perpetuar el mensaje de que nuestra imagen debía ser protegida. No puedo enfadarme con mi padre por transmitirme el guion que recibió. Después de todo, fue y es un padre estupendo, e hizo grandísimos avances respecto al estilo educativo de mi abuelo. Y, sin embargo, para dejarlo ir, tengo que permitirme sentirlo. Tengo que hacer las paces con el resentimiento, con la frustración y con las limitaciones que acompañan a cargar con el peso que la masculinidad pone sobre muchos de nosotros, incluidos nuestros propios padres. Pero, por encima de todo, también tengo que centrarme en las formas positivas en las que, como sociedad, estamos mejorando generacionalmente porque, ahora mismo, estamos progresando gracias al excelente trabajo que hacemos. Minimizar esto sería menospreciar a todos los hombres (y mujeres) que tanto se han esforzado por este progreso.

El progreso de la presencia

Una de las áreas en las que se está haciendo un progreso enorme es en el rol activo que los hombres y padres representan en la experiencia del nacimiento. Mi tía Susie me contó que mi abuelo quería estar en la sala de partos cuando mi abuela fue a dar a luz en los años cuarenta, pero el hospital se negó a dejarlo entrar. Y eso que era senador. En cambio, tuvo que quedarse en la «sala de espera de los padres» como el resto, paseándose de arriba abajo, bebiendo café malo y esperando con un paquete de puros con lazos rosas y azules, listo para repartirlos cuando le dijeran el sexo del bebé. En los cuarenta y los cincuenta, virtualmente ningún hombre estaba presente en la sala de partos cuando sus esposas daban a luz, aquello era la ley y lo que se consideraba la norma. Probablemente incluso fuera raro querer que te dejaran entrar en la sala (y no me hagas hablar de la forma en que se obligaba a las mujeres a dar a luz por aquel entonces... eso es un tema aparte. Si quieres que te arda la sangre, investiga cómo los hombres creamos un sistema sanitario que clasificaba el nacimiento de enfermedad y cómo atábamos literalmente a las mujeres y las sometíamos a operaciones sin su consentimiento). ¡Pero hay esperanza! Hemos avanzado muchísimo y tenemos impulso, pues, hoy en día, si la pareja está casada, casi un 95% de los padres están presentes en la sala de parto, cortan el cordón umbilical y comparten todo lo posible con la madre, sosteniendo al bebé piel con piel y, todavía más importante, dejando espacio para su pareja. Éste es un porcentaje inspirador que me llena de esperanza.

Cuando me estaba preparando para el nacimiento de nuestra hija mayor, Maiya, mi padre me dijo que el momento en que me vio llegar al mundo fue uno de los más profundos y espirituales de su vida. Le encantó el periodo de embarazo de mi madre y también el cuidado que tenía con cualquier cosa que entrara en su cuerpo, algo que veía emular a Emily durante sus dos embarazos. De pequeño, escuchaba las historias de los antojos de mi madre por cosas muy extrañas que no deberían comerse juntas bajo ningún concepto, pero que mi padre corría a buscar a cualquier hora de la noche. Sus dos antojos más típicos durante el embarazo fueron el arenque encurtido a la crema, un plato normalmente reservado para los funerales judíos y no precisamente fácil de encontrar, y tarta de chocolate cubierta de crema de mantequilla. Mi padre, siendo el hombre de recursos que es, siempre encontraba la manera de cumplir con los deseos de mi madre sin importar cuándo ni dónde se le antojara algo. Le daba masajes en los pies, se ocupaba de todas sus necesidades y siempre fue un compañero muy presente y conectado. Mi madre quería un parto vaginal sin anestesia, pero tras treinta y seis intensas horas en el proceso, estaba claro que yo no iba a venir al mundo de esa forma. Así que pidió que le pusieran la epidural y terminé naciendo por cesárea. Afortunadamente, mi padre había tomado una clase especial que le permitió estar en la sala de operaciones; si no, no lo hubiesen dejado estar con ella. Cuando por fin llegué al mundo, mi padre fue el primero en sostenerme, envolverme en una manta y llevarme inmediatamente con mi madre quien, por supuesto, no podía moverse después de la epidural y la operación. Me sostuvo ante su cara y apoyó su mejilla con la mía. Ella dice que se enamoró de mí en aquel momento y todavía lo considera uno de los más felices de su vida. Mi padre afirma que, el mero hecho de haber estado ahí, de verme llegar al mundo y tomar mi primer aliento, de cortar el cordón umbilical y de facilitar la experiencia de mi madre cimentó su certeza de que tiene que haber un Dios.

Cuando Emily me dijo que quería explorar la posibilidad de dar a luz en casa, recuerdo tener una reacción inicial protectora que me hizo querer gritar «¡NI EN BROMA!». Nunca había considerado el parto en casa como una opción moderna y viable, y sólo podía pensar en el riesgo que correría no sólo ella, sino también nuestro bebé. Fue como si, sin saber nada del tema, todo mi ser estuviese ya en modo protector. No iba a tolerar que mi familia corriera el menor riesgo. Cuando examiné mi reacción y la exploré, me di cuenta de que llevaba toda la vida viendo el parto, no sólo a través del lente de mi nacimiento, sino también de la forma en que lo había visto representado. Por lo tanto, había asumido subconscientemente que mi hijo probablemente iba a nacer en un hospital, e incluso de la misma forma que yo: por una cesárea practicada por un cirujano. Si había venido al mundo de aquella manera y estaba sano y salvo, significaba que ésa era la forma más segura de parir, ¿no? Creo que la falsa narrativa que acabo de crear es evidente.

Como hombres, y como humanos, hay cosas en la vida que, sencillamente, ni se nos pasan por la cabeza y, según mi experiencia, la forma en que nuestras parejas decidirán dar a luz es una de ellas. Seguro que hay hombres que pensaron en esto antes de casarse, pero yo no soy uno de ellos, así que me sorprendió descubrir que hay incontables libros, documentales, clases, recursos y grupos de Facebook dedicados al parto en casa. Fue como si existiera todo un mundo al que nunca había sido expuesto.

Aunque mi mente quiso reaccionar deprisa y con dureza a la idea de mi esposa, sabía que no debía decir nada definitivo, y menos un «no» rotundo. Al final, creo que es importante que los hombres asumamos que, aunque seamos parejas, maridos, copadres o cualquier otro título, un embarazo implica el 100% del cuerpo de ella y, por lo tanto, la decisión es suya al 100%. Para subrayar la importancia de esto y dejarlo claro, deja que lo repita: su cuerpo, su decisión. Claro que esto no significa que, como parejas, no podamos dar nuestra opinión, pero sí que no nos corresponde decidir cómo nuestras esposas o parejas darán a luz. Al fin y al cabo, nuestro papel debería ser de servicio, apoyo, investigación y de dar toda la ayuda que podamos. Para las mujeres, el proceso de parto probablemente sea lo más intenso que vayan a vivir nunca y son ellas quienes llevan al bebé dentro, no nosotros. Son las primeras protectoras de nuestro hijo, no nosotros. Debemos aprender a honrar y a confiar en su intuición y sus instintos, no imponer los nuestros, especialmente en lo que respecta a sus cuerpos.

Cuando Emily me dijo que estaba pensando en dar a luz en casa, todas las posibilidades se reprodujeron en mi mente como en una película de terror. Incluso conocí a un hombre que discutió con su esposa por esto y sólo aceptó el parto en casa si lo dejaba contratar una ambulancia privada para que esperara en la puerta por si había algún problema. Como hombres, estamos condicionados para creer que nuestro trabajo es mantener el control, arreglar problemas y proteger a nuestros seres queridos. Pero un parto está completamente fuera de nuestro control, independientemente de dónde ocurra, aunque se sienta todavía más así si no ocurre en un hospital. Mi miedo me impidió escuchar a la intuición de Emily y confiar en ella.

Estaba muy nervioso en nuestra primera reunión con la comadrona. Durante un parto, hay muchísimas variables y cosas que pueden salir mal y yo ya estaba perdidamente enamorado de la pequeña que estaba creciendo en el vientre de mi esposa, así que quería asegurarme de que ambas estuviesen seguras. Ten en cuenta que mi madre trabajaba con las energías y era maestra de *feng shui*, así que yo no era ajeno a lo que algunos llaman «esas cosas de *hippies*». Pero la cosa cambia cuando se refiere a la seguridad de tu esposa y de tu hija nonata. Quería datos científicos y hechos, así que, por supuesto, estaba perdiendo discretamente la cabeza por dentro mientras entrábamos a nuestro primer encuentro con nuestra candidata a comadrona. Pero esas emociones desaparecieron cuando nos dijo que la primera y más importante norma del parto en casa es no ofuscarse con dar a luz en casa. La principal prioridad de este proceso siempre es la seguridad tanto de la madre como del bebé. Guau. No dudo de que sabía cómo me sentía porque, en treinta años como comadrona, seguro que había visto a muchos padres nerviosos y escépticos como yo entrar en su oficina con la esperanza de que dijera algo «equivocado». Debo concederle que sabía exactamente lo que necesitaba: datos científicos y hechos. Nos explicó el proceso, cuán importantes eran las revisiones semanales, cuán crucial era la preparación física y emocional para ambos (pero especialmente para Emily) y cuán importante es el papel del padre en este proceso. Me sentí incluido, me sentí visto y, más que nada, sentí que mi esposa y mi hija estarían seguras. Así que me lancé de cabeza con la menta abierta, como mi esposa quería, y, cuanto más entendí sus porqués, más descubrí que también era lo que yo quería.

Independientemente de mis exigencias laborales, fui a casi cada cita con la comadrona o con la partera durante los siguientes seis meses porque era importante para mí mostrarme físicamente presente. Les pedí a los productores de la serie que cambiaran los horarios y las fechas de las escenas para poder asistir a las reuniones. No sólo por mi esposa, sino también por mí. Recuerdo las miradas raras que me echaban cuando les pedía a los asistentes de dirección que no me incluyeran en el horario para poder asistir a la revisión de la semana veintiséis. Estaba claro que no estaban acostumbrados a que un hombre pidiera este tipo de cosas y, aunque es comprensible, también es algo triste. Esas son las revisiones en las que podemos escuchar los latidos del corazón de nuestro bebé, ver cuánto está creciendo, saber del tamaño de qué fruta es y qué capacidades físicas y sensoriales está desarrollando. Si no puede emocionarnos estar para eso y tomar la mano y el corazón de nuestra pareja que, literalmente, está dando su cuerpo a una vida y que lleva semanas con náuseas e incapaz de comer nada, ¿para qué estaremos? ¿Por qué pensaríamos que asistir a una representación o a un recital escolar sería distinto? Creo que estar presente es un músculo y, como cualquier otro, necesita desarrollarse. El trabajo de ser padre no empieza cuando nacen nuestros bebés, sino en el momento en que descubrimos que nuestra pareja está embarazada.

Comparto con mis amigos o con futuros padres que conozco en mi trabajo la idea de que es importante que recuerden que esta experiencia también es nuestra. Los hombres también salimos en la película, sólo que no somos los protagonistas. Sólo pasarás por un primer embarazo. Ése es uno de los motivos por los que Emily y yo decidimos decir que ESTÁBAMOS embarazados en lugar de decir que ELLA estaba embarazada. Como pareja, esto me convierte en un partícipe responsable de este tremendo momento vital. También me conecta emocional y espiritualmente con su experiencia física y nos prepara para la paternidad. Pero, incluso en eso, el error que cometemos muchos de nosotros es no pararnos a preguntarnos cómo nos sentimos. No comprobamos nuestro estado emocional y ni vemos cómo se presentan las cosas. En cambio, enterramos la cabeza en lo que se nos ha socializado para hacer: proveer y proteger. Y, sin embargo, esto no ahuyenta el miedo, el sentimiento de insuficiencia y la duda de si realmente estamos preparados para convertirnos en padres, la preocupación de poder mantener otra vida, proteger otra vida, los sentimientos que aparecen cuando navegamos los cambios que ocurren en nuestra pareja y en nuestra relación. Quizá las hormonas le están provocando fuertes altibajos, quizá está cayendo en una depresión, quizá sufre complicaciones físicas y quizá sentimos que mengua la chispa de la relación. Desearía que, como hombres, pudiéramos encontrar la forma de ser sinceros con nosotros mismos sobre cuán duro puede ser esto también para nosotros, sin subestimar cuán duro es para nuestras parejas. De ninguna manera estoy sugiriendo que seamos víctimas, ni que deberíamos comportarnos como tales, pero la presión y el estrés son reales y merecen ser abordados. Como cualquier sentimiento que no expresamos, si no podemos hablar de ello, crecerá hasta ser demasiado para nosotros. Es sano que reconozcamos la presión y el estrés que sentimos respecto a convertirnos en padres. No nos hace débiles, ni implica que no estemos listos. No nos hace malas parejas o malos padres. ¡Esta mierda es normal! Lo único que no es normal es que no hablemos de ello y que cada hombre sienta que es el único que lo está pasando mal.

Por ejemplo, si crees que yo no tuve problemas para mantener relaciones sexuales sabiendo que nuestra bebé estaba dentro de mi esposa, entonces me tienes en demasiada buena consideración. Todos lo pensamos. ¿Y si le hago daño al bebé si empujo demasiado fuerte? El mero hecho de saber que hay un bebé ahí dentro es poco sexy. ¡Y no pasa nada! Todos los sentimientos, emociones y miedos que sentimos los hombres durante el embarazo y el nacimiento están bien y merecen ser expresados y normalizados. La clave es encontrar un lugar seguro para expresarlos, y éste puede ser cualquiera MENOS tu pareja. Esto es algo para lo que podemos y debemos apoyarnos en los hombres en nuestras vidas. Nuestras parejas están en su propio intenso viaje porque sus cuerpos y sus mentes están cambiando y no deberíamos pedirles que soporten también nuestros miedos y sentimientos. Pero las amistades masculinas pueden sostenernos. Los terapeutas también. Y los mentores. Y, al conectar y compartir nuestras experiencias, ayudamos a normalizar los sentimientos que aparecen con el embarazo, tanto los positivos como los que nos avergüenzan o nos da miedo expresar.

La fuerza de la flexibilidad

Mi primo Aaron vive en un pequeño pueblo progresista de Washington y es *coach* de desarrollo personal (es decir, un *coach* de vida). Ha convertido en su propósito de vida el aplicar el profundo trabajo personal que ha hecho en sí mismo para ayudar a otros a sobreponerse a sus limitados sistemas de creencias y alcanzar sus sueños. Está bastante obsesionado con el desarrollo personal y se toma sus sesiones semanales de terapia y su crecimiento personal muy en serio. Es también el tipo de hombre al que le encanta tener el control, así que, si vas de viaje con él, a menudo es él quien lo planea todo. También debes saber que, si lo hace, más vale que lo sigas a rajatabla, porque no le gustan las sorpresas. Pues bien, una sorpresa que Aaron no se esperaba a pesar de todo su profundo trabajo personal fue cuánto lo iban a desestabilizar el embarazo de su mujer y el nacimiento de su primer hijo.

Cuando su esposa, Erica, y él descubrieron que estaban embarazados, nos hicieron un FaceTime a Emily y a mí para sorprendernos y preguntarnos sobre nuestra experiencia con el parto en casa. Fuimos los primeros entre nuestros amigos y familiares en tener un bebé y siempre fuimos muy abiertos sobre nuestra experiencia con la esperanza de poder ser de utilidad. Erica es profundamente espiritual y la idea de un parto tranquilo en casa era algo que resonaba mucho con ella, pero Aaron no lo tenía claro y se aferraba a la idea de tener al bebé en el hospital. Al parecer, Aaron no había recibido el mensaje de que él no era el centro de aquella historia, sino su esposa.

A lo largo de los seis meses siguientes, por un motivo u otro, Aaron se perdió muchas de las reuniones con la comadrona. Su trabajo había sido muy estresante porque estaba intentando hacer crecer su negocio de *coaching* de vida por redes sociales y, además, estaba verdaderamente nervioso por tener que mantener a su familia. Había leído algunos libros sobre el nacimiento y la paternidad, pero, en general, estaba tan centrado en sí mismo, viviendo hacia adentro y ayudando a sus clientes, que se le olvidó apoyar como pareja a su esposa.

Cuando Erica se puso de preparto, a Aaron empezaron a pasarle mierdas muy raras. No tenía ninguna paciencia y empezó a comportarse de forma extraña. No dejaba de entrar y salir de la casa y parecía que intentaba distraerse con su trabajo de forma casi obsesiva. También pasó de tener dudas sobre el parto en casa a estar perturbadoramente aferrado a la idea de tener ahí al bebé, incluso más que su propia esposa. En varias ocasiones durante aquel larguísimo parto, cuando Erica se sentía agotada y no estaba segura de poder continuar, él le decía que el bebé tenía que nacer ahí, recordándole que debían «seguir el plan» y olvidando que la regla más importante de un parto en casa es no ofuscarse con dar a luz en casa.

En un momento dado, Erica nos llamó llorando en mitad de una contracción para pedirnos que lo localizáramos porque llevaba horas fuera de casa y le preocupaba que se perdiera el nacimiento de su propio hijo. Así que, no sólo estaba aguantando el dolor y la presión de sacar a una persona de dentro de ella, sino que también estaba teniendo que sostener la masculinidad frágil y las reacciones de su marido. No te voy a engañar: estaba furioso. Si hubiese podido chasquear los dedos y teletransportarme a Washington, hubiese estado encantado de darle gratis algo de mi propio *coaching* de vida mientras lo arrastraba del pelo de vuelta con su mujer. Al parecer, Aaron había desaparecido porque un cliente suyo necesitaba una sesión de emergencia. Lo que oyes. Había abandonado a su propia esposa mientras paría a su hijo para estar con un cliente que tenía una «crisis» profesional. A ver, es cierto que este es un asunto delicado porque su trabajo ayudando a sus clientes a navegar momentos delicados de sus vidas es importante, pero cuando tu mujer se pone de parto, quizá es el momento de seguir tus propios consejos y decirles a tus clientes que no estás disponible.

Muchos hombres no entienden cuánto puede descolocarlos un nacimiento. La mayoría de nosotros, conscientemente o no, tenemos heridas y traumas sin tratar que se manifiestan en nuestras vidas en momentos de cambio o en puntos de inflexión delicados. En el caso de Aaron, las heridas y miedos desenterrados se manifestaron en su completa desconexión de la realidad, su irritabilidad y su uso del trabajo para sobrellevar todo aquello. Ojalá Aaron nos hubiese llamado a tiempo, o a su familia o amigos, para compartir sus emociones o pedirnos consejo. Ojalá nos hubiese confesado que se sentía ansioso y al límite. Y ojalá hubiese seguido sus propios consejos para descentrarse de sí mismo y priorizar lo que realmente importaba en aquel momento. Pero no lo hizo y, como muchos hombres, se lo guardó hasta que fue demasiado tarde y estuvo a punto de arruinar uno de los momentos más importantes de su vida: el nacimiento de su hijo.

Tras veinticuatro horas de un intenso parto en el que, no sólo había soportado su dolor, sino también el de su marido, Erica dio a luz a su hijo con una estupenda cesárea en su hospital local. Afortunadamente, Aaron había recuperado el juicio y estaba a su lado. Más adelante, me dijo que no estaba orgulloso de cómo había gestionado aquel nacimiento y que quería que usara su historia como advertencia para asegurarse de que otros hombres no subestimen a los demonios que pueden tener escondidos en el armario.

Doy este ejemplo porque fue la primera vez que vi en mi propia familia cómo una experiencia tan enorme como un nacimiento puede desequilibrar a un tipo que había hecho tanto trabajo en sí mismo y que parecía entender en profundidad sus propios traumas. Y, aunque sus acciones puedan no haber sido las ideales, siento una tremenda compasión por él porque la verdad es que sus modelos de masculinidad le fallaron. La naturaleza rígida de su masculinidad y sus planes le fallaron. Más importante aún, las normas y presiones de la masculinidad le fallaron a su esposa a través de él.

Recuerdo algo que mi querido amigo y mentor Marvin me enseñó antes de fallecer. Un día, mientras me enseñaba a meditar en lo que llamaba «la postura del árbol», empezó a hablar de la masculinidad y de cuán importante era para los hombres ser flexibles. Cuando estuve en posición, con las piernas separadas al ancho de los hombros y los brazos flexionados con los dedos de cada mano tocándose para formar un círculo (como si estuviera abrazando a un árbol), me dio con el pie detrás de las rodillas para asegurarse de que estuviesen ligeramente dobladas. Me golpeó suavemente los hombros para comprobar que estuviesen relajados y no rígidos y, después, usando dos dedos como sólo se lo he visto hacer a maestros de kung-fu, me empujó haciendo que empezara a balancearme. «¡Bien!», me dijo. «Como hombres, debemos aprender a ser flexibles, en lugar de rígidos. Debemos entender que, aunque nuestro instinto nos diga que debemos ser firmes, como los árboles, seremos más susceptibles al viento y a la tormenta si somos rígidos».

Ojalá hubiese aprendido antes que hay fuerza en ser maleable y flexible. Cuán distinta sería la vida si a veces tomáramos la perspectiva de la palmera y excaváramos tan profundamente nuestras raíces fundacionales —abriendo nuestros corazones— que nos diéramos la libertad y el permiso de ir por la vida siendo abiertos y flexibles, sin necesidad de controlarlo todo, especialmente a otras personas, y sin que todo deba ser perfecto o vaya según lo previsto. A medida que he empezado a practicar este principio, tomando consciencia de mis comportamientos y tendencias rígidos, he experimentado de primera mano la libertad y la felicidad que acompañan a la flexibilidad. Esto me recuerda de nuevo al paralelismo físico de la flexibilidad muscular. Para ser verdadera y sostenidamente fuerte, un músculo debe ser flexible. (Sigo trabajando en ello).

La historia del nacimiento de Maiya

Para los futuros padres: habiendo pasado ya por los nacimientos de nuestros dos hijos, puedo afirmar que prepararse para la llegada de un hijo es muy parecido al acondicionamiento para una maratón o para un campeonato deportivo. O, como mínimo, creo que debería ser así. Como todo gran atleta sabe, las carreras y los campeonatos no se ganan el día en que se disputan, sino en las semanas y meses previos. Incluso los cineastas dicen que las películas se hacen durante la preproducción, no en el plató. Se trata de trabajar antes del gran evento como si el trabajo fuera el evento en sí mismo. Son los cientos de horas de estiramientos, entrenamientos, buena alimentación y mentalización. La diferencia es que nuestra preparación para el día del nacimiento de nuestros hijos raramente implica nada físico, así que es fácil olvidar lo que debemos hacer.

Cuando era más joven, pensaba en el nacimiento como en lo que se muestra en las series y películas. Pensaba que, un día, mi esposa me miraría «de aquella manera» y me diría que había roto aguas. Entonces, entraría en pánico para encontrar todo lo que necesitamos y correríamos al hospital, rezando por que no nos parara la policía por el camino. Llegaríamos y llamaría gritando a los médicos y enfermeras, «¡Mi esposa se ha puesto de parto!». Entonces, vendrían corriendo mientras yo la acompañaba en sus respiraciones profundas y, tan pronto como llegáramos a la habitación del hospital, daría a luz inmediatamente.

Es increíble pensar en cuánto nos han programado los medios

y cuánta influencia tienen en nuestras vidas. Una de las cosas más emocionantes de vivir en esta época es que tenemos acceso a muchísima información y, gracias a ella, a la oportunidad de educarnos de verdad en lugar de seguir los guiones y las tradiciones que se han transmitido durante generaciones. Esto nunca fue tan evidente como cuando nació Maiya porque, por supuesto, no tuvo nada que ver con lo que muestran en la industria del entretenimiento. Y fue más de lo que jamás hubiese podido imaginar.

Vi a mi esposa entrenar su cuerpo y su mente para el nacimiento de Maiya como nunca he visto a nadie prepararse para nada. Caminaba ocho kilómetros al día, hacía estiramientos y practicaba las técnicas de respiración. Lo monitorizaba todo: desde lo que comía hasta el contenido y los medios que consumía. Incluso se convirtió en maestra de Reiki. Emily creó un refugio —una especie de crisálida— a su alrededor. Me maravillaban su preparación y disciplina. Se convirtió en Yoda. Hubiese sido fácil decir que yo no tenía que hacer ningún trabajo preparatorio porque no era quien iba a parir, pues a los hombres tiende a enseñársenos que nuestro único trabajo es estar presentes y dar apoyo. Pero demasiado a menudo, cuando pensamos en el apoyo, sólo pensamos en estar ahí, asistir a todo, asegurarnos de no perdernos nada y, como vemos en los medios, ser la mano que apretar y la persona a la que insultar durante las contracciones. Tendemos a pensar en el apoyo como en una presencia pasiva, pero ver a Emily prepararse tan activamente fue una invitación para que yo hiciera lo mismo.

Así que, ¿cómo podía ser un compañero de nacimiento activo para mi esposa y mi hija?

La respuesta es: sirviendo. El apoyo sin servicio es pasivo, pero con servicio, se vuelve activo. Emily pasó por un parto de treinta y seis horas y mi papel era servirla de cualquier forma que hiciera falta. A veces, eso significaba asegurarme de que estuviese hidratada dándole agua de coco, preparándole un batido de frutas o alimentándola con algo de miel para que mantuviese sus energías; otras, respirar junto a ella o presionar sus lumbares para contrarrestar la presión del parto. También me pareció hermoso que algunas de las posturas que le aliviaban el dolor fueran sorprendentemente similares a las posiciones en las que estábamos cuando hicimos al bebé. Otras veces, apoyarla significaba meterme con ella en la piscina inflable para sostenerla entre todos los fluidos que flotaban en el agua con nosotros, siendo un apoyo físico para su cuerpo mientras superaba como una campeona aquellas tremendas contracciones. Básicamente, mi trabajo consistía en mantenerme física, emocional y mentalmente alerta, buscando y aprovechando cualquier oportunidad de apoyarla activamente, de servirla.

¿Dónde aprendí que ése era mi trabajo y mi papel? Al fin y al cabo, era el mismo tipo que, no hacía tanto, pensaba que los médicos y las enfermeras saldrían al estacionamiento para recoger a mi parturienta esposa. Aprendí escuchando. Pero no a cualquiera. Aprendí escuchando a las mujeres: mujeres que habían dado a luz, mujeres que eran comadronas, mujeres amigas mías y a la mujer que era mi esposa. Los hombres no hablamos de esto, y creo que es porque no nos damos cuenta de que también forma parte de nuestra experiencia, de que podemos representar un rol activo. Quizá no somos la estrella del equipo, o los protagonistas, pero tenemos un trabajo importante. Tenemos la oportunidad de ser el Scottie Pippen de nuestro Michael Jordan. Y no olvidemos que Scottie también ganó seis campeonatos.

Durante los meses previos al nacimiento, decidí que iba a estar ahí al 100%, que estaría entre las piernas de Emily para recoger a mi hija. Hacia el final del parto, cuando ella ya estaba empujando y yo en posición, me pregunté durante una fracción de segundo si de verdad quería estar en primera fila para ver el nacimiento de Maiya. Nos han mostrado muchas escenas en las que el hombre hace todo lo posible por mantenerse lejos de ese panorama, y mentiría si dijera que no había escuchado las típicas historias sobre hombres desmayándose al ver salir a su bebé, o diciendo que nunca podrían mirar las vaginas de sus mujeres de la misma manera. Así que, definitivamente, hubo un momento (aunque muy breve) en que me pregunté si aquello también me ocurriría a mí.

Los escritos bahá'í dicen que, para entender la muerte, debemos ver el nacimiento. En el útero, los bebés tienen todo lo que necesitan para existir y desarrollarse. Entonces, llega el día en que la bebé deja el útero y pasa a través de un túnel para, por fin, ser recibida por todas las personas que han estado preparando su llegada a este mundo: sus seres queridos, quienes se han estado comunicando con ella, amándola y esperándola. Esta perspectiva de mi fe sobre el nacimiento ha sido y sigue siendo una parte muy importante de mi vida. Me ayudó a sacudirme aquel breve momento de duda, recordándome la bendición y el privilegio que sería ser la primera persona que viera Maiya cuando abriera los ojos y sintiera la luz del exterior por primera vez, la primera voz que escuchara cuando sus oídos descubrieran cómo suena el mundo fuera del útero, la primera sensación de contacto físico que sintiera en su cálida y nueva piel de bebé. Todo aquello superaba con creces cualquier preocupación superficial pasajera de que ver el poder de la vagina de mi esposa fuera a afectar a nuestra vida sexual. Así que tomé la mano de Emily mientras me ponía en primera fila para ver (y grabar) cómo la cabeza de Maiya empezaba a aparecer poco a poco. Cuando coronó, le toqué la cabeza, le canté y recé por ella mientras llegaba al mundo. No pasó un solo pensamiento de asco por mi mente. Fue una dicha absoluta. Mi padre tenía razón: ver esta pura magia sólo reafirmó mi fe en Dios. Cuando, por fin, terminó de nacer en mis manos, le susurré una oración especial al oído entre lágrimas, la puse sobre el vientre de Emily, me senté y me maravillé del milagro y la magia del momento que acababa de tener el gran honor de presenciar.

En aquel instante, al ver el nuevo cuerpo de mi hija recién nacida agitándose sobre el cuerpo de su mamá, tuve la epifanía —la profunda certeza— de que, algún día, ojalá mucho después de que yo me haya ido, mi pequeña atravesará otro túnel, dejando este mundo material para su siguiente gran aventura en el mundo espiritual. Donde, de nuevo, estaré ahí, esperándola al otro lado. Con lágrimas rodando por mis mejillas y el brillo de la felicidad en mis ojos. Dándole la bienvenida junto a su madre con luz y amor, con mi pésima voz de cantante y mis brazos y mi corazón abiertos. «Alláh-u-Abhá», diré, «Lo lograste». Te hemos estado esperando. Estamos muy orgullosos de ti. Bienvenida a casa, angelito mío. Todo es cíclico, y el final de la vida no es más que otro comienzo.

Aunque no hay una sola forma de vivir el nacimiento y cada historia es única, creo que, como hombres, debemos hacer un intenso trabajo emocional para prepararnos, en la medida de lo posible (y sabiendo que nada puede prepararnos del todo), para poder servir a nuestra pareja y a nuestros hijos.

Nada podría haberme preparado para aquellos momentos.

Ningún libro, manual o documental.

Pero sé que aprender a abrir el corazón y a apoyar activamente siendo un compañero activo, me ayudó a experimentar todo el espectro del nacimiento de una manera que no hubiese sido posible de otra forma.

Bebé recién nacido, padre recién nacido

Cuando nació Maiya, estaba interpretando a un padre primerizo en televisión. Afortunadamente, llegó durante los últimos días de la pausa de verano, pero recuerdo estar completamente colapsado por las emociones (y la falta de sueño) que sentí durante aquellos primeros meses. También tenía, y sigo teniendo, muchísima «culpabilidad paternal» porque siento que, a pesar de mis esfuerzos, nunca me he dado la oportunidad de ser sólo un padre y un marido. Fue casi como si, tan pronto descubrí que estábamos embarazados, mi voluntad para triunfar y proveer a mi familia se pusiera en hipervelocidad sin que me diera cuenta.

Unos cuatro meses después del nacimiento de Maiya, estaba en una entrevista promocionando la primera temporada de *Jane the Virgin* y la entrevistadora me dijo que estaba segura de que iba a ser un gran padre porque estaba conectado conmigo mismo, era espiritual y *bla bla bla bla*. Entonces, justo después de alabar el tipo de padre que creía que era, me preguntó «Bueno, ¿qué consejos le darías a los padres primerizos?». Le di una respuesta de mierda hablando de cómo hay que intentar dormir cuando el bebé duerme, apoyar a tu pareja y cómo todo es mágico, aunque sea agotador. Fue una de las muchas veces en las que no dije toda la verdad. Por un lado, en realidad, no sabía cómo me sentía con todo aquello porque, sinceramente, no me había dado el espacio o el tiempo necesarios para pensarlo y, por otro, estaba con el piloto automático puesto y quería proteger nuestra imagen.

Cuando me preguntaron aquello, lo que de verdad quería decir tras unos pocos meses de paternidad era: ¡¡NO TENGO NI IDEA!! Todo el mundo te visita y colma a tu familia y al bebé de adoración y halagos. Mientras, tú intentas encontrar la manera de apoyar a tu esposa, que acaba de sacar un bebé de su vagina, y recordar la receta súper específica de batido de placenta que te enseñó la comadrona para ayudar con la depresión posparto. (*¡Espera! ¡¡Pretendes que agarre un cacho de este órgano que ha salido de ti y lo triture con asaí?!*). Al mismo tiempo, intentas aprender a sostener a tu pequeña hija humana para darle apoyo a su inestable cabeza, y a ponerle el pañal correctamente para que su caca no se salga, y a limpiarla de la forma adecuada para que su caca no toque su vagina, y también quieres documentarlo y grabarlo todo porque no quieres perderte nada e intentas no romperte bajo toda la presión de saber que tienes una nueva boca que alimentar y que ahora estás obligado a ganar dinero. Pero todo eso es normal, ¿no? ¿O no? Porque todo el mundo no para de decir «¡Esto es increíble!», «¡Esto es genial!», «¡Deben de ser muy felices!», «¡Aquellos fueron los mejores momentos de mi vida!», «¡Algo así sólo ocurre una vez en la vida!». Y, aunque la verdad es que sí, sí, sí, es increíble, también es JODIDAMENTE INTENSO y nada en la vida es sólo una cosa. Puede ser increíble, y una locura, y durísimo, y agotador, y aterrador, y difícil, pero nada de todo eso empaña lo bello y lo mágico que es convertirse en padre. Debemos aprender que la felicidad y la tristeza pueden coexistir y que las cosas pueden ser geniales, pero que también pueden ser confusas y aterradoras, y muchas otras cosas al mismo tiempo. Debemos aprender que está bien no estar bien.

Pero en lugar de reconocer y admitir lo que sentía, sin tan siquiera darme cuenta, proyecté la imagen de que lo teníamos todo bajo control. De que lo tenía todo bajo control. Y, sí, claro, quizá en parte era cierto. Sin embargo, la idea de ser una especie de hombre-unicornio que sabía de forma innata cómo gestionarlo todo, cómo darle a mi esposa y a mi bebé lo que necesitaban, y que siempre estaba listo para salvar el mundo —igual que los hombres de nuestra familia que lo habían hecho durante generaciones— era simplemente falsa. Aprendía, y aprendo, día a día, paso a paso.

Sanación generacional

Una de las mejores cosas que he aprendido en este proceso es que, de la misma forma en que los mensajes dañinos y los guiones limitadores pueden transmitirse de generación en generación, también puede hacerlo la sanación. Aunque la práctica de la vulnerabilidad es increíblemente nueva para mi padre y para mí, últimamente, nos hemos estado enfrentando a estas conversaciones incómodas —aquellas llenas de sentimientos incómodos en las que exponemos nuestras realidades reprimidas— y estamos descubriendo algo mucho más grande que nuestra masculinidad: nuestra humanidad.

Hace unos meses, por primera vez en la vida, mi padre me envió un mensaje y me dijo: «Hijo, te echo de menos y te siento distante. ¿Podemos ir pronto a tomar un café y charlar?». Antes de llegar a este punto en nuestra relación, ambos éramos cautivos de la imagen del tipo fuerte y callado. Había partes de nuestras vidas en las que estábamos cómodos siendo vulnerables, como llorar con una película, mostrar nuestra felicidad o decirle «te quiero» al otro o a nuestros amigos. Pero era como si hubiese un gran cartel de NO PASAR entre nosotros siempre que nos sentíamos frágiles ante el otro por algo importante, como sentirnos distantes o insuficientes en nuestra relación. Este cartel también me hacía sentir hipócrita, pues sin quererlo me estaban etiquetando como el «tipo emocionalmente abierto/vulnerable» mientras yo me sentía emocionalmente bloqueado en lo que respectaba a mis relaciones más importantes y profundas más allá de mi matrimonio. Así que, en muchos sentidos, aunque hubiese estado mostrándome como soy y siendo vulnerable, he aprendido por las malas que, en lo que respecta a mi padre y a mi familia, es otra historia. Me muestro igual que él: fuerte y compuesto.

Es irónico —a veces doloroso, otras gratificante— que la gente a la que más queremos sea también la que más nos pone a prueba. En mi caso, es fácil ser valiente y abierto delante de desconocidos y amigos, pero es mucho más difícil ser completamente auténtico frente a quienes de verdad me conocen. Irónicamente, también he descubierto que me resulta mucho más sencillo perder los estribos con aquellos a quienes más quiero y que más me quieren. A veces, puede ser porque me siento lo bastante cómodo como para sentir todos mis sentimientos, pero, más a menudo, tiende a ser porque he estado reprimiendo mis emociones más profundas —aquellas que se ocultan bajo la ira— y la presión de retenerlas va aumentando hasta que, llegado el momento, debo liberarlas. Pero cuando llego al límite, cuando estoy al límite, cómo termino expresando esas emociones puede hacerle daño a la gente que quiero. Rara vez, si es que alguna, vi a mi padre enfadado y, si lo hacía, a menudo se llenaba inmediatamente de remordimientos y se aseguraba de que supiéramos que nos amaba. Pero, al convertirme en hombre, he descubierto que, aunque a veces puedo tener una paciencia sobrehumana con el mundo, e incluso con mi familia, nadie es verdaderamente sobrehumano y, llegado cierto punto, el dique se rompe, a menudo cuando menos lo esperamos. Como hombres, se nos socializa para creer que sentir cualquier cosa es una señal de debilidad y que las únicas emociones socialmente aceptables para nosotros son la ira o la rabia. Pero, si nos paramos a pensar por qué muchos de nosotros perdemos los estribos, o el control, en momentos en los que deberíamos ser capaces de mantener la calma, especialmente con aquellos a quienes más amamos, veremos que es porque no nos hemos dado el espacio o el tiempo necesarios para sentir lo que hay debajo de eso. Y, bajo la ira, a menudo se oculta algún tipo de tristeza, ansiedad o, si somos sinceros, un sentimiento de insuficiencia. Así que, la próxima vez que notes la ira o la rabia bullir en tu interior y sientas que vas a cien kilómetros por hora sin estar en el asiento del conductor y quieras explotar, respira hondo y recuerda que, nueve de cada diez veces, si te examinas a fondo, descubrirás que esa ira en realidad refiere a emociones más profundas de cansancio, o tristeza, o de no sentirte visto, amado o apreciado. Al abordar esos sentimientos cuando aparecen, podemos liberarlos antes de explotar. En mi fe, se nos dice que, para establecer la unidad mundial, primero debemos establecerla en casa. Creo que esto es profundo de muchas maneras, pero, sobre todo, por nuestra incapacidad para estar presentes con y para la gente que más nos pone a prueba. Si logramos estar completamente presentes con ellos, entonces podremos estarlo en todas partes.

Entre mis veinte y treinta años, mis conversaciones con mi padre se limitaban a asuntos superficiales o a temas de negocios. Las excepciones fueron las dos veces en que me rompieron el corazón y me sentía destrozado. Ambas, mi padre estuvo presente para mí de una forma increíble. Se sintió muy bien que no hubiese muros entre nosotros, ninguna barrera de mierda entre nuestros corazones. Poder simplemente ESTAR con él y con mi madre fue algo maravilloso, a pesar del dolor que sentía. Esto me hace preguntarme por qué tenemos que llegar al límite para acercarnos a la gente. ¿Por qué necesitamos que ocurra algo para permitir a nuestros seres más queridos que nos vean? Sea por un corazón roto o por el luto (ambos muy parecidos), o por crisis o catástrofes, parece que hace falta que ocurra algo extremo para que los hombres nos acerquemos y derribemos nuestras barreras. Me recuerda a una gran cita de Rumi que dice «Tu trabajo no es buscar el amor, sino, sencillamente, buscar y encontrar todas las barreras en ti que has construido contra él». Solía creer que esto se refería a las relaciones románticas, pero ahora veo que aplica a todas las relaciones, a toda la humanidad.

Hace poco, mi padre y yo hemos empezado una especie de ritual, viéndonos «sólo para charlar» y, poco a poco, nos estamos acercando. Esto puede sonarles raro a quienes nos conozcan, pues ya nos consideraban cercanos. Pero los Baldoni sabemos que ser cercanos y parecerlo es distinto. Estoy descubriendo que nunca me había sentido tan cerca de mi padre como en los momentos en los que lo veo como la persona que es, cuando me veo en él y, a su vez, él se ve en mí. He empezado a verlo como un niño que vio a su padre proveer y proteger, como un adolescente acompañado por la policía hasta la puerta de su casa, y también veo a mi abuelo mirándolo decepcionado. Veo a mi padre como un asustado padre primerizo, sosteniéndome en sus brazos sin saber qué hacer o sin tener ni idea de cómo nos mantendrá a mí y a mi madre. Conociéndolo más profundamente, la ira y la frustración que sentía hacia él se han convertido en compasión porque, lo que una vez creí que eran sus defectos y debilidades, ahora sé que es lo que lo hace humano. Y, cuando veo a mi padre como a una persona —y no como a un padre que debe enseñarle todo a su hijo a la perfección y demostrarle a él y a todo el mundo que es lo suficientemente hombre; ni como a un hombre que actúa de una forma determinada para ser lo suficientemente hombre— es cuando me doy cuenta de que él, el superhéroe, no necesitaba caer en desgracia. En su lugar, mi padre, el superhéroe, debía caer de la desgracia y mostrarme que su caída es precisamente lo que lo convierte en el tipo de superhéroe que siempre he necesitado. El tipo de superhéroe en el que puedo convertirme para mis propios hijos.

Muéstrame tu corazón

A medida que he empezado a enfrentarme a las barreras que he erigido en mi corazón y a diseccionar algunos de estos temas con mi padre, ha aparecido un nuevo tipo de paternidad que ni mi padre ni yo vivimos durante nuestras infancias. Añadámosle a este capítulo otra cita de Rumi, una de mis favoritas: «La herida es el lugar por donde la luz entra en ti». Más adelante, Leonard Cohen cantó, en su terriblemente bella y evocadora canción «Anthem», «*There's a crack, a crack in everything / That's how the light gets in*» (Todo tiene una grieta. Así es como entra la luz). Además, en los escritos bahá'í, Bahá'u'lláh dice que «Mis calamidades son mi providencia, en el exterior son fuego y venganza, pero en el interior son luz y piedad».

Ahora entiendo el significado de estas citas de forma mucho más profunda, pues se relacionan con mi viaje en la masculinidad. Como ejemplo, mira esta canción que les escribí a Maiya y a Maxwell. Se llama «Muéstrame tu corazón» y se ha convertido en la canción que más les gusta cantar. Quería encontrar una forma de enseñarles desde pequeños que tienen un corazón utilizando mis mediocres habilidades musicales. Es muy sencilla y dice así:

Muéstrame tu corazón.
Muéstrame tu corazón.

Te lo mostraré, tú eres mi corazón.

Cuando el mundo parece oscuro, tú eres la luz.

Cuando las cosas se complican, sonríe en tu interior.

Porque tú.

Tú eres mi corazón.

La canción quiere enseñar que lo más importante es saber dónde está tu corazón y que nuestros corazones no pueden separarse de quienes somos. Hace poco, Emily y yo pensamos en que lo llevaríamos un paso más allá y crearíamos un pequeño ritual con nuestros hijos para que aprendan, poco a poco, más sobre sus corazones y, sobre todo, que sus corazones son el músculo más fuerte de su cuerpo. Ahora, cuando terminamos la canción, les susurro al oído estas sencillas palabras que se nos ocurrieron a Emily y a mí:

El músculo más fuerte de todo mi cuerpo es mi corazón.

Quiero a mi cuerpo. A mi mente. A mi corazón y a mi alma.

Quiero a Dios, quiero a Bahá'u'lláh, me quiero a mí mismo
    y soy suficiente.

Y ahora, cada noche antes de acostarse, mis dos hijos se turnan para recitar lo que antes era una simple afirmación y ahora se ha convertido en un mantra. Tienen hasta una coreografía sofisticada y todo. Ha sido divertidísimo ver a Maxwell pasearse por la casa cantando «Muéstrame tu corazón» y mostrándole a su abuelo que su corazón es el músculo más fuerte de su cuerpo. Y, aunque a veces cambia la palabra «corazón» por «pene» o «caca», sigue siendo una forma de recordarles cada día a él y a su hermana que, tanto si eres un niño de dos años o una niña de cuatro, como un hombre o una mujer adultos, debes practicar el incorporar tu corazón y tus sentimientos en tu sentido del «yo» tanto como lo haces con tus músculos, cabeza, hombros, rodillas y dedos de los pies.

Un día, mis padres nos vinieron a visitar a casa y Maxwell empezó a cantar nuestra canción. Era la primera vez que mi padre la escuchaba y Maxwell le enseñó la letra. Así que ahí estábamos, tres generaciones de hombres Baldoni cantando juntos aquella ridículamente sencilla pero increíblemente profunda canción. Cuando miré a mi padre, me di cuenta de que estaba haciendo todo lo posible por no llorar, lo que se ha convertido en algo habitual en nuestra casa. En momentos como éste, siento el impacto de la sanación multigeneracional que ocurre cuando nos recordamos los unos a los otros que debemos mostrar nuestros corazones y nos permitimos hacerlo.

¿Cómo se ve cuando muestro mi corazón como padre? Bien, ahora mismo es algo tan sencillo como hacer el esfuerzo de estar completamente presente cuando estoy con mi familia, dejar el teléfono cuando mis niños me necesitan en lugar de hacerlos gritar «¡Papi!» una y otra vez hasta que la cajita negra que estoy sujetando entre ellos y yo se quite de en medio. Esto ocurre demasiado a menudo y me siento culpable por ello. Odio que mis hijos tengan que competir con mi teléfono. Pero esto forma parte del viaje y, como hemos dicho antes, la consciencia es el primer paso. La verdad es que también estoy trabajando demasiado y tengo la costumbre de mierda de volver a casa sin haberme desconectado del todo del trabajo. Como les ocurre a muchos hombres, me llevo mi día a casa conmigo e, incluso cuando parece que estoy presente, muchas veces no lo estoy.

¿Cómo arreglo esto? Para empezar, siendo compasivo conmigo mismo de la misma manera en que estoy aprendiendo a ser compasivo con mi padre… ¡y dejando el maldito celular y jugando! Bailando, haciendo monerías y usando mi imaginación con mis hijos en lugar de usarla sólo cuando trabajo y quiero cambiar el mundo. Las cosas claras: si no puedo hacerlo en casa con mi propia familia, ¿cómo voy a hacerlo en otra parte? Además, mostrar mi corazón también es mostrar mi lado juguetón. Como adultos —carajo, incluso como adolescentes o preadolescentes— es fácil sentirnos tremendamente incómodos haciendo tonterías. Pero los niños pueden ser graciosísimos y, si los dejas, te enseñarán cómo volver a pasártelo bien. Es como dice el popular meme de internet: «No importa cuán duro te pienses que eres, si un niño te da un teléfono de juguete, vas a contestar esa mierda». Así que voy a dejar mi teléfono y contestar su teléfono de juguete.

Mostrar mi corazón también significa escucharlos, pedirles perdón cuando mi tono es demasiado duro y mi paciencia demasiado limitada y compartir con ellos (en términos que puedan entender) cuando tengo un día difícil o estoy sintiendo alguna emoción intensa. Significa aprender a estar con mis propias emociones para poder estar con las suyas. Mostrar mi corazón significa hacer el trabajo —el viaje— para poder criarlos desde la plenitud en lugar de desde la herida.

Mostrar mi corazón significa mostrar mi humanidad sabiendo que no debo temerle. Mostrar mis emociones, tener problemas y pedir ayuda no me hace menos hombre. Sino, sencillamente, más humano.

CAPÍTULO DIEZ

LO SUFICIENTE

Ondear la bandera blanca

Una parte fundacional de este libro, y de mi viaje, ha sido tomar los mensajes que nos ha transmitido la sociedad e intentar reenfocarlos de una forma que nos beneficie de verdad. Es el principio en el que se basa mi charla TED. ¿Eres lo suficientemente valiente como para ser vulnerable? ¿Confías lo suficiente en ti mismo como para escuchar? ¿Eres lo suficientemente fuerte como para ser sensible? ¿Eres lo suficientemente aventurero como para zambullirte en las hondas aguas de tu vergüenza, en tus comportamientos, en tus patrones de pensamiento y en las historias que cargas y que te hacen tanto daño? ¿Trabajas lo suficientemente duro y eres lo suficientemente atrevido como para emprender el viaje de tu cabeza a tu corazón?

Necesitaba esta clase de desafío. Necesitaba relacionar mi salud emocional con mi salud física, considerar el trabajo del corazón como el trabajo duro, como algo tan importante como el entrenamiento en el gimnasio, si no más. Incluso, mientras reenfocaba los mensajes tradicionales de una forma más sana, con una perspectiva más holística, sin saberlo, todavía necesitaba que cada aspecto de este viaje se centrara en el mismo principio tradicional de la masculinidad, el profundo deseo del hombre de ser suficiente. Esto fue así hasta que descubrí que, bajo este profundo deseo, existe otro todavía más fundamental.

¿Conoces la expresión de barrer la mierda bajo la alfombra para que dé la impresión de que la casa está limpia? Para mí, este viaje se siente un poco así en cuanto a que, durante mucho tiempo, estaba barriendo inconscientemente todos estos mensajes bajo la alfombra. Y, para emprenderlo, tuve que levantarla y examinar toda la suciedad que había acumulado ahí durante años. (Es importante subrayar que la suciedad y la mierda son excelentes fertilizantes para que las cosas crezcan). Así que estoy cribando toda esta mierda. Estoy cubierto de sudor, suciedad y lágrimas. Estoy trabajando para alcanzar el fondo de la pila, en cierta forma, anticipando que, bajo todo aquello, hay alguna clase de recompensa, o trofeo, o al menos una maldita bandana de participación en la que se lee: «Lo suficientemente hombre».

Y, sin embargo, sólo hay suelo desnudo. Así que lo arranco, desesperado por descubrir que soy lo suficientemente hombre. Mira: no soy ni contratista ni obrero, pero he visto suficientes programas de construcción como para saber que hay varias capas de suelo antes de los cimientos. Y, por supuesto, tras los cimientos se encuentra el suelo, el espacio vacío de tierra original sobre el que construiste tu casa.

Ahí tampoco estaba el trofeo de «Lo suficientemente hombre».

Pero ¿sabes qué descubrí bajo los mensajes, la suciedad, las capas de suelo y los cimientos? Descubrí que lo que había confundido con el deseo de ser lo suficientemente hombre era en realidad una necesidad fundamental de pertenecer.

En lo más profundo de mí, no necesito ser lo suficientemente hombre. En el fondo, ni siquiera lo deseo. Porque lo que necesito

—tanto como la comida, el agua y el techo— es un sentido de pertenencia. Así que, aunque haya pasado esta parte de mi viaje, y gran parte de este libro, reenfocando los mensajes tradicionales de la masculinidad para hacerlos más inclusivos y holísticos, termino el texto haciendo lo que podría ser la menos masculina de las cosas. A efectos prácticos, estoy en mitad de una batalla y voy a hacer lo que me han dicho que un hombre nunca haría.

Me rindo.

Ondeo la bandera blanca.

No porque haya sido derrotado, sino porque ha llegado el momento de dejar de jugar a un juego cuyas reglas impiden que nadie gane. Ahora sé lo que no sabía cuando empecé este viaje: no necesito buscar, entender, reenfocar, luchar por o trabajar para ser lo suficientemente hombre. Debo aceptar que soy, y que siempre he sido, suficiente. Ahora sé que, aunque mi batalla pueda haber sido contra los mensajes de la masculinidad, la verdadera guerra la he librado contra mí mismo. Y estoy cansado de luchar.

Quitarme la armadura

Me enseñaron a no rendirme, a luchar por lo que quiero, o por lo que creo, a aguantar. Me enseñaron a creer que «lo suficientemente bueno no es suficiente» y que quien queda segundo es siempre el primero de los perdedores. Más. Más fuerte. Más rápido. No hay victoria sin sacrificio. Los ganadores nunca se rinden. Dame las eternas y agotadoras horas en el plató o en la sala de montaje. Dame la falta de sueño y el extenuante trabajo mental del perfeccionismo. Dame el dolor y el sudor de un entrenamiento intenso. Oponme resistencia y déjame luchar contra ella. Eso sé hacerlo. Pero ¿rendirme? Se siente tan... *pasivo*.

Es como quitarme la armadura, mirarme al espejo y pensar ¿Y

ahora qué? Tiene que haber algo más. Esto no puede ser todo. ¿Y el ajetreo? ¿Y el esfuerzo? Cuando te han condicionado para creer que tu productividad es la medida de tu valor, hacer lo que crees que es nada indica falta de valor. Pero éste era el objetivo, ¿no? Descubrir que quien soy debajo de la armadura es sencillamente suficiente.

El libro de Robert Fisher *El caballero de la armadura oxidada*, que debería ser de lectura obligatoria en las escuelas y que leí por primera vez en un intenso retiro terapéutico de tres días con mi familia, cuenta la historia de un heroico caballero, conocido por matar dragones y rescatar a princesas en apuros, que tiene la misión de convertirse en el mejor caballero del reino. Se ha apegado tanto a la armadura por la que se lo conoce que nunca se la quita a pesar de las súplicas de su esposa por ver quién es en realidad. Al final, su mujer lo amenaza con dejarlo y llevarse a su hijo si no se quita la armadura. Pero el problema no es que no se la quiera quitar, sino que, en realidad, no sabe cómo hacerlo. De hecho, nadie sabe. Así que parte en busca de ayuda. Viaja a través de los bosques buscando un camino y la guía de otros, como Merlín el encantador, para ayudarlo a quitarse la armadura, sólo para descubrir que, en el camino, la armadura se vuelve cada vez más pesada. En un momento dado, incluso olvida el propósito de su viaje y por qué dejó su hogar. Se enfrenta a muchos desafíos, incluyendo dragones, todos ellos metáforas de las batallas que libramos como hombres en nuestro viaje para convertirnos en humanos completos. Al final, se enfrenta a su miedo más profundo y es capaz de dejar ir todo lo que lo ha estado reteniendo, todo aquello que pensaba que lo definía. Debía estar dispuesto a desprenderse de todo aquello que conocía y desaprenderlo, incluido lo que el mundo quería que fuera y quién creía ser él. El dejar ir su culpabilidad, los juicios y las excusas le permite llorar las lágrimas de alegría que, por fin, derriten su armadura.

Como cualquier parte de este proceso, mi viaje han sido descubrimientos continuos en lugar de una gran revelación. No es como si me hubiese quitado la armadura para no ponérmela nunca más. De hecho, paso días y meses con la armadura puesta; a veces, entera, otras, quizá sólo con el casco o la pechera. Pero ahora la diferencia es que regreso una y otra vez al espejo para pasar revista y quitarme las piezas que me haya vuelto a poner consciente o subconscientemente. Digo esto en sentido figurado para ilustrar este continuo volver a mí mismo, aunque una parte de esta práctica me haya implicado ponerme literalmente frente al espejo. Aunque el camino de cada uno es distinto, pues no puede y no debe haber una única manera de enfocar este trabajo, he aquí algunas de las cosas que he descubierto que me funcionan: ir a terapia, priorizar mi salud mental, hacer afirmaciones diarias, rezar, mover el cuerpo, hacer respiraciones, hablar con amigos hombres, leer libros y (cuando no tengo tiempo) leer y repetir citas que resuenan conmigo. Ahí van unas cuantas en las que me estoy apoyando últimamente:

> «La cueva en la que temes entrar guarda el tesoro que buscas». —JOSEPH CAMPBELL

> «Poco a poco. Día a día». —ʻABDUʼL-BAHÁ

> «La herida es el lugar por donde la luz entra en ti». —RUMI

> «¡OH, HIJO DEL ESPÍRITU! Noble te creé y, sin embargo, tú te has rebajado. Álzate, pues, hasta aquello para lo que fuiste creado». —BAHÁʼUʼLLÁH

También creo que llevar a cabo prácticas espirituales como rezar, leer, participar en círculos de estudio semanales y servir me ayuda a volver al estado de satisfacción en el que estoy menos distraído por los mensajes del mundo y más alineado con los mensajes de mi corazón.

Es fácil ver entonces que, aunque el acto de rendirse no sea el tipo de trabajo cansado, sucio y laborioso que he aprendido a valorar más, no tiene nada de pasivo. Mostrarme siempre tal como soy, conocerme a mí mismo, quitarme la armadura y cambiar literalmente mis procesos mentales y mis caminos neuronales es uno de los trabajos más importantes que he hecho nunca. Hace falta un tipo distinto de resistencia, otra clase de aguante, para un viaje que no tiene línea de llegada. Un viaje que no te granjeará validación externa, ni premios, ni estrellas doradas o trofeos. Es un viaje que empieza y termina en mí, pero no es en absoluto un viaje que deba hacer solo.

Una de las lecciones más importantes que he aprendido en este viaje es que no tengo que hacerlo solo. De hecho, creo que uno de los mitos más dañinos de la masculinidad es que debemos hacerlo todo solos. Debemos ser el Llanero Solitario, el superhéroe, el hombre que lo tiene todo bajo control y que no necesita a nadie. Pero ¿adivina qué? Necesito a la gente. Necesito relacionarme con otras personas en este viaje, escuchar sus historias y ser testigo de su vulnerabilidad, su vergüenza, su anhelo y su pertenencia. Necesito saber que, aunque sea un viaje muy personal, es también uno comunitario. Que, aunque cada uno luche y se rinda en sus propias batallas, no lo hacemos sólo por y para nosotros mismos, sino que también lo hacemos juntos y por el bien común. Ya no quiero que la regla no escrita sea que debemos hacerlo todo solos, que debemos navegar el éxito, el fracaso, el matrimonio, el divorcio, la paternidad, la enfermedad y el resto de los eventos vitales solos. Quiero que sea que compartamos nuestras experiencias, como hombres y como humanos, desde la honestidad y la vulnerabilidad; que mandemos el ascensor de vuelta abajo para que, de generación en generación, empecemos a mejorar y dejemos de repetir los mismos malditos errores. En lugar de legar estos guiones a nuestros hijos, quiero que la norma no escrita sea que intercambiemos nuestras idea e historias con ellos, para que, algún día, puedan hacer lo mismo con sus hijos. En lugar del «sálvese quien pueda» y de que los mayores enseñen a los jóvenes, abrámonos a la verdad de que los jóvenes también tienen mucho que enseñar a sus mayores. Quiero un mundo donde el aprendizaje, las preguntas, la curiosidad y el crecimiento formen parte de la narrativa establecida.

¿Cuántas historias de nuestra cultura colectiva tienen este tema? Emprendes un viaje para encontrarte, sólo para descubrir que siempre estuviste ahí. O que, en momentos de crisis, son nuestros amigos y familiares quienes nos ayudan, quienes significan para nosotros más que todo el dinero y la fama del mundo. Es una parte crucial de todo buen arco argumental porque es precisamente lo que nos hace humanos.

Uno de mis mejores amigos, Ahmed, me dijo una vez que uno de los significados originales de la palabra «humano» en árabe es *insan*, lo que en español se traduciría como «loco». Aunque tiene muchos significados y traducciones posibles, una de las más precisas sería «aquellos que olvidan». Así que ser humano significa sencillamente olvidar. Para mí, esto significa que el verdadero viaje está en el recuerdo: en recordar quiénes somos, quién nos creó, nuestro propósito y nuestra valía.

Todo este libro y este viaje han sido un proceso increíble de sanación y de memoria, no sólo para mí, sino también para mi familia y mis amigos más cercanos. El viaje nos ha invitado a mi esposa y a mí a tener conversaciones que sólo han incrementado nuestra intimidad, atracción y mutua conexión. Ha tenido un impacto sobre nuestros hijos, porque estoy aprendiendo a estar más presente en el ahora con ellos, y ha repercutido también en mi relación con mis padres y hermana para que, por fin, podamos empezar a vivir como si lo que de verdad importara es que seamos «ricos en amor». Este viaje incluso ha inspirado a mi madre a derribar sus propios muros y empezar a ir a terapia para poder sanar las partes de sí misma que necesitan curarse. Pero, dicho todo esto, todavía no he llegado en absoluto a la meta, ni estoy seguro de que exista tal lugar. Digo esto porque, cuando le di a Emily este último capítulo para que lo leyera, me miró y me dijo: «Guau, cariño, está muy bien. Pero creo que tienes que leerte tu propio libro». Pues bien, tiene razón y debo hacerlo. Así que, mientras lees mis palabras, debes saber que son sólo eso: palabras. Lo que de verdad importa son las acciones. Sólo porque alguien a quien sigues, o a quien admiras, escribe un libro o es considerado un «experto», no significa que no tenga problemas. No significa que haya llegado a algún lugar o que esté al otro lado, ni siquiera que siempre logre seguir sus propios consejos. Sólo significa que ha aprendido lo suficiente y que está dispuesto a compartir su aprendizaje para intentar ser útil. Pero, por favor, recuerda que el verdadero aprendizaje no termina nunca.

Al seguir apoyándome en esta noción de que soy suficiente, invito inevitablemente a otros a hacer lo mismo, pero, más que eso, me invito a mí mismo a seguir haciéndolo. Y, seamos claros: otras personas en mi vida me han extendido la misma invitación con su propio trabajo. Nada me llega más al corazón que ver el trabajo que está haciendo mi propio padre con setenta y dos años. Estoy presenciando cómo mi padre, por primera vez en la vida, se da cuenta de que todos estos años ha llevado su propia armadura sin saberlo y, a pesar de su edad, está haciendo un esfuerzo inhumano por quitársela, poco a poco, día a día. Hace esto al contarme en qué está trabajando, al ponerse en contacto conmigo y esforzarse por hablar de cosas que no tienen que ver con el trabajo o con los temas cómodos en los que siempre nos habíamos apoyado. Está intentando dejar el teléfono cuando está cerca de sus nietos, escuchando activamente y oyendo lo que se dice a su alrededor. Y está presente de verdad. Está luchando las batallas internas que le impedían vivir a su hijo y a su familia de la forma más íntima. Y está aprendiendo a rendirse. Como el caballero de la armadura oxidada, he tenido la oportunidad de ver en primera persona cómo mi padre lloraba las lágrimas de alegría que han derretido la armadura que ha llevado sin saberlo toda la vida.

Soy suficiente

Más que nadie, además de mi esposa, mis hijos han sido una fuente consistente y persistente de felicidad, inspiración y sabiduría en este viaje. De verdad, párate a pensar un momento en los niños pequeños. No saben lo que son las normas sociales y, a medida que sus ojos se abren a la socialización, en un primer momento, su conocimiento es muy limitado. Se expresan con plenitud porque, literalmente, no pueden regular sus emociones. Les gusta lo que les gusta y no les gusta lo que no les gusta, incluidas las insoportables fases normales de ser selectivos con la comida y de negarse a ir a dormir. Los niños no tienen armadura. Y, si somos sinceros, no tenerla da pie a algunos de los mejores recuerdos.

Ayer mismo, estaba jugando con mis hijos en la piscina. Estábamos con unos amigos y, sin previo aviso, mi hijo de dos años salió de un salto del agua, se quitó el traje de baño, corrió hacia unos setos cercanos, abrió las piernas, arqueó la espalda y empezó a hacer pis. Era la primera vez que lo hacía de pie y gritó emocionado: «¡Miren, miren! ¡Hago pis como papi! ¡Hago pis como papi!». Entonces, también sin previo aviso, mi hija corrió junto a él, asumió la misma postura e hizo pis igual que él (con una sorprendente buena puntería) gritando lo mismo. Todos nos reímos y yo les choqué los cinco a ambos, me manché las manos con un poco de pis y les dije que estaba muy orgulloso de ellos. Estos momentos lo son todo para mí y son también —aunque raros— los que me recuerdan cómo era yo a su edad, antes de tener la armadura puesta.

Ahora, piensa en nosotros como padres o adultos en la vida de los niños. Si tenemos suerte, o si lo estamos haciendo bien, fomentamos continuamente su valía innata. Les decimos que pueden ser quienes quieran, que les puede gustar lo que quieran y que pueden hacer pis como quieran porque son, a un nivel fundacional y celular, buenos y suficiente. (Claro que somos humanos y nuestra ejecución no es perfecta, pero estamos practicando la paternidad consciente y sabemos cuán necesarios son nuestro apoyo y afirmación de quienes y cómo son).

En otras palabras, no presionamos a nuestros hijos de la misma manera en que nos presionamos a nosotros mismos. No les exigimos que sean más exitosos, confiados y valientes. No les exigimos que tengan un cuerpo más fuerte para ganarse nuestro amor. Para mí, la normalidad de Maiya y Maxwell es suficiente. Cada parte de ellos es suficiente. Y, cada vez que afirmo eso en ellos, me extiendo una invitación para afirmarlo en mí mismo.

Si animo a mis hijos a ser ellos mismos, entonces debo ser yo mismo.

Si animo a mis hijos a que les guste lo que les gusta, entonces debe gustarme lo que me gusta.

Si animo a mis hijos a creer que quienes son, como son, es suficiente, entonces debo creer que quien soy, como soy, es también suficiente.

Tristemente, muchos hombres siguen esperando con treinta, cuarenta, cincuenta o más años que, aunque sea una vez, sus padres, especialmente su padre, validen su valor. Sólo una vez. Han escuchado las mismas frases una y otra vez, las que les dicen que no son lo SUFICIENTEMENTE duros, lo SUFICIENTEMENTE fuertes, lo SUFICIENTEMENTE rápidos. O han escuchado que son «demasiado» de algo: demasiado blandos, demasiado débiles, demasiado llorones o niños de mamá. Pues bien, ¡suficiente con esto de no ser «suficientemente» algo!

O quizá deba decirlo de otra forma. ¿Sabes cuando decimos que

«ya es suficiente»? Pues bien, quizá está expresión haya tenido siempre razón, pero la estuviéramos usando mal. Quizá ya es suficiente
porque somos quienes somos, y quienes somos ES suficiente. A lo
mejor, no deberíamos aspirar a y esforzarnos tantísimo todo el maldito tiempo para cumplir con la idea de otro de lo que es «suficiente».
La respuesta ha estado aquí siempre, esperando a que nos quitáramos
la armadura para poder verla. ¿Cuántos de nosotros utilizamos la
palabra «imperfecto» para describirnos? Pues bien, tenemos razón.
Como decimos en inglés: *I'm perfect*.

Alguna vez fui un niño sin armadura y liberado. Gritaba, como
hacen ahora mis hijos, que era listo, valiente y bueno. Estaba más
que satisfecho trepando los árboles, coloreando y jugando a hacer
películas con una grabadora rota. Hubo un tiempo en que ni siquiera podía imaginarme la idea de necesitar un trabajo determinado
o de tener que verme de una forma distinta a como era para ser
suficiente. Hubo un tiempo en que no tenía que pensar dos, tres,
cuatro o quince veces si era suficiente, en que no necesitaba recordarme que debía portarme bien conmigo mismo. Hubo un tiempo
en que no me hacía falta ni preguntarme si me quería. Porque Dios
me había hecho así. No sólo suficiente, sino más que suficiente.
Parece que, cuanto más jóvenes somos, más fácil nos es recordar
eso. Pero, al crecer, se nos olvida con facilidad. Y supongo que eso
es lo que nos hace humanos.

Así que estoy haciendo un esfuerzo por recordar. Ahora mismo,
hago esto rindiéndome en la guerra contra mí mismo para volver a
aquel tiempo. A aquel Justin que sabía que era suficiente, no por nada
que hiciera, sino porque era así.

Claro que yo ahora no veo las cosas como un niño (aunque estoy
convencido de que los fuertes construidos con mantas, el escondite
y los trampolines son un buen sitio para empezar... bueno, cualquier cosa), pero el principio es el mismo. Mi trabajo no determina mi
valor. Mi confianza, o la falta de ella, no determina mi pertenencia.

El tamaño de mis músculos o de mi pene no equivale a cuán hombre soy. La cantidad de sexo que tengo o dejo de tener no significa que soy más o menos merecedor de amor.

No hay ningún prerrequisito para la valía. No hay casillas que rellenar ni reglas con las que cumplir para ser suficiente. Lo soy por el mero hecho de ser.

La doctora Brené Brown lo describe así: «No vayas por el mundo buscando pruebas de que no perteneces, porque siempre las encontrarás. No vayas por el mundo buscando pruebas de que no eres suficiente, porque siempre las encontrarás. Nuestras valía y pertenencia no se negocian con otras personas. Las llevamos en el corazón».

En mi caso, por esto mismo estoy tan tremendamente comprometido con *desdefinir* mi masculinidad y emprender este lento y largo viaje entre mi cabeza y mi corazón. Al crear esta conexión con mi corazón, la establezco también con mi valía. Los mensajes de la masculinidad me decían una y otra vez que debía ser mejor o distinto, que necesitaba adaptarme para ser digno. Me decían que debía tener más éxito, confianza, músculos, mujeres, estatus social... lo que sea. Siempre iba a necesitar más. Pero ¿mi corazón? Mi corazón simplemente me dice que «soy suficiente» una y otra vez.

... y tú también

Si sólo sacas una cosa de este libro, que sea esto: **eres suficiente**. No lo suficientemente hombre, no lo suficientemente mujer, no lo suficientemente la-identidad-que-tengas.

Eres lo suficientemente humano.

Ahora, en este mismo momento, seas quien seas, estés donde estés, sin importar lo que te esté ocurriendo, ni cuánto estés sufriendo, ni cuánto estés soportando o quién te esté sosteniendo... eres suficiente.

Aunque esta verdad pueda estar al final del libro, es el principio del viaje; un viaje muy personal que, sin embargo, debemos emprender juntos. Es un viaje que implica la necesidad de un cambio en el sistema, pero es un viaje que empieza en nuestras propias historias, nuestro condicionamiento, nuestra consciencia, nuestros patrones de pensamiento conscientes o inconscientes... nuestros corazones.

No voy a darte una lista con los siguientes pasos o un mapa en el que ponga el camino que debes seguir. Ojalá pudiera. Ojalá pudiera darte un manual o un GPS y enviarte tranquilamente a recorrer el camino. Ojalá pudiera decir lo correcto o escribir la metáfora perfecta para llegarte al corazón. Ojalá pudiera saber precisamente lo que necesitas para animarte, inspirarte y motivarte a emprender el viaje. A lo mejor necesitas a un entrenador gritándote al oído, o quizá te iría mejor una suave invitación.

De la misma forma, no voy a pedirte que abandones todo lo que significa ser un hombre en este mundo, pero tampoco te diré que no lo hagas. Éste es tu viaje. Éste es el trabajo —tu trabajo— para conocerte. Quizá se parezca al mío y necesites reenfocar estos mensajes tradicionales de una forma más holística para sentirte capaz de emprender el viaje. Puede que tengas que aceptar las partes tradicionalmente masculinas de ti y utilizarlas para animarte a asomarte a otras de las que estás desconectado. O quizá has estado esperando todo este tiempo el permiso para quitarte la armadura y sentirte jodida e inmediatamente liberado. A lo mejor quieres leer aquel libro de autoayuda que no para de cruzarse en tu camino o, al contrario, necesites dejar de lado ese mismo tipo de libros porque llevas leyéndolos toda la vida. Puede que vayas a terapia o que te comprometas a arriesgarte a ser vulnerable la próxima vez que te juntes con tus amigos para ver un partido. Quizá decidas, por fin, dejar la bebida, o cerrar el navegador, y buscar tu grupo de AA o de SAA más cercano, o te des cuenta de que, aunque no le pegues a tu mujer, le estás haciendo daño. No hay una única forma de hacer esto. Esto no está en un lado u otro del espectro, ni tampoco en el centro.

Y, como no hay una única forma, o un plan, camino o carretera perfectos, la aventura más grande que jamás vivirás empieza y termina en ti.

Hay siete mil millones de personas en este planeta, cada una de ellas viviendo una aventura parecida cada segundo de cada día. Así que, a pesar de cuán solo puedas sentirte a veces, no lo estás. La aventura a la que te llevará recordar tu valor y tu suficiencia forma parte de nuestra experiencia como humanos. La única parte absolutamente universal del viaje entre la cabeza y el corazón es que tú y yo y todos nosotros somos lo suficientemente valiosos como para emprenderlo.

AGRADECIMIENTOS

Creo que la verdadera creatividad medra y florece en comunidad. El arte y la inspiración pueden pasar por cada uno de nosotros como individuos, pero no son nosotros. Las ideas no son nuestras, sino que nos atraviesan para contribuir al NOSOTROS colectivo, al bien común. Y creo que el arte prospera de verdad a través de la inspiración colectiva de la comunidad. No se me ocurre un logro que haya alcanzado o una obra de arte que haya creado solo. Todo lo bueno en la vida, cada gol que haya marcado, o película o historia que haya contado, es el resultado de cientos y miles de personas que han influenciado y dado forma a mi vida de formas grandes y pequeñas desde que tengo memoria. Por cada persona como yo, lo suficientemente afortunada como para alcanzar cierto éxito en el campo en el que esté, o como para tener un editor que considera sus pensamientos lo suficientemente valiosos como para compartirlos con las masas, o como para descubrir su nombre o su cara en la portada de un libro, recuerda que hay cientos de personas que la han acompañado, sostenido, enseñado, dado forma, desafiado e inspirado por el camino, gente a la que nunca se agradecerá públicamente o a la que nunca se le recompensarán sus esfuerzos. Así que hoy escribo esto lleno de gratitud por los gigantes espirituales y creativos que me han amado y criado y que han hecho posible cualquier atisbo de éxito en mi vida. Si no fuera por las personas enumeradas aquí abajo, por la gente de mi comunidad y de mi tribu, por mi familia, este libro no existiría, pues, por mi cuenta, no me hubiese considerado suficiente como para escribirlo o terminarlo.

A mi esposa Emily. Mi amor. Mi amiga. Mi roca. Mi colega y compañera en este mundo y en el próximo. No sé qué he hecho para merecer tu gracia, paciencia, compasión y empatía radicales. Gracias por sostenerme, junto a toda nuestra familia y a ti misma, cuando me derrumbaba una y otra vez al escribir este libro. Eres maravillosa y mi heroína personal. Sabes perfectamente lo que siento por ti, así que no hace falta que escriba nada más. «Si te amo, no es necesario que lo diga constantemente. Lo sabrás sin necesidad de palabras». —'ABDU'L-BAHÁ

A mi madre y a mi padre, soy lo mejor de ambos. Aunque sé que a veces este libro podrá ser difícil de leer, quiero que sepan que mi incansable búsqueda por todo lo bueno y verdadero en mí mismo y en el mundo es fruto de su combinación única como librepensadores, optimistas, gurús espirituales y emprendedores. Podría escribir varios libros sobre todas las cosas maravillosas que hicieron y las formas en que éstas me enseñaron a amar y a existir. Pero éste, mi primer libro, tenía un propósito específico y no puedo agradecerles lo suficiente que me dieran espacio para sentir y procesar todas las cosas, grandes, pequeñas y difíciles, en las que he trabajado en mi viaje para ser suficiente. Gracias por criarme para ser humano, para ser bueno, para usar mi corazón, para buscar la verdad y, por encima de todo, para amar a Dios. Estoy profundamente agradecido y orgulloso de ser su hijo. Y, mamá, gracias por ser mi primera maestra y por los millones de pequeños sacrificios que hiciste por mí a lo largo de mi vida que nadie sabrá nunca y por los que nunca te felicitaron. Pero, sobre todo, gracias por darme a conocer a Bahá'u'lláh.

Sara, mi fuerte, empática, buena y magnética hermana. Aunque tu nombre no aparezca mucho en este libro, estarás tatuada en mi corazón para toda la vida. Tengo mucho que aprender de ti y de tu salvaje espíritu libre. Brindo por bailar bajo las estrellas, cuidar el jardín y aullarle a la luna juntos en la próxima fase de nuestra vida y de nuestra hermandad.

Will Youngblood, mi amigo, hermano e increíble asistente. No sé cómo lo haces y no puedo agradecerte lo suficiente que me soportes. No sé qué hubiese hecho estos últimos años sin ti. Gracias por tu integridad, tu intuición, tu corazón, tu fe, tu protección, tu positividad y por creer que todo es posible. Eres un hombre y un ser humano increíble y te mereces lo mejor en la vida. Me honra estar contigo en las trincheras.

A Fari, nuestra querida niñera, amiga, y ángel de carne y hueso. Tu bondad, paciencia y delicadeza son inigualables. Gracias por ayudar a nuestra familia y por hacer posible que ayudemos a otros. A veces, puede parecer que tu contribución a nuestras vidas y a este mundo es invisible o nos pasa desapercibida, pero, por favor, debes saber que tu trabajo es quizá el más importante de todos, pues haces posible cualquier otro.

A mi editor, Gideon Weil. Gracias por tu paciencia sobrehumana, por creer en mí y por ser un defensor tan grande de este libro y de mi historia. Gracias por confiar en mí y por darme espacio para sentir lo que sentía cuando reescribía una y otra vez mucho después de la fecha de entrega. Te estaré eternamente agradecido por ser mi compañero y tomarme de la mano en este extraño, salvaje y terapéutico proceso,

A mi poderosa, amable, intuitiva, cariñosa agente de mano firme y amiga, Johanna Castillo. Creíste que tenía un libro dentro mucho antes de que lo creyera yo. Si hay alguien responsable de esto, eres tú, querida. Gracias por exigir que le diera todo mi ser a este libro de la forma que merecía. Gracias por no permitirme dejarlo y echarme atrás sin importar cuánto lo intentara, y por encontrarnos a mí y a esta historia el hogar perfecto en HarperCollins. Eres una fuerza imposible de ignorar y le estoy profundamente agradecido a tu intuición, tus enseñanzas y a que nunca perdieras la fe en mí.

Noelle René, este libro sencillamente no existiría sin ti. Gracias por los últimos dieciocho años de firme amistad y amor. Gracias por ser una de las primeras personas en mi vida en verme de verdad. Todo yo, lo bello y lo roto, en un tiempo en que nadie más lo hacía. Tu sensibilidad es tu superpoder y no puedo agradecerte lo suficiente el haber estado a mi lado todos estos años y haber sido paciente conmigo mientras me probaba todas aquellas máscaras de masculinidad, sabiendo que terminaría por descubrir que lo mejor es no llevar ninguna. Gracias por acompañarme en este viaje y por recordarme lo que tenía que ofrecer cuando todavía no lo sabía, por ayudarme a encontrar mi voz cuando no estaba seguro de tenerla. (¡Gracias también a Casey y a Elden!).

A mi increíble y valiente familia de HarperOne: Judith Curr, eres una visionaria y una fuerza del bien en esta industria. Gracias por correr el riesgo y creer en mí y en este mensaje. Gracias a Paul Olsewski, Sam Tatum, Laina Adler, Aly Mostel, Lucile Culver, Ashley Yepsen, Terri Leonard, Suzanne Quist, William Drennan, Adrian Morgan y a todo el equipo de HarperOne, donde cada uno ha tenido un grandísimo papel en dar a luz a este libro y ponerlo en las manos y los corazones de mucha gente en todo el mundo.

A las generosas, increíblemente talentosas, brillantes y buenas personas y amigos que me brindaron su tiempo y energía para ayudarme a darle forma a este libro, y también a mi vida. Le estoy muy agradecido a:

Michael Kimmel, gracias por todo. He aprendido mucho de ti y te estaré eternamente agradecido por tu amistad e inclusividad cuando empezaba este viaje al salvaje mundo de la masculinidad.

Liz Plank, pedazo de maga de la masculinidad, amante de los hombres. Gracias por tu amistad y por preocuparte por este libro y este mensaje casi tanto como yo, si no más. Tu pasión por ayudar a los hombres y por cambiar el mundo es contagiosa y estoy muy agradecido de poder llamarme tu amigo.

Glennon Doyle, apareciste en mi vida cuando más te necesitaba. Me hiciste sentir visto y me diste la fuerza para seguir cuando más dudaba de mí mismo. Gracias por verme y creer en este mensaje. Ojalá esto inspire a más hombres a poder amar, apoyar y apreciar a los Indómitos entre nosotros.

John Kim, pedazo de furioso, increíble y c*brón examargado. Me encanta y aprecio tu honestidad y tu amistad. Gracias por empujarme a profundizar más cuando sólo rozaba la superficie.

Ted Bunch, tu compromiso con los hombres y con la seguridad y las vidas de las mujeres es digna de admiración. Gracias por tu amistad y por tu trabajo incansable por hacer de este mundo un lugar más seguro, justo e igualitario.

Masud Oulafani, eres una fuerza artística y espiritual. ¡Te aprecio, hermano!

Brad Reedy, gracias por empujarme a profundizar, tanto en mi vida como en este libro. Y gracias por mostrarme *El caballero de la armadura oxidada* y ayudarme a ver por fin el peso de la armadura que había estado llevando todos estos años.

Layli Miller Muro, gracias por encontrar siempre el tiempo para guiarme y por tus inestimables perspectivas sobre la justicia y la espiritualidad. Siempre apoyaré al Tahirih Justice Center y el trabajo que hacen para salvar la vida de mujeres y niñas inmigrantes.

Farhoud Meybody, te quiero y te aprecio, hermano. El acero afila el acero y siempre apreciaré que me veas y me empujes a profundizar y a exponer las partes de mí de las que pueda avergonzarme. Gracias por ser un Wayfarer, por poner tanto de ti en la primera temporada de *Man Enough* y por no dejar que me conforme nunca con la mediocridad.

Jamey Heath, te quiero muchísimo. Eres básicamente el único responsable de que reconociera mi privilegio blanco y todavía me asombra que me quieras tanto porque, si fuera tú, probablemente me hubiese rendido conmigo mismo hace mucho tiempo. Siempre que necesito consejo, un guía o la verdad, eres la primera persona a quien llamo. No a Rainn, a Andy o a Travis, sino a ti. Y dejo esto por escrito porque sé que restregarles esto por la cara te importa un poco más que cualquier otra cosa. Éste es mi regalo. Te quiero. Ahora, por favor, vete a la mierda, Ejecutivo.

Rainn Wilson, eres un tipo muy raro y te quiero a morir. Gracias por ser mi hermano bahá'í, mi mentor y mi comodín de la llamada cuando necesito ayuda. Eres el responsable de todo mi éxito y no me importa que la gente no sepa si voy en serio o no cuando digo esto, porque nunca sé si hablas en serio o no.

Travis Van Winkle, eres uno de mis mejores amigos del mundo. Gracias por romper conmigo por correo electrónico cuando teníamos veintitrés años y por querer volver a ser mi amigo a los veinticinco. Nuestra hermandad me ha enseñado mucho de mí y de mi masculinidad. Hemos pasado por muchas cosas juntos durante los últimos dieciséis años. Llevo nuestra amistad en el corazón y te aprecio más de lo que nunca sabrás. Si no fuera por ti, mucho de lo que hay de bueno en mi vida, y en este libro, no existiría. Ah, y gracias por confesar tu amor no correspondido por mi esposa en tu discurso de padrino. Todo un detalle.

Andy Grammer y Adam Mondschein, mis hermanos espirituales. Gracias por estar siempre ahí para mí y por verme. Estuvieron cuando más los necesitaba, me dijeron las verdades difíciles y cambiaron mi perspectiva de la hermandad. Nunca olvidaré aquellos meses en los que dormí en su sofá y el espíritu y la fe que reinstauraron en mí. Y, Andy, gracias por aquel mes en que metiste 500$ por debajo de mi puerta cuando sabías que no podía pagar el alquiler. Los quiero muchísimo. Ahora, váyanse a grabar un TikTok.

Ford Bowers, tu conocimiento de nuestra fe es asombroso. Te aprecio a ti y a tu contribución a este libro y a mi vida.

Gracias a la National Spiritual Assembly of the Bahá'ís of the United States por leer este libro, darme su amorosa opinión y apoyarme en este trabajo.

Kay, gracias por tu amistad, perdón, transparencia y vulnerabilidad al dejarme compartir la historia de nuestra amistad. No merezco la cantidad de bondad y gracia que me has mostrado. Te quiero y te aprecio.

A todos los amigos y expertos que han formado parte de *Man Enough* y que han influenciado mi viaje y mi relación con la masculinidad. Son demasiados como para mencionarlos a todos, pero cada uno tuvo un impacto sobre mi vida y me enseñó mucho de mí mismo. Que Dios los bendiga en su viaje mientras continúan con su profundo trabajo de corazón tanto en público como en privado. Y que siempre sepan cuán suficiente es cada uno de ustedes.

Steve Sarowitz, gracias por llegar a mi vida cuando menos lo esperaba y por ser el mejor socio y hermano espiritual que podría desear. Esto es sólo el principio.

Cyrus Sigari, fuiste el primero en invertir en mí. Gracias por correr aquel Iron Man y reunir el dinero para que pudiera empezar este trabajo. Y gracias por hacerme ir a todas con *Man Enough*. Pero sigo sin querer volar en tu helicóptero.

Mina Sabet y Pat Mitchell de TED Women, gracias por creer que mis ideas eran lo suficientemente valiosas como para incluirlas en el escenario de TED y por no permitirme echarme atrás cada vez que lo intenté. Y, Mina, gracias por obligarme a cambiarme antes de salir al escenario y ponerme el jersey azul en lugar de mi camiseta rota.

Payam Zamani, gracias por tu amistad y tu guía. Por estar siempre a mi lado y no ser sólo un amigo, sino un verdadero hermano espiritual en este viaje.

Stefan Sonnenfeld, gracias por dejarme usar el bar de tu oficina para escribir durante la pandemia cuando necesitaba salir de casa. Les estaré eternamente agradecido a tus *lattes* infinitos y a tu chimenea.

Ahmed Musiol, mi hermano espiritual musulmán, socio y compañero de Wayfarer. Te quiero. Gracias por recordarme que siempre deje tiempo para el Creador del tiempo. Por quererme y ayudarme a ver mi nobleza cuando no podía verla ni yo. Por inspirarme a ser un mejor bahá'í con tu práctica devota del islam y por modelar con tu bondad tanto de lo que hay escrito en este libro.

Jay Shetty, me asombras. Has dominado el arte de destilar conocimientos antiguos para hacerlos asequibles para las masas, y le estás dando herramientas a la gente para ayudarla a acceder a su propia felicidad cuando más la necesita. Gracias por tu amistad, apoyo y por creer en este trabajo. Te aprecio, hermano.

Shawn Mendes, apareciste en mi vida cuando menos lo esperaba y me ayudaste a recordar que era suficiente. Gracias por tu sinceridad, tu pureza y por ser un estudiante incansable y un buscador de la verdad. Te admiro, hermano, y aprecio profundamente la forma en que inspiras a millones de personas para conectar con sus corazones.

Karamo, mi hermano del alma. Tu energía es contagiosa. Tu piel es perfecta. Haces que todo el mundo a tu alrededor se sienta suficiente. Tienes el don de la palabra y me siento bendecido por conocerte. Gracias por estar ahí y por unirte a mí en el viaje de *Man Enough*. Por favor, dime qué productos usas para la piel.

Toda la familia Wayfarer. Representan todo lo bueno de nuestra industria. Gracias por unirse a mí en este viaje, por sus gigantescos corazones y por su compromiso por contar historias que mueven el alma y nos ayudan a recordar lo que de verdad importa.

Cori Valois, viste más allá del inquieto y distraído alumno y creíste en mí cuando no creía en mí mismo. Gracias por ver lo que yo no podía ver en la secundaria y por creer que tenía unas alas que yo no conocía.

Marvin Brock, mi hermano espiritual que lee esto desde el otro mundo. Te quiero. Gracias por enseñarme la importancia de la firmeza y la flexibilidad. «¿Hay algún liberador de dificultades además de Dios? Sea dicho: ¡Alabado sea Dios! ¡Él es Dios! Todos somos Sus sirvientes y obedecemos Su voluntad» —EL BÁB

Christopher Aiff y Zach Sobiech, que todo el mundo conozca sus nombres. Conocerlos a ambos cambió el curso de mi vida. No se encontraron en esta vida, pero tengo la impresión de que donde están ahora son mejores amigos. De ustedes aprendí mucho de lo que significa ser un hombre y una persona. Me mostraron cuán bella y frágil puede ser la vida y cuán afortunado soy de haber encontrado a alguien con quien quiero compartirla. Gracias por guiarme y nunca dejarme solo durante este viaje. «Esta es una amistad revolucionaria. Empezó en mi corazón y ahora vive en mi alma».

Lisa, hermana. Eres la mejor. Gracias por hacer reír a Emily hasta hacerse pis encima y por ser una fuerza del bien tan potente en su vida.

Mi amada suegra, Bettan, gracias por criar a una mujer tan fuerte y poderosa como Emily y por infundirla de una gracia y una bondad tan inconmensurables. Y por apoyarme siempre, a pesar de mi estilo de vida tan acelerado y poco sueco. Eres la mejor *mormor* del mundo y te quiero mucho.

Y a Roland Foxler. Aunque no llegáramos a encontrarnos en esta vida, sé que nuestros corazones se han conocido y están profundamente conectados. Gracias por criar a tu pequeña con capacidad de asombro e inspiración, y por ayudar a guiarla hasta mí. Siempre serás una parte integral de nuestra vida y de nuestra historia de amor. Este libro también es para ti.

Y, para terminar, a mis dos corazones latientes que existen fuera de mi cuerpo. Maiya y Maxwell. Su papi los quiere más de lo que nunca podrán imaginar. La parte más difícil de escribir este libro ha sido sentir que los estaba fallando por estar tan cerca, pero tan lejos de ustedes. Quiero que sepan que siempre serán mi mayor prioridad en la vida y que nunca pondré mi trabajo o mi servicio al mundo por encima de ustedes. Recuerden siempre que su corazón es el músculo más fuerte de su cuerpo y que son, y siempre serán, suficiente. Los quiero asíiiiiiiiiii de mucho y en todos los mundos de Dios. Ahora, por favor, váyanse a dormir para que mami y yo tengamos un rato a solas.